Os parceiros do Rio Bonito

Antonio Candido

Os parceiros do Rio Bonito

Estudo sobre o caipira paulista
e a transformação dos seus meios de vida

todavia

A Fernando de Azevedo

(35)

Três planos funcionalmente correlacionados:
Os padrões ideais, ligados sôbto. ao passado
A presença dos padrões urbanos
Os padrões efetivos do presente.

✳ (36)

Os caipiras de Bofete
(Estudo sôbre a desintegração da cultura
tradicional paulista)

L'on voit certains animaux farouches, des mâles et des
femelles, répandus par la campagne, noirs, livides et tout
brûlés du soleil, attachés à la terre qu'ils fouillent et qu'ils
remuent avec une opiniâtreté invincible; ils ont comme une voix
inarticulée, et quand ils se lèvent sur leurs pieds, ils montrent
une face humaine, et en effet ils sont des hommes; ils se retirent
la nuit dans des tanières où ils vivent de pain noir, d'eau et
de racines; ils épargnent aux autres hommes la peine de
semer, de labourer et de recueillir pour vivre, et méritent
ainsi de ne pas manquer de ce pain qu'ils ont semé.

La Bruyère (1688)

Prefácio

Antonio Candido, com 29 anos, quando começou a colher material
sobre os meios de vida do caipira hospedando-se, por cerca de vinte dias,
na antiga sede da fazenda Bela Aliança. Bofete (SP), 1948.

Este livro teve como origem o desejo de analisar as relações entre a literatura e a sociedade; e nasceu de uma pesquisa sobre a poesia popular, como se manifesta no *Cururu* — dança cantada do caipira paulista — cuja base é um desafio sobre os mais vários temas, em versos obrigados a uma rima constante (*carreira*), que muda após cada rodada.

A pesquisa foi mostrando que as modalidades observadas em diversos lugares eram verdadeiros estratos superpostos, em grau variável de mistura, mas podendo ser reduzidos a alguns padrões. Estes correspondiam a momentos diferentes da sociedade caipira no tempo. As modalidades antigas se caracterizavam pela estrutura mais simples, a rusticidade dos recursos estéticos, o cunho coletivo da invenção, a obediência a certas normas religiosas. As atuais manifestavam individualismo e secularização crescentes, desaparecendo inclusive o elemento coreográfico socializador, para ficar o desafio na sua pureza de confronto pessoal. Não era difícil perceber que se tratava de uma manifestação espiritual ligada estreitamente às mudanças da sociedade, e que uma podia ser tomada como ponto de vista para estudar a outra. Foi assim que a coerência da investigação levou a alargar pouco a pouco o conhecimento da realidade social em que se inscrevia o cururu, até suscitar um trabalho especial, que é este (o outro, empreendido inicialmente, talvez nunca passe do estado de rascunho).

Por outro lado, a pesquisa foi aguçando no pesquisador o senso dos problemas que afligem o caipira nessa fase de transição. Querendo conhecer os aspectos básicos, necessários para compreendê-lo, cheguei aos problemas econômicos e tomei como ponto de apoio o problema elementar da subsistência. E assim foi que tendo partido da teoria literária e do folclore, o trabalho lançou uma derivante para o lado da sociologia dos meios de vida; e quando esta chegou ao fim, terminou pelo desejo de assumir uma posição em face das condições descritas.

As investigações foram iniciadas em 1947. Devido aos encargos de ensino, que tomam a maior parte das férias, processaram-se com irregularidade, e mesmo aos pedaços. Assim se fez a colheita do material em algumas áreas caracteristicamente caipiras do estado, durante os anos de 1947, 48, 49, 52, 53, 54. Trabalhei, em curtos períodos de cada vez, nos municípios de Piracicaba (7 visitas), Tietê (2 visitas), Porto Feliz (1 visita), Conchas (2 visitas), Anhembi (1 visita), Botucatu (3 visitas) e sobretudo Bofete. Neste, residi num agrupamento rural cerca de vinte dias, de fevereiro a março de 1948, e, novamente, quarenta dias, de janeiro a fevereiro de 1954, quando a redação, iniciada em agosto de 1953, tornou necessária a volta ao campo de estudo, para reforçar o material e verificar certas hipóteses, à luz da passagem do tempo. Com o intuito de estabelecer comparações dentro da área de formação ou influência histórica paulista, visitei alguns municípios limítrofes em Minas, no ano de 1952, e no de 1954, muito rapidamente, em companhia do meu colega e amigo Ruy Coelho, as zonas rurais dos municípios de Cuiabá e Várzea Grande, em Mato Grosso. Já noutras áreas, e com outra finalidade, pude conhecer aspectos da vida rural teuto-brasileira em Santa Catarina e Rio Grande do Sul (1951, 52 e 53). Não foi possível ir a Goiás, e só em

1957-1958, depois do trabalho encerrado, tive um primeiro contato com o Nordeste (sobretudo o Ceará), cuja terrível situação agrária faz parecer relativamente amena a miséria descrita neste livro.

Quanto à reconstrução histórica da primeira parte, o leitor verá que não fiz pesquisa documentária, segundo os requisitos do historiador. Limitei-me a usar o material impresso que pareceu útil, pois tratava-se apenas de sugerir um panorama geral, sem delimitação precisa no tempo, com o intuito de verificar a tradição oral comunicada pelos velhos caipiras.

Terminado em setembro de 1954, este trabalho foi apresentado como tese de doutoramento em ciências sociais à Faculdade de Filosofia, Ciências e Letras da Universidade de São Paulo, onde fui durante dezesseis anos Assistente de Sociologia II. Defendido e aprovado em outubro, deixei-o alguns anos de lado, na esperança de poder melhorá-lo e ampliá-lo. Não o fiz todavia, e ele sai como foi apresentado, salvo correções de forma, uma ou outra ampliação, algumas retificações sugeridas pelos arguidores e a subdivisão mais racional das partes.

Os dados numéricos envelheceram, a própria situação estudada se alterou localmente, com tendência para reconstituição do latifúndio como realidade econômica e social, à custa da pequena propriedade e do sistema de parceria, aqui analisado. Mas esta não é uma tese de economia nem pretende fornecer dados recentes. Visa a descrever um *processo* e uma *realidade humana*, característicos do fenômeno geral de urbanização no estado de São Paulo. Por isso, não atualizei dados numéricos nem registrei as modificações locais da vida econômica; se os salários e os preços aumentaram, se alguns produtos mudaram, a decomposição da vida caipira e a situação crítica do trabalhador rural continuam a configurar-se da maneira descrita.

Entre as partes que desejaria ter podido encorpar e melhorar está a referida "Conclusão: O caipira em face da civilização urbana". Ela deveria ser mais sólida, para se tornar mais convincente e poder, como desejei, servir de introdução ao estudo da reforma agrária, que de lá para cá se tornou assunto banal.

Apesar do caráter acadêmico, e da posição política ter sido apenas esboçada no fim, talvez este trabalho ainda tenha algum interesse para os que acham que a reforma das condições de vida do homem brasileiro do campo não deve ser baseada apenas em enunciados políticos, ou em investigações especializadamente econômicas e agronômicas; mas também no estudo da sua cultura e da sua sociabilidade.

Quanto às influências intelectuais: devo à obra de Marx a consciência da importância dos meios de vida como fator dinâmico, tanto da sociabilidade, quanto da solidariedade que, em decorrência das necessidades humanas, se estabelecem entre o homem e a natureza, unificados pelo trabalho consciente. Homem e natureza surgem como aspectos indissoluvelmente ligados de um mesmo processo, que se desenrola como História da sociedade. Neste sentido, foi decisiva para este estudo a parte inicial d'*A ideologia alemã*.

Ao livro de Robert Redfield, *The Folk-Culture of Yucatan*, lido sob a orientação de Emílio Willems no Seminário de Antropologia do curso de doutoramento, devo sugestões para compreender o *contínuo* rural-urbano e para focalizar certos aspectos da mudança de cultura nas sociedades rústicas.

O livro de Audrey Richards, *Hunger and Work in a Savage Tribe*, lido a meio caminho da pesquisa, abriu-me perspectivas novas quanto à possibilidade de estudar sociologicamente a alimentação humana, o que nele é feito sobre a base lúcida, embora simplificadora, do funcionalismo de Malinowski. *Land, Labour and Diet in Northern Rhodesia*, da mesma autora, me veio às mãos um pouco tarde, mas ainda a tempo de confirmar indicações do anterior.

As observações sobre troca e reciprocidade foram em parte interpretadas graças à leitura de *Les Structures élémentaires de la parenté*, de Claude Lévi-Strauss (antigo professor da Universidade de São Paulo), um dos monumentos centrais do pensamento sociológico contemporâneo.

Os trabalhos de Sérgio Buarque de Holanda — *Monções* e "Índios e mamelucos na expansão paulista" (este, incorporado mais tarde ao livro *Caminhos e fronteiras*) — revelaram-me a fecundidade dos pontos de vista ecológico e tecnológico para o estudo do povoamento de São Paulo, sobretudo no que diz respeito ao aproveitamento dos recursos naturais para ajuste ao meio, ao ritmo da fusão de raças e culturas.

No capítulo dos agradecimentos, devo começar pelo meu fraternal companheiro Edgard Carone, a quem devo a oportunidade das estadias em Bofete e uma infatigável solicitude, que tornou possível a pesquisa. A sua experiência agrícola, o seu conhecimento da região, a sua cultura histórica, a sua excelente brasiliana estiveram generosamente ao meu dispor; em muitos aspectos tratados na segunda parte, o seu auxílio se tornou verdadeira colaboração.

Não posso deixar de lembrar, com saudade e reconhecimento, o velho amigo Pio Lourenço Corrêa, falecido em 1958, admirável tipo de fazendeiro paulista, culto e reto, que me acolheu várias vezes na sua chácara dos arredores de Araraquara, e a quem devo muito do que percebo da cultura rústica. A sua conversa era uma lição constante; a sua experiência, imensa; a sua memória, prodigiosa. Erudito e estudioso da língua e das ciências naturais; caçador e investigador dos costumes; conhecedor minucioso da flora, da fauna e da técnica rural, devo-lhe mais do que poderia registrar, porque são coisas que se incorporam ao modo de ver e de sentir. Quando

Antiga sede da fazenda Bela Aliança.

ele desenterrava das recordações de setuagenário o que lhe contara na infância um velho pai setuagenário, parecia-me tocar no vivo o século XVIII de Araritaguaba, onde sua avó falava língua geral e cuja tradição ele mantinha, na escarpada austeridade do seu caráter.

Quero em seguida evocar alguns dos caipiras que formam a base do meu estudo, pelo material fornecido em entrevistas e, mais ainda, pelo que involuntariamente forneceram, como objeto de investigação. Homens da mais perfeita cortesia, capazes de se esquecerem de si mesmos em benefício do próximo, encarando com tolerância e simpatia as evoluções de um estranho, cuja honestidade de propósitos aceitaram, ou ao menos não discutiram, por polidez. Eram todos analfabetos, sendo alguns admiráveis pela acuidade da inteligência. Salientarei, entre os velhos (na maioria falecidos), Nhô Samuel Antônio de Camargo, natural de Rio Feio; Nhô

(32)

A fazenda é um poderoso fator de agrupamento, interferindo de modo direto na distribuição do povoamento,
seccionando bairro, reagrupando-o.

O da Roseira, ex., consta de pelo menos quatro núcleos,
separados por meia légua ¹/₂ uns dos outros: a "colônia"
de Bela Aliança; a Roseira; o Ambrósio, sítio ante pretos,
o Argemiro.

Mas como aqui não há o sistema de colonato, mas
o de ~~parcela~~ parceria e empreitada, nunca a fazenda
deitou certas características fundamentais do bairro.

Todavia, ela parece interferir na "consciência comunitária". Oblitera-se frequentemente a noção de
dependência geográfica e social relativas ao bairro,
para reformar-se em relação à fazenda. E aumenta c/vez mais a dependência (como sentimento e
como realidade) em relação à vila, ao povoado.

Talvez o sentimento comunitário de bairro se
mantenha mais fortemente no agrupamento próximo de
pequenos sitiantes, como é o caso do São Roque Novo
ou de São João.

Roque Antônio da Rocha (Roque Lameu), natural de Bom Sucesso do Paranapanema; Nhô Ermelino Bicudo, natural de Itatinga; Nhô Artur Marques e Nhô Joaquim Batista de Quevedo (Quim Baltasar), naturais da Torre de Pedra. Dentre os mais moços, destaco o meu hospedeiro Alcides Rodrigues Ramos (Alcídio Machado) e Cristino Bueno de Campos Penteado (Nego Carreiro), naturais de Bofete.

Fernando Henrique Cardoso, antigo aluno e já então colega, me substituiu nas atividades docentes durante o último mês da redação, tornando-se credor do mais sincero reconhecimento. Ele e Renato Jardim Moreira reviram os originais datilografados, e Moisés Brejon calculou os índices relativos às grande, média e pequena propriedades em Bofete.

Agradeço ao meu colega Florestan Fernandes uma leitura atenta, crítica e construtiva. Agradeço, no mesmo sentido, os reparos e sugestões da Comissão Examinadora, composta pelos professores Aroldo de Azevedo, Egon Schaden, Paul Arbousse-Bastide, Roger Bastide e Fernando de Azevedo. A este, que deixei intencionalmente para o fim, desejo agradecer de modo especial o apoio e a compreensão que me dispensou, nos dezesseis anos em que fui seu colaborador na cadeira de Sociologia II. Durante todo esse tempo foi o mais cordial dos chefes, o mais leal dos amigos, dignificando os seus auxiliares, dando exemplo de respeito e estímulo ao trabalho intelectual.

Antonio Candido de Mello e Souza
São Paulo, julho de 1964

Introdução

antonio candido
setembro de 1947

SOCIEDADES RURAIS

I

(Teoria)

"... it is near enough to the truth
for the student of a real folk society
to report it fairly well by learning
what goes on in the minds of a few
of its members..."

Redfield, "The Folk Society", 297

O problema dos meios de vida

1. Método

Este estudo se baseia, de modo especial, em investigações realizadas no município de Bofete, nos anos de 1948 e 1954. Visa, em linhas gerais, a conhecer os meios de vida num agrupamento de caipiras: quais são, como se obtêm, de que maneira se ligam à vida social, como refletem as formas de organização e as de ajuste ao meio. Pareceu conveniente, para compreender os demais aspectos da cultura caipira, adotar um ponto de partida situado no nível modesto mas decisivo da realidade econômica.

O leitor verá que aqui se combinam, mais ou menos livremente, certas orientações do antropólogo a outras mais próprias do sociólogo. Aquelas, desenvolvidas sobretudo para investigar povos primitivos, reunidos na maioria dos casos em grupos pequenos e relativamente homogêneos; estas, apropriadas ao estudo das sociedades civilizadas, diferenciadas ao extremo, ligadas a territórios vastos e grande população. Esquematizando com certa violência, poderíamos dizer, talvez, que aquelas recorrem à descrição, atêm-se aos detalhes e às pessoas, a fim de integrá-los numa visão que abranja, em princípio, *todos* os aspectos da cultura; estas, eminentemente sintéticas no objetivo, valem-se de amostras representativas dos grandes números, interessam-se pelas médias em que os indivíduos se dissolvem,

I. A cultura caipira

II. A zona de Bofete

III. Bela Aliança

Núcleo central do bairro de São Roque Novo.

limitando-se quase sempre a interpretar *certos* aspectos da cultura. Como já se escreveu, a antropologia tende, no limite, à descrição dos casos individuais, enquanto a sociologia tende à estatística.[1]

O objetivo desta investigação impunha um compromisso entre ambas; não o evitei, mas não sei até que ponto o realizei com equilíbrio.

Como se tratava de agrupamento rural ligado a uma cultura cujo desenvolvimento histórico é conhecido, procurei situá-lo neste, tentando esboçar um panorama retrospectivo daquela cultura. Pareceu-me que o recurso à história daria a terceira dimensão que explica tantos aspectos da realidade observada em dado momento, e cuja ausência pode comprometer as interpretações.

A este propósito, convém notar que, quando se tratou de esboçar o desenvolvimento do município a que o grupo pertence, não houve maior dificuldade em obter alguns números e fatos relativos ao passado imediato. Ela surgiu quando se tentou reconstituir, embora esquematicamente, as condições da vida caipira tradicional — pois a história se ocupa do que ficou documentado, e a documentação se refere geralmente à vida das

1 Para uma apresentação rápida do estudo das sociedades campesinas do ângulo antropológico e do ângulo das sondagens sociais (*social surveys*), ver Hsiao-Tung Fei e Chih-I Chang, *Earthbound China*, 1948, "Introduction", pp. 13-18. Ver também a combinação dos pontos de vista antropológico e sociológico em Horace Miner, *Culture and Agriculture*, 1949, cujo capítulo I, "Problem and Method", traz algumas reflexões proveitosas; e Oscar Lewis, *On the Edge of the Black Waxy* , 1948. Ambos se fundam, provavelmente, nas diretrizes traçadas por Carl Taylor para o estudo das comunidades rurais, que indicam a necessidade de integrar os pontos de vista. Cf. Carl Taylor, "Techniques of Community Study as Applied to Modern Civilized Societies", em Ralph Linton (Org.), *The Science of Man in the World Crisis*, 1945, pp. 416-441. Para todos estes autores, a unidade de estudo é o município (*community*, neste caso), ao contrário deste trabalho, que, como veremos daqui a pouco, escolhe outro ângulo de visão, mais adequado aos seus desígnios.

camadas dominantes. Lancei mão, por isso, de dois recursos: 1. buscar, nos documentos e viajantes do século XVIII e início do século XIX, referências e indícios sobre a vida do homem da roça; 2. interrogar longamente, pelos anos afora, velhos caipiras de lugares isolados, a fim de alcançar por meio deles como era o "tempo dos antigos". Combinando ambos, foi possível em muitos casos obter coincidências que asseguram a validade da reconstituição.

Neste passo, temos um exemplo de como se combinaram aqui orientações do sociólogo — buscando dados históricos e estatísticas — com as do antropólogo — reconstituindo por meio de poucos informantes, reputados significativos numa sociedade relativamente homogênea. Como sabemos, nas sociedades rústicas, menos embora que nas primitivas, é acentuada a homogeneidade dos indivíduos, principalmente se nos colocarmos do ponto de vista dos padrões ideais. Daí a possibilidade de conhecermos o passado pela tradição de alguns informantes escolhidos, e o presente pela análise de pequenos agrupamentos.[2]

Aliás, o interesse pelos casos individuais, pelos detalhes significativos, constitui elemento fundamental neste estudo, elaborado na certeza de que o senso do qualitativo é condição de eficiência nas disciplinas sociais, e que a decisão interior do sociólogo, desenvolvida pela meditação e o contato com a realidade viva dos grupos, é tão importante quanto a técnica de manipulação dos dados. Ela lhe permite,

2 Sobre este problema nas sociedades primitivas, ver Audrey I. Richards, "The Development of Field-Work Methods in Social Anthropology", em Bartlett (Org.), *The Study of Society*, pp. 272-316. Cf. Robert Redfield: "[...] o estudioso de uma verdadeira *folk-society* estará bem próximo da verdade, ao descrevê-la, se apreender o que vai no espírito de uns poucos dentre os seus membros [...]". "The Folk Society", *American Journal of Sociology*, v. LII, p. 297, jan. 1947.

com efeito, passar da impressão à hipótese, em muitos casos onde esta não se poderia sequer esboçar segundo critérios estatísticos ou acumulativos.

Abordam-se aqui problemas que vêm sendo, em nosso país, estudados através da estatística, ou da monografia de comunidade. Esta tese não é uma coisa, nem outra.

Analisar as populações rurais por meio dos números referentes à mobilidade, produção, área das propriedades, posição no quadro nacional sob estes vários aspectos, é tarefa excelente, cabível sobretudo ao demógrafo e ao economista. O sociólogo, porém, que a pretexto de buscar o geral fareja por toda a parte o humano, no que tem de próprio a cada lugar, em cada momento, não pode satisfazer-se neste nível. Desce então ao pormenor, buscando na sua riqueza e singularidade um corretivo à visão pelas médias; daí o apego ao qualitativo, cujo estudo sistemático foi empreendido sobretudo pelos especialistas em sociedades primitivas.[3]

Por outro lado, não é um "estudo de comunidade", no sentido hoje corrente, sobretudo entre americanos e ingleses. Não pretendi levantar sistematicamente os diferentes aspectos de determinado agrupamento, englobando todo o seu sistema institucional numa visão completa e orgânica. Depois de bastante hesitar, rejeitei este ponto de vista, em parte pelo que tem de estático e convencional — levando-nos quase sempre a encarar os traços de uma dada realidade sociocultural como algo que, para usar velha expressão caipira, "devera de ser assim mesmo". Por outras palavras, o

3 Veja-se como ilustração o que diz McKenzie sobre as limitações do demógrafo: "Ele tende a considerar o equilíbrio como sendo fundamentalmente uma relação entre grandes números e recursos naturais, mais do que um fenômeno de estrutura hierárquica de divisão de trabalho: daí chamar atenção para as migrações de massas, mais do que para a mobilidade individual". "Human Ecology", *Encyclopedia of the Social Sciences*, 1942.

estudo de comunidade, em seu corte descritivo mais frequente, me pareceu comprometer no pesquisador o senso dos problemas.

Ora, este que agora apresento procura localizar um *aspecto* da vida social (a obtenção dos meios de vida) considerado não só como *tema sociológico*, mas também como *problema social*.

Semelhante atitude não significa desconhecer o caráter interdependente dos traços de uma cultura; ver-se-á adiante em que medida esta posição teórica, pressuposto da sociologia, ocorre neste estudo. Não significa, igualmente, repúdio da objetividade científica e confusão de ciência e arte; mas a convicção de que os fatos se tornam problemas conforme a perspectiva do pesquisador, e que não é possível desconhecer a implicação prática das investigações metodicamente conduzidas.

Além do mais, a intenção não foi pesquisar a vida social e cultural do caipira no quadro de uma comunidade, no sentido corrente — isto é, um agrupamento dotado do equipamento institucional mínimo, de modo a servir de teatro para as diversas atividades dos seus membros: religiosas, recreativas, políticas, administrativas, econômicas etc. Para isto, seria necessário tomar como unidade o município, ou a sede, considerada seu fulcro. O que procurei foi determinar quais as unidades mínimas de vida econômica e social, em que as relações encontram um primeiro ponto de referência; para isso, tomei um agrupamento de parceiros, como poderia ter tomado um bairro de sitiantes.

Impunha-se, todavia, não perder de vista os demais aspectos da vida no município, e foi o que pretendi ao traçar o quadro inicial da sua evolução, além de recorrer frequentemente à comparação com outros agrupamentos em seu território.

Não hesitei pois em *situar* o grupo estudado, tanto na perspectiva histórica, quanto no complexo de problemas que hoje caracterizam a vida rural de São Paulo.

Como o leitor verá, quando falo nos membros do grupo que estudei, estou, a cada momento, pensando *no* caipira, em geral; e, reciprocamente, quando procuro compor esta abstração metodologicamente útil, a experiência real que a comprova é, sobretudo, a do grupo que estudei.

2. A cultura rústica

Convém agora esclarecer o uso, no texto, de duas expressões: cultura (e sociedade) rústica; cultura (e sociedade) caipira. O termo *rústico* é empregado aqui não como equivalente de *rural*, ou de *rude*, *tosco*, embora os englobe. Rural exprime sobretudo localização, enquanto ele pretende exprimir um tipo social e cultural, indicando o que é, no Brasil, o universo das culturas tradicionais do homem do campo; as que resultaram do ajustamento do colonizador português ao Novo Mundo, seja por transferência e modificação dos traços da cultura original, seja em virtude do contato com o aborígine.

Implicando, não obstante o isolamento, em constante incorporação e reinterpretação de traços, que se vão alterando ao longo do contínuo rural-urbano, *rústico* não traduz *folk-culture* ou *folk-society*, usados entre nós com certa intemperança como *cultura* ou *sociedade de folk* (barbarismo dispensável); pelo menos no sentido limitado que lhes deu afinal Redfield, seu criador, no artigo já citado, em que engloba no mesmo tipo-ideal apenas as sociedades primitivas e as que a ela se equiparam.[4] Corresponderia talvez melhor à *civilisation traditionnelle*, de Varagnac, ou — inclusive lexicamente — ao conceito de *cultura camponesa*

4 Robert Redfield, op. cit.

empregado por certos arqueólogos, etnógrafos e historiadores europeus, nos quais foi recentemente buscá-lo Redfield, adaptando-o e modificando-o para descrever situações antes compreendidas no seu conceito inicial, e desprovidas mais tarde de designação adequada, desde que operou nele a mencionada restrição.[5] A acepção de Firth — magistralmente exposta em seu último livro — tem apenas o defeito, para o caso brasileiro atual, de referir-se explicitamente às situações de mudança da vida primitiva sob o impacto da colonização, podendo quanto ao mais utilizar-se com proveito.[6]

De qualquer forma, é algo parecido a tudo isto que pretende exprimir neste trabalho o conceito de *rústico*, equivalendo a várias características emprestadas por Redfield às *culturas camponesas*, inclusive o de pertencer ao mesmo sistema fundamental de valores que os da gente da cidade, o que faz que ela seja, na expressão de Alfred Kroeber, "sociedade parcial dotada de cultura parcial".[7]

5 André Varagnac, *Civilisation traditionnelle et genres de vie*, notadamente "Introduction", pp. 9-38. Robert Redfield, *The Primitive World and Its Transformations*, cap. 2, pp. 26-53. Consulte George M. Foster, "What Is Folk Culture?", *American Anthropologist*, v. 55, n. 2, parte I, pp. 159-173, abr.- -jun. 1953, para uma análise crítica do conceito e as necessárias retificações, que podem também ser buscadas em Oscar Lewis, *Life in a Mexican Village*, 1951, especialmente pp. 432-440.

Numa nota rápida e sugestiva, Ian Whitaker chama atenção para o descaso dos problemas ecológicos e comparativos em muitas monografias antropológicas modernas, apontando o estudo das comunidades rústicas como ponto de encontro entre sociologia e antropologia. "Anthropology and the Study of Folk Cultures", *Man*, v. LIII, n. 152, pp. 106-107, jul. 1953. 6 Raymond Firth, *Elements of Social Organization*, cap. 3, "Social Change in peasant Communities". 7 Robert Redfield, *The Primitive World and Its Transformations*, 1953, cap. 2, p. 40: "A condição necessária da vida camponesa é que o sistema de valores do camponês seja, nas linhas gerais, coerente com o dos moradores da cidade, que constitui, por assim dizer, a outra dimensão da sua existência. Os camponeses constituem sociedades parciais, dotadas de culturas parciais".

No caso brasileiro, rústico se traduz praticamente por *caboclo* no uso dos estudiosos, tendo provavelmente sido Emílio Willems o primeiro a utilizar de modo coerente a expressão *cultura cabocla*; e com efeito aquele termo exprime as modalidades étnicas e culturais do referido contato do português com o novo meio. Entretanto, neste texto o termo *caboclo* é utilizado apenas no primeiro sentido, designando o mestiço próximo ou remoto de branco e índio, que em São Paulo forma talvez a maioria da população tradicional. Para designar os aspectos culturais, usa-se aqui *caipira*, que tem a vantagem de não ser ambíguo (exprimindo desde sempre um modo de ser, um tipo de vida, nunca um tipo racial), e a desvantagem de restringir-se quase apenas, pelo uso inveterado, à área de influência histórica paulista. Como neste estudo não saímos dela, o inconveniente se atenua.

Cornélio Pires descreve, em um dos seus livros, o "caipira branco", o "caipira caboclo", o "caipira preto", o "caipira mulato".[8] É a maneira justa de usar os termos, inclusive porque sugere a acentuada incorporação dos diversos tipos étnicos ao universo da cultura rústica de São Paulo — processo a que se poderia chamar *acaipiramento*, ou *acaipiração*, e que os *integrou* de fato num conjunto bastante homogêneo.

3. Os níveis de vida e de sociabilidade

Isto posto, devemos passar a algumas considerações sobre os meios de vida, que constituem matéria central do livro.

A existência de todo grupo social pressupõe a obtenção de um equilíbrio relativo entre as suas necessidades e os recursos

8 Cornélio Pires, *Conversas ao pé do fogo*, 1921, respectivamente pp. 11-17, 19-26, 27-31, 33-55. Em sentido diverso do empregado aqui, encontro a expressão "cultura caipira", em Alberto Rovai, "O poema da raça caipira", *Letras da Província*, Limeira, ano VI, n. 59, nov. 1953.

do meio físico, requerendo, da parte do grupo, soluções mais ou menos adequadas e completas, das quais depende a eficácia e a própria natureza daquele equilíbrio. As soluções, por sua vez, dependem da quantidade e qualidade das necessidades a serem satisfeitas. São estas, portanto, o verdadeiro ponto de partida, todas as vezes que o sociólogo aborda o problema das relações do grupo com o meio físico.

Com efeito, as necessidades têm um duplo caráter natural e social, pois se a sua manifestação primária são impulsos orgânicos, a satisfação destes se dá por meio de iniciativas humanas, que vão-se complicando cada vez mais, e dependem do grupo para se configurar. Daí as próprias necessidades se complicarem e perderem em parte o caráter estritamente natural, para se tornarem produtos da sociedade. De tal modo a podermos dizer que as sociedades se caracterizam, antes de mais nada, pela natureza das necessidades de seus grupos, e os recursos de que dispõem para satisfazê-las.

O equilíbrio social depende em grande parte da correlação entre as necessidades e sua satisfação. E sob este ponto de vista, as situações de crise aparecem como dificuldade, ou impossibilidade de correlacioná-las.

Daí a evolução das sociedades parecer um vasto processo de emergência de necessidades sempre renovadas e multiplicadas, a que correspondem recursos também renovados e multiplicados para satisfazê-las, dando lugar a permanente alteração dos vínculos entre homem e meio natural. Resulta uma solidariedade estreita em que as oposições se obliteram, de tal forma vai o meio se tornando, cada vez mais, reflexo da ação do homem na dimensão do tempo. De fato, o desenvolvimento do tempo como duração social incorpora o espaço à história dos grupos e evidencia os diferentes aspectos da solidariedade de ambos. O espaço se incorpora à sociedade por meio do trabalho e da técnica, que o transformam sem cessar e o definem, por assim dizer, a cada etapa da evolução, fazendo com que "o mundo sensível (possa ser concebido) como a *atividade* sensível total e viva dos indivíduos".[9]

Recusando-se a aceitar a dicotomia homem-natureza, implicada seja no idealismo, seja no materialismo mecânico, Marx abriu efetivamente horizontes mais largos para se compreender a solidariedade profunda do mundo físico e da cultura humana, encarados, por ele, à luz do desenvolvimento histórico, como elementos do mesmo processo dialético:

> Conhecemos uma única ciência, a ciência da História. A História pode ser encarada de dois lados e dividida em História da Natureza e História dos Homens. Mas os dois lados não podem ser separados do tempo; enquanto houver homens, a História da Natureza e a História dos Homens se condicionarão reciprocamente.[10]

Baseado aí pôde determinar uma posição fecunda para compreender a vida social a partir da satisfação das necessidades, mostrando, de um lado, que a obtenção dos meios de subsistência é cumulativa e relativa ao equipamento técnico; de outro, que ela não pode ser considerada apenas do ângulo natural, como operação para satisfazer o organismo, mas deve ser também encarada do ângulo social, como forma organizada de atividade.

> A maneira pela qual os homens produzem os seus meios de subsistência depende, antes de mais nada, da natureza dos meios de subsistência que encontram prontos e que necessitam reproduzir. Este modo de produção não deve ser considerado apenas como reprodução da existência física dos indivíduos; ele já é uma espécie determinada da atividade destes indivíduos, uma determinada

9 Karl Marx, *Idéologie allemande*, Œuvres Philosophiques, v. VI, p. 164.
10 Ibid., p. 153.

maneira de manifestar a sua vida, uma determinada maneira de viver destes indivíduos.[11]

A importância deste ponto de vista para o sociólogo consiste, sobretudo, em colocar o fato social da organização no âmago da discussão dos problemas de subsistência. Em nossos dias, Malinowski mostraria que a satisfação das necessidades, sendo uma das molas da cultura, já se situa em pleno terreno institucional; as *necessidades básicas* não apenas dão lugar a *reações culturais* (*cultural responses*), mas estas originam novos tipos de comportamento, que se tornam necessidades derivadas, indissoluvelmente ligadas àquelas.[12]

Podemos assim completar a formulação inicial, dizendo que a obtenção, para cada grupo, do equilíbrio entre as necessidades e os recursos do meio depende dos tipos de organização que desenvolver neste sentido. Dividindo, para melhor expor, uma realidade indivisa, diríamos que há dois ajustamentos necessários àquele equilíbrio: 1. a descoberta de soluções que permitam explorar o meio físico para obter recursos de subsistência; 2. o estabelecimento de uma organização social compatível com elas. Como diz um economista contemporâneo, "o homem não precisa apenas de comida, mas de uma organização para obter comida".[13]

Continuando, para argumentar, nesta linha simplificadora, veremos que para cada sociedade, num determinado momento, há uma equação necessária entre o ajuste ao meio e a organização social. Nas sociedades civilizadas, de grande volume demográfico, há tantas subequações quantos grupos diferenciados pelo gênero de vida — pois há um ajustamento

11 Ibid., p. 155.   12 Bronislaw Malinowski, *A Scientific Theory of Culture and Other Essays*, 1944, cap. X-XI, pp. 91-131.   13 D. M. Goodfellow, *Principles of Economic Sociology*, 1939, p. 260.

do camponês e outro do citadino; do rico e do pobre; do lavrador e do criador etc.

Estas equações exprimem, no tocante à subsistência, as fórmulas de equilíbrio grupal — que pode ser estável ou instável; satisfatório ou insatisfatório, com referência ao equilíbrio ótimo permitido pelas condições gerais da cultura.

De qualquer modo, há para cada cultura, em cada momento, certos mínimos abaixo dos quais não se pode falar em equilíbrio. Mínimos vitais de alimentação e abrigo, mínimos sociais de organização para obtê-los e garantir a regularidade das relações humanas. Formulado nestes termos, o equilíbrio social depende duma equação entre o mínimo social e o mínimo vital.

Seria porém difícil, sem larga margem de arbítrio e etnocentrismo, falar em mínimo cultural, visto como, nos casos para nós mais rudimentares, a cultura pode significar, pelo simples fato de existir, uma solução coerente de sociabilidade e equipamento material em relação ao meio. Os umutinas atravessavam rios a nado ou a vau, até que índios mansos presentearam-nos com canoas, antes desconhecidas por eles e logo utilizadas com evidente melhoria das condições de transporte e portanto mobilidade.[14] Poder-se-á no entanto dizer que a fase anterior representava nível cultural mais *baixo*, e que a canoa veio significar a sua elevação? Seria discutível, tomando-se a cultura como um todo funcionando em conjunto orgânico. No momento, porém, em que os umutinas fossem realmente incorporados à esfera de influência cultural do branco, a sua vida passaria a ser avaliada em função de padrões definidos por esta; e, neste caso, sem dúvida a canoa representaria adaptação mais satisfatória ao meio, embora esta nova fase não possa ser comparada valorativamente à situação

14 Harald Schultz, *Vinte e três índios resistem à civilização*, [1953], p. 26.

anterior, em que a cultura existia na pureza do seu isolamento e da integração coerente dos seus traços.

No entanto, não se deve cair num extremo oposto de relativismo e desconhecer que pode haver nas culturas traços francamente disfuncionais, por assim dizer, que dificultam não apenas a integração dos grupos como, sobretudo, a sua sobrevivência em situações de mudança. Marrou assinala que o sistema espartano de educação — a famosa *agôgê* — desenvolveu-se num período de empobrecimento das concepções de vida e de parada do impulso criador, constituindo obstáculo à solução de problemas levantados por novas condições sociais e técnicas.[15] Herbert Baldus analisa de que maneira o infanticídio entre os caduveo, outrora fator de preservação da estirpe e da estrutura aristocrática da sociedade, tornou-se fator de destruição do grupo quando esta tribo de espartanos da América Meridional precisou enfrentar condições novas.[16] Devemos pois ter em mira que certas culturas resolvem de maneira mais satisfatória que outras os problemas de ajuste ao meio e às transformações sociais, graças não só ao equipamento material como à organização adequada das relações.

Sobretudo quando encaramos a obtenção dos meios de vida, observamos que algumas culturas não conseguem passar de um equilíbrio mínimo, mantido graças à exploração de recursos naturais por meio das técnicas mais rudimentares, a que correspondem formas igualmente rudimentares de organização. O critério para avaliá-las, nestes casos, é quase biológico, permitindo reconhecer dietas incompatíveis com as necessidades orgânicas, correlacionadas geralmente a técnica pobre, estrutura social pouco diferenciada além da família, representações míticas

15 Henri-Irénée Marrou, *Histoire de l'éducation dans l'Antiquité*, 1948, pp. 46-47.   16 Herbert Baldus, "Introdução", em Guido Boggiani, *Os caduveo*, 1945, notadamente pp. 23-24 e 41.

e religiosas insuficientemente formuladas. É o que se observa em povos "marginais" da Patagônia e sobretudo da Terra do Fogo, em nômades como os sirionós, ou os nambiquaras.[17]

Assim, mesmo sem querer *avaliar* o funcionamento de uma cultura, parece possível falar, em relação a cada uma, de certos *níveis sociais* e *vitais* — noções aproximativas e apresentadas aqui num sentido mais de imagem que de conceito. Elas podem todavia ser utilizadas, menos arbitrariamente, para sociedades civilizadas, complexas, nas quais a diversidade dos grupos sociais e dos níveis de vida permite comparar as formas extremas de participação nos bens considerados incompressíveis. Dir-se-á, então, que um grupo ou camada vive segundo mínimos vitais e sociais quando se pode, verossimilmente, supor que com menos recursos de subsistência a vida orgânica não seria possível, e com menor organização das relações não seria viável a vida social: teríamos fome no primeiro caso, anomia no segundo.

Retenhamos, pois, desta discussão, que nas situações de mudança e nas sociedades civilizadas é possível falar em *mínimos vitais* e *sociais*, em sentido comparativo.

17 Ver por exemplo em Junius Bird, "The Alacaluf", *Handbook of the South American Indians*, v. I, pp. 55-80, 1946, a absorção do grupo nas formas mais elementares de obtenção do alimento, por meio de um equipamento reduzido ao "mínimo necessário para manter a vida" (pp. 58-59). No excelente trabalho de Allan R. Holmberg, *Nomads of the Long Bow*, os dados relativos aos sirionós servem para conclusões sobre "sociedades caracterizadas por um atraso geral da cultura", visto como "a preocupação com os problemas alimentares domina de tal modo a sociedade, que outros aspectos da cultura pouco se desenvolverão" (p. 98). Note-se a informação sobre o caráter inarticulado dos cantos (p. 44), sobre a falta de folclore e mitologia (p. 46), sobre a indeterminação das concepções do Universo (p. 46) etc. Veja-se ainda Claude Lévi-Strauss, "La Vie familiale et sociale des indiens nambikwara", *Journal de la Société des Américanistes*, nova série, t. 37, 1948, onde se fala do "seu nível cultural certamente muito baixo" (pp. 13 ss.).

4. Sociologia dos meios de subsistência

Assim, os meios de subsistência de um grupo não podem ser compreendidos separadamente do conjunto das "reações culturais", desenvolvidas sob o estímulo das "necessidades básicas". Em nenhuma outra parte vemos isto melhor que na alimentação, que é o recurso vital por excelência. Com efeito, há necessidades inadiáveis que não encontram correspondente na organização social, como a respiração; e outras que se processam conforme padrões definidos, mas cuja satisfação pode ser suspensa sem acarretar cessação da vida, como o impulso do sexo. A fome, todavia, se caracteriza por exigir satisfação constante e requerer organização social adequada.

Por outro lado, a alimentação ilustra o caráter de sequência ininterrupta, de continuidade, que há nas relações do grupo com o meio. Ela é de certo modo um vínculo entre ambos, um dos fatores da sua solidariedade profunda, e, na medida em que consiste numa incorporação ao homem de elementos extraídos da natureza, é o seu primeiro e mais constante mediador, lógica e por certo historicamente anterior à técnica.

Sendo condição da vida, ela é pressuposto de toda vida social, que já tem sido interpretada como decorrência direta da satisfação de necessidades, entre as quais ela se destaca. Esta atitude é todavia parcial e simplista, começando por desconhecer que à dependência do grupo em relação aos recursos naturais corresponde uma ação por ele exercida de maneira a configurar a mencionada continuidade, onde homem e meio aparecem numa solidariedade indissolúvel. Do ponto de vista social, a alimentação só se torna inteligível como necessidade na medida em que está ligada a uma organização para obtê-la e distribuí-la, como observa Goodfellow na citação feita há pouco.

Assim, o meio natural aparece de início como grande celeiro potencial, que não será utilizado indiferentemente, em

38

bloco, mas conforme as possibilidades de operação do grupo; pois os animais e as plantas não constituem, em si, alimentos do ponto de vista da cultura e da sociedade. É o homem quem os cria como tais, na medida em que os reconhece, seleciona e define. O meio se torna deste modo um *projeto* humano nos dois sentidos da palavra: projeção do homem com as suas necessidades e planejamento em função destas — aparecendo plenamente, segundo queria Marx, como uma construção da cultura.

Há com efeito para cada cultura uma técnica de viver de que a alimentação faz parte, e a que deve submeter-se a fome para ser satisfeita, não obstante o seu caráter inelutável.

Além disso, ela se torna o centro de um dos mais vastos complexos culturais, abrangendo atos, normas, símbolos, representações. A obtenção da comida percorre, do esforço físico ao rito, uma gama vastíssima em que alguns têm querido buscar a gênese de quase todas as instituições sociais. Um antropólogo fantasista como Elliot-Smith não encontra dificuldade em mostrar que técnica, arquitetura, calendário, religião, governo (civilização, numa palavra) derivam diretamente das progressivas invenções ligadas ao plantio, armazenagem da colheita, regulamentação do trabalho agrícola, todas originadas no Egito...[18]

A teoria vale apenas para ilustrar a importância que o alimento pode assumir teoricamente como elemento explicativo da vida social. Sabemos, no entanto, que a obtenção, definição e elaboração de uma dieta dependem estreitamente de organização correspondente, e que os ritos agrários se encontram na base dos desenvolvimentos culturais mais surpreendentes. Vida, meio e grupo se integram e unificam muitas vezes em função do alimento.

18 G. Elliot-Smith, "The Beginning of Civilization", *In the Beginning*, 1934, cap. 3, pp. 30-45.

Um exemplo sugestivo dessa projeção multidimensional da alimentação é a caça, que tendo como ponto de partida a obtenção de carne dá lugar a sistemas complexos, com repercussões afetivas, mágicas, artísticas, políticas — sabendo-se que em muitos casos a liderança política se esboça em função dela.

> [...] a arte da caça, nos povos primitivos, requer conhecimentos hauridos nos diferentes domínios da técnica, da magia, da religião, do direito

porque

> nos povos arcaicos não é uma atividade puramente técnica, como se tornou para o homem moderno. Os sentimentos que ela mobiliza são de natureza muito diversa, não parecendo nada com a excitação esportiva, o gosto pelo perigo e a perseguição. Não é uma atividade de luxo, mas um problema vital, implicando, da parte do caçador, uma atenção, uma concentração, uma gravidade que por certo inexistem no caçador moderno.[19]

Daí as suas consequências ecológicas (organização dos territórios de caça), religiosas (interditos, cerimonialismo propiciatório e piacular), estéticas (representações plásticas, danças zoomórficas) etc.

No entanto, à medida que as fontes de abastecimento alimentar vão-se modificando ou ampliando — como ocorre em todo processo civilizatório — vamos assistindo a transformações radicais na estrutura e função da caça. O que era básico se torna acessório, o acessório se torna básico, e vemos um meio de subsistência tornar-se atividade lúdica, dando lugar a uma constelação inteiramente renovada. O animal, que

19 Eveline Lot-Falck, *Les Rites de chasse chez les peuples sibériens*, 1953, pp. 7 e 9.

antes era uma espécie de comparsa antagônico num drama, alvo de solicitações, propiciações, verdadeiros entendimentos em que o homem se incorpora ao mundo natural, passa agora a integrar uma realidade diferente, a que o homem se opõe.[20] As novas fontes de abastecimento levaram a uma rearticulação das relações com o meio, em que a posição do alimento é outra.

Qualquer que ela seja, porém, é sempre acentuada a sua importância como fulcro de sociabilidade — não apenas da que se organiza em torno dele (sistemas de trabalho, distribuição etc.) mas daquelas em que ele aparece como expressão tangível dos atos e das intenções (ágapes, ofertas etc.). Hoje, quando oferecemos café às visitas ou damos um almoço de aniversário, prolongamos de certa forma práticas imemoriais, em que a ingestão de alimentos obtidos com esforço, e irregularmente, trazia uma poderosa carga afetiva, facilmente transformada em manifestações simbólicas. À medida que a civilização assegura a regularidade do abastecimento, esta carga diminui, para manifestar-se quase apenas nas ocasiões importantes da vida.

Todavia, se atentarmos, em nosso tempo, para as populações chamadas arcaicas; para os povos e grupos de progresso técnico limitado; para as classes inferiores da população, poderemos constatar a cada instante o peso que ela assume nas relações e na própria caracterização da personalidade. De certa

20 Sobre aqueles aspectos de solidariedade grupo-meio em função da caça, ver Lot-Falck, op. cit., passim. Exemplo: "Uma outra interdição [...] proíbe matar mais caça do que o necessário para as necessidades vitais. Para os siberianos a caça não é um esporte, mas unicamente um meio de garantir a subsistência. Há uma espécie de convenção lavrada entre o homem e os seres que presidem a caça; estes lhe reconhecem o direito de matar o que lhe basta para viver, e nada além. Caçar por divertimento pareceria incompreensível e criminoso" (p. 163).

caipira velha, ouvi há muitos anos que o seu maior desejo seria comer e fazer comer aos seus filhos e netos de tal maneira que se esquecessem do que era fome. No limiar da morte, o seu papel de mãe lhe parecia falhado na medida em que dera à luz tanta gente que não podia comer à vontade.

Na sociologia e na antropologia o estudo da alimentação tem sido feito de dois ângulos principais. As pesquisas sobre sociedades primitivas e rústicas insistem sobretudo nas técnicas de sua obtenção, nos critérios da sua distribuição, destacando significativamente os vínculos sociais correlatos, as representações, o sistema simbólico. São casos em que a elaboração de uma dieta é problema cruciante, absorvendo os esforços do grupo e dando lugar a fenômenos de tensão psíquica. Malinowski foi certamente o primeiro a expor sistematicamente a sua importância social e cultural, desenvolvida magistralmente por uma discípula, Audrey Richards, em dois livros que são os mais importantes no assunto.[21]

O segundo ponto de vista, mais corrente, é o da sociologia propriamente dita e da economia. São as mais das vezes estudos de níveis de vida, feitos de um ângulo econômico e estatístico, visando grandes números, onde a realidade aparece

21 Embora versando o tema em partes de obras anteriores, a obtenção de alimento e o seu caráter social aparecem desenvolvidos por Malinowski no último livro sobre os trobriandeses: *Coral Gardens and Their Magic* (1937). Os seus cursos na Universidade de Londres serviram, todavia, de inspiração e ponto de partida para Firth, *The Primitive Economics of the New Zealand Maori*, 1929; *Primitive Polynesian Economy*, 1939; e sobretudo Richards, *Hunger and Work in a Savage Tribe*, 1932, baseado em bibliografia; e *Land, Labour and Diet in Northern Rhodesia*, 1939, baseado na pesquisa entre os bembas.

Um trabalho importante como utilização teórica das observações sobre trocas alimentares, levando a discernir traços da organização social, é o de Jules Henry, "The Economics of Pilagá Food Distribution", *American Anthropologist*, v. 53, n. 2, pp. 187-219, 1951. O livro, mencionado atrás, de Holmberg, é dos melhores como exploração sociológica das necessidades alimentares e a importância da sua satisfação no equilíbrio dos indivíduos e dos grupos.

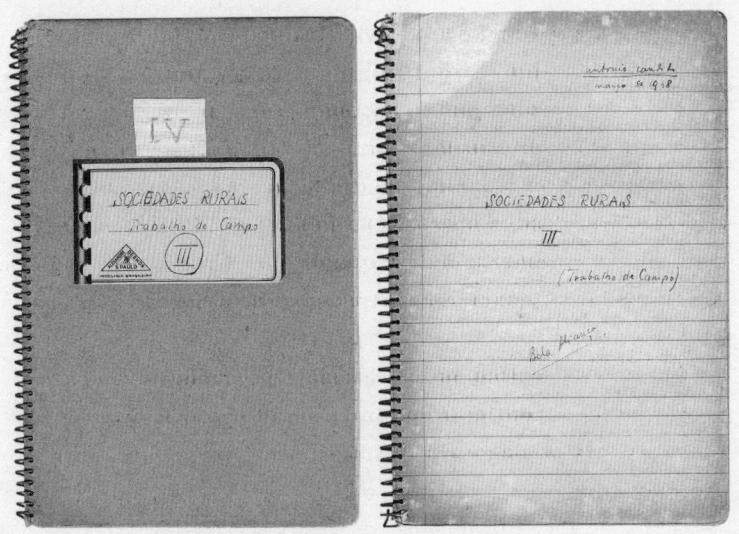

Caderno de campo, v. IV: capa e página de rosto.

dissolvida em índices, orçamentos, tabelas, abrangendo não raro todo um país, ou mesmo o mundo inteiro, mais frequentemente uma região ou uma cidade. Raras vezes a alimentação é destacada do conjunto dos elementos constitutivos do nível de vida.[22]

Ora, é preciso acentuar a importância, para o sociólogo, em combinar, no estudo da alimentação, os pontos de vista estatístico (como parte do nível de vida), biológico (como qualidade nutritiva, exprimindo uma certa forma de exploração do meio), econômico (como tipo de participação nos recursos totais do grupo) e propriamente sociocultural (como fator de sociabilidade). É o que se procurará fazer neste estudo.

[22] Há em São Paulo pelo menos uma pesquisa sociológica neste sentido: Donald Pierson, "Hábitos alimentares em São Paulo", *Revista do Arquivo Municipal*, v. XCVIII, pp. 45-79, 1944.

Convém mencionar que, no domínio das ciências humanas, o primeiro no Brasil a avaliar a importância da alimentação para explicar o comportamento dos grupos sociais foi (deixando de lado algumas reflexões de Sílvio Romero) Alfredo Ellis Jr., em *Raça de gigantes* (1926). Mais tarde, Gilberto Freyre deu ao tema a amplitude que todos conhecem, em seus diversos livros, a partir de *Casa-grande & senzala* (1934). Os especialistas de nutrição têm-se caracterizado felizmente entre nós — depois de um início mais especificamente biológico, em que pesou a influência do argentino Pedro Escudero — pela preocupação em se orientar conforme aspectos sociais, como podemos ver nas obras de Josué de Castro e Rui Coutinho, para citar apenas dois nomes.

Caderno de campo, v. IV: mapa de situação de cidades, vilas e bairros situados no entorno de Bofete em março de 1948.

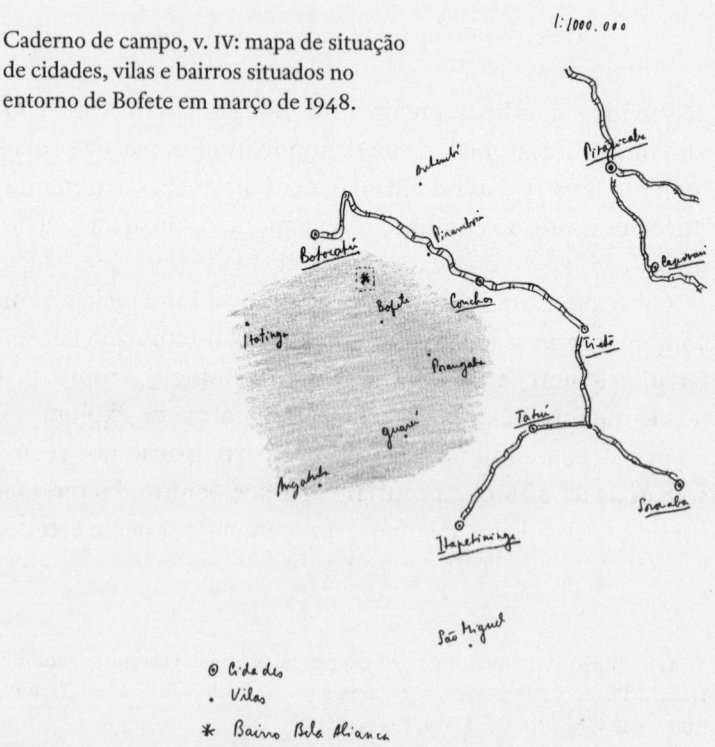

I.
A vida caipira tradicional

No Brasil, há necessariamente que levar-se em conta um duplo aspecto no problema das sociedades rurais:

dos eixos em torno dos quais giram dos tipos de sociedade ou melhor, de cultura, idealmente discrimináveis:

1) - cultura rural centralizada pelos velhos padrões caipiras (português + índio), em decomposição constante;

2) - cultura rural centralizada pelos novos padrões urbanos (ocidental-moderno), em avanço constante.

Sem considerar estas duas linhas de orientação, será impossível ordenar o material da sociologia rural brasileira.

(De um lado, vg., temos o Bairro da Lagoa, ou a zona da Ribeira; de outro, os vinhateiros de Jundiaí e Valinhos; as fazendas de Rib. Preto)

1. Rusticidade e economia fechada

Da expansão geográfica dos paulistas, nos séculos XVI, XVII e XVIII, resultou não apenas incorporação de território às terras da Coroa portuguesa na América, mas a definição de certos tipos de cultura e vida social, condicionados em grande parte por aquele grande fenômeno de mobilidade. Não cabe analisar aqui o seu sentido histórico, nem traçar o seu panorama geral. Basta assinalar que em certas porções do grande território devassado pelas bandeiras e entradas — já denominado significativamente Paulistânia — as características iniciais do vicentino se desdobraram numa variedade subcultural do tronco português, que se pode chamar de "cultura caipira".

O propósito desta parte do livro é analisar com brevidade os aspectos referentes à obtenção dos meios de vida, no sentido previamente indicado. Primeiro, a fim de verificar até que ponto ela se enquadra nas situações socioculturais *mínimas*, que interessa estudar; segundo, a fim de compreender o significado das atuais condições de vida do caipira paulista, como as fui pesquisar num agrupamento dos nossos dias, cuja descrição será objeto de capítulos ulteriores.

Começaremos pelo estudo dos elementos diretamente ligados à manutenção da vida, mormente a exploração dos recursos naturais para elaboração da dieta. Em seguida passaremos ao estudo das formas de vida social que permitem aos agrupamentos rústicos a sobrevivência enquanto grupos. Num e noutro caso, procuraremos apenas sugerir o teor geral da vida do velho paulista rural das classes inferiores, para chegar a possíveis considerações sobre as características da sua cultura.

Fica, portanto, claro que não se trata de descrever e interpretar todos os aspectos da vida social e cultural do caipira do passado, mas tão somente os que se referem de maneira direta ao tema deste estudo.

O caipira, sua casa, seu meio de locomoção. Bofete (SP), 1948.

Manhã – café
Almoço – arroz, feijão, farinha
Merenda – resto do almoço
Jantar – arroz e feijão

A sociedade caipira tradicional elaborou técnicas que permitiram estabilizar as relações do grupo com o meio (embora em nível que reputaríamos hoje precário), mediante o conhecimento satisfatório dos recursos naturais, a sua exploração sistemática e o estabelecimento de uma dieta compatível com o mínimo vital — tudo relacionado a uma vida social de tipo fechado, com base na economia de subsistência.

O ponto de partida para compreender essa situação deve ser buscado na própria natureza do povoamento paulista, desde logo condicionado pela atividade nômade e predatória das bandeiras. Do ponto de vista deste estudo, o bandeirismo pode ser compreendido, de um lado, como vasto processo de invasão ecológica; de outro, como determinado tipo de sociabilidade, com suas formas próprias de ocupação do solo e determinação de relações intergrupais e intragrupais. A linha geral do processo foi determinada pelos tipos de ajustamento do grupo ao meio, com a fusão entre a herança portuguesa e a do primitivo habitante da terra; e só a análise desse processo pode dar elementos para compreender e definir a economia seminômade, que tanto marcou a dieta e o caráter do paulista.

Esta linha é estabelecida e seguida nos estudos de Sérgio Buarque de Holanda — os mais sólidos e penetrantes sobre o ajustamento do colonizador ao meio físico da América.[1] Neles, encontramos o que já se escreveu de mais seguro sobre os aspectos ecológicos da expansão paulista, abrangendo o desenvolvimento das técnicas de orientação, defesa, utilização do meio natural, tomadas ao indígena pelo conquistador. O seu estudo permite reconstruir o tipo de equilíbrio entre

1 Sérgio Buarque de Holanda, *Monções*, 1945; e, sobretudo, "Índios e mamelucos na expansão paulista", *Anais do Museu Paulista*, t. 13, pp. 176-290, 1949.

o grupo e o meio, característico da cultura tradicional do caipira, obtido pela elaboração original das heranças culturais que recebeu.

Para a análise histórica das influências que podem transformar os modos de vida de uma sociedade é preciso nunca perder de vista a presença, no interior do corpo social, de fatores que ajudam a admitir ou a rejeitar a intrusão de hábitos, condutas, técnicas e instituições estranhos à sua herança de cultura. Longe de representarem aglomerados inânimes e aluviais, sem defesa contra sugestões ou imposições externas, as sociedades, inclusive e sobretudo entre povos naturais, dispõem normalmente de forças seletivas que agem em benefício de sua unidade orgânica, preservando-as tanto quanto possível de tudo o que possa transformar essa unidade. Ou modificando as novas aquisições até ao ponto em que se integrem na estrutura tradicional.[2]

A sociedade que se formou do século XVI ao XVIII na área paulista de expansão só pode ser compreendida à luz de reflexões como estas, que dão a chave das acomodações sucessivas por que passou aqui o colonizador, nas vicissitudes da sua intensa mobilidade. A vida social do caipira assimilou e conservou os elementos condicionados pelas suas origens nômades. A combinação dos traços culturais indígenas e portugueses obedeceu ao ritmo nômade do bandeirante e do povoador, conservando as características de uma economia largamente permeada pelas práticas de presa e coleta, cuja estrutura instável dependia da mobilidade dos indivíduos e dos grupos. Por isso, na habitação, na dieta, no caráter do caipira, gravou-se para sempre o provisório da aventura.

2 Sérgio Buarque de Holanda, "Índios e mamelucos na expansão paulista", p. 213.

A sua casa (significativamente chamada *rancho* por ele próprio, como querendo exprimir o seu caráter de pouso) é um abrigo de palha, sobre paredes de pau a pique, ou mesmo varas não barreadas, levemente pousado no solo. Pobres cabanas de palha, algumas infestadas de baratas, encontrou por campos e vilas o conde de Assumar, em 1717, na sua longa jornada para Vila Rica; iguais às que se construíram no primeiro século da colônia, e às que os viajantes estrangeiros veriam cem anos depois.[3]

As casas dos lavradores são miseráveis choupanas de um andar, o chão não é pavimentado nem assoalhado, e os compartimentos são formados de vigas trançadas, emplastadas de barro e nunca regularmente construídas [...]

— observa Mawe em 1808, nas redondezas de São Paulo.[4] E Spix e Martius, dez anos depois, em Areias:

As casas baixas, construídas de ripas, amarradas com tranças de cipó e barreadas, e a pequena igreja, do mesmo modo edificada, são de feição muito efêmera, de sorte que essas habitações parecem construídas para pouco tempo, apenas, como refúgio de viajantes. A impressão de duração, baseada na solidez das habitações europeias, falta aqui de todo, mas, em verdade, não deixando (*sic*) de ser adequada ao clima; o morador, cuja residência não tem estabilidade, não precisa de teto duradouro. Semelhantes a este povoado, encontramos a grande maioria das vilas no interior do Brasil [...].[5]

3 "Diário da jornada, que fes o Exmo. senhor dom Pedro desde o Rio de Janeiro athé a cidade de São Paulo e desta athé as Minas anno 1717", *Revista do Serviço do Patrimônio Histórico e Artístico Nacional*, n. 3, 1939, passim.   4 John Mawe, *Viagens ao interior do Brasil, principalmente aos distritos do ouro e dos diamantes*, 1944, p. 84.   5 Spix e Martius, *Viagem pelo Brasil*, 1938, v. I, p. 182.

Um velho morador do bairro que será estudado na segunda parte referia ao dito de seu avô, segundo o qual uma árvore com sombra era o bastante para um homem morar; traço extremo de rusticidade que não é, todavia, uma simples imagem: sabemos que a copa das árvores servia não só de dormida para viajantes, mas de habitação provisória, em certos casos. Adiante de Uberaba, Luís d'Alincourt viu

> o Porto do Lanhoso, onde há um só morador carregado de família, a quem dois índios ali estabelecidos queimaram tudo quanto possuía, e ainda quando passei estava arranchado debaixo de uma copada árvore [...].[6]

Havia, é claro, boas construções de pedra e cal, ou terra socada em taipa; a princípio, edifícios públicos e religiosos; depois, a partir sobretudo do século XVIII, casas de moradia da gente de prol. O caipira, contudo, conservou até hoje a habitação primitiva, que vamos encontrando, sempre a mesma, nos documentos antigos e na informação dos velhos.

A esta rudeza correspondiam técnicas e usos igualmente rudimentares. Segundo os informantes anciãos do grupo que estudei — e que para responder sondavam não apenas a memória infantil, mas a tradição ouvida de pais e avós — antigamente, a "gente do sítio" fazia tudo e raramente ia ao comércio comprar sal. Não havia quase negócios; cada um consumia o seu produto e nos anos fartos sobrava mantimento, que "não tinha preço". Todos faziam fio de algodão, que as tecedeiras transformavam em pano, com o qual se confeccionava a roupa: camisolão até o joelho para meninos e meninas; camisa

6 Luís d'Alincourt, "Memória sobre a viagem do porto de Santos à cidade de Cuiabá", *Anais do Museu Paulista*, v. 14, p. 301, 1950.

e saia para as mulheres; ceroula e camisa, usada sobre aquela, para os homens. Trançavam-se em casa excelentes chapéus de junco (*Lepidosperma officinalis*), "que duravam dois anos". Andava-se geralmente descalço, e o único calçado era a *precata* (alpargata), feita igualmente em casa. Os homens iam à própria igreja neste traje, que em 1757 já era registrado em Moji das Cruzes pelo conde de Azambuja:

He a villa pequena [...] e a maior parte dos moradores assiste nos seus sítios, onde passão o tempo a cachimbar e balançar-se na rede, em camisas e ciroulas, vestido que ordinariamente uzão.[7]

Quase um século e meio depois, rebuscando a memória, Vieira Bueno assim descrevia a roupa caipira por volta de 1830:

Os roceiros vestiam pano de algodão mais grosso, sendo o algodão colhido e fiado em casa, e o pano tecido no tear dalgum tecelão da vizinhança [...]. O vestuário dos homens compunha-se unicamente de calça e camisa, ao que, os que podiam, adicionavam o *surtum* de baeta (espécie de colete), para o frio. Mas a calça já era um progresso ainda não adotado por todos. Não poucos ainda vestiam a ceroula ampla e curta, que deixava as pernas nuas do joelho para baixo, e cujo cós abotoava ao lado da cintura, por baixo da fralda da camisa [...]. Desses mesmos tecidos de algodão vestiam as mulheres roceiras pobres saias, cobrindo-as com alguns côvados de baeta azul.[8]

7 Azambuja, "Relação da viagem que em 1757 fes o Exmo. conde de Azambuja, sahindo da cidade de S. Paulo para a villa de Cuyabá", 1935, p. 46.   8 Francisco de Assis Vieira Bueno, "A cidade de São Paulo", *Revista do Centro de Ciências, Letras e Artes de Campinas*, ano II, n. I, pp. 24-25, 1903.

Os utensílios eram, na maior parte, feitos em casa. Mais tarde foram entrando os do comércio, e as pessoas deixaram de fazer os antigos: gamela de raiz de figueira, vasilha e prato de porungaetê, cuia de beber, pote de barro, colher de pau etc.

A pólvora para armas e rojões era feita do seguinte modo: cortava-se no mato crindiúva, que, depois de deixada secar, era enterrada e queimada, resultando um carvão fino; misturava-se este com salitre e enxofre, pilava-se bem e passava-se numa peneira; quanto mais fina esta, melhor a pólvora.[9] Também em casa faziam-se as balas: o chumbo era derretido e derramado em pequenos buracos abertos no chão duro, do tamanho desejado; o resfriamento e a solidificação eram rápidos.

Para iluminação usava-se candeeiro de barro, com banha de porco ou azeite de mamona, e torcida de algodão, tudo feito em casa, menos quando o candeeiro era de ferro. Na capital, observaram Spix e Martius, em 1817, que

em vez das grandes lâmpadas de vidro ou castiçal com vela de cera, campeia no meio da mesa um lampião de latão, no qual queima azeite de mamona.[10]

9 É a pólvora negra "explosivo de combustão incompleta, cuja base é um carvão leve (de *tília*, choupo, imbaúba), o enxofre e o salitre (azotato de potássio)". Clado Ribeiro de Lessa, *Vocabulário de caça*. São Paulo: Companhia Editora Nacional, 1944, p. 103. Ver Cornélio Pires, *Continuação das estrambóticas aventuras do Joaquim Bentinho, o Queima Campo*. São Paulo: Imprensa Metodista, 1924, p. 63: "[...] tenho sempre crindiúva seco in casa e nitro; faço o carvão, perparo a porva de foguetero". Cf. Alberto Löfgren, "Ensaio para uma sinonímia das plantas indígenas do estado de São Paulo", 1895, p. 50: "Coatindiva-Crindiúva. *Fam. Ulmaceae. Sponia* (Celtis) *micrantha*. Dces. Árvore pequena de lenho mole [...]. Emprega-se a madeira para fazer carvão para pólvora". Segundo ouvi de um velho caipira, fazia-se também pólvora do carvão de cambará (*Vanillospomis erythropappa* Schultz), árvore que se encontra por todo o estado de São Paulo. 10 Spix e Martius, op. cit., p. 209. O arbusto da mamona (*Ricinus communis* L.), mamoneiro, é também chamado em São Paulo carrapateiro e figo-do-inferno. Foi

Indústria caseira eram também o açúcar, a rapadura e a garapa (que o substituíam frequentemente como adoçante), envolvendo a utilização de aparelhos feitos pelo próprio roceiro, como moendas, geralmente manuais, de madeira, e os fornos de barro, além de outros adquiridos, como fôrmas ou tachos, de lata e cobre.

O povoado mais próximo dos meus informantes de Bofete, Tatuí, distava entre sete e doze léguas das suas moradias, indo eles, raramente, abastecer-se lá de sal. De vez em quando, formavam-se cargueiros de galinhas para vender em Itu ou Campinas, onde era compensador o lucro (uns 10 mil-réis) e de onde se aproveitava para trazer aquele condimento.[11]

Os costumes na área estudada eram rudes; os homens eram irascíveis e valentes, matando-se uns aos outros com frequência atestada pelas cruzes e "capelinhas" votivas, desconfiando do estranho, mas prontos à hospitalidade desde que não surgissem *dúvidas*. Por vezes, transitavam magotes de índios vindos da Serra de Botucatu, calados e cabisbaixos; "parece que iam levar presentes para o governo" (o imperador) e pedir-lhe recursos; ninguém mexia com eles, porque para tal gente "matar e morrer é um só".

introduzido pelo colonizador e aqui se aclimou perfeitamente. Ver Gustavo Edwall, "Ensaio para uma sinonímia das plantas indígenas do estado de São Paulo", 1906, p. 34.

Na sessão de 17 de janeiro de 1722, os vereadores da Câmara de São Paulo fixaram em 320 réis a canada de "azeite da terra, de carrapato". Apud Afonso d'Escragnolle Taunay, "História da cidade de São Paulo no século XVIII", *Anais do Museu Paulista*, t. 5, p. 415, 1931.   11 Os paulistas levavam para vender no Rio de Janeiro, à distância maior de cem léguas, galinhas que perturbaram, em Areias, o sono de Spix e Martius. Op. cit., p. 184.

Para uma exposição recente do problema do sal em São Paulo, tão cruciante que se chegou a cozinhar sem ele nos períodos de escassez, ver Myriam Lifschitz, "O sal na capitania de São Paulo no século XVIII", *Revista de História*, ano I, n. 4, pp. 517-526, 1950.

Se recorrermos aos documentos, veremos a mesma rusticidade, devida à influência dos modos de viver, sob o signo da economia seminômade. Deixemos de lado as referências ao caráter agreste do bandeirante, para assinalar apenas as do seu descendente: a esquivança, o laconismo e a rusticidade do paulista, principalmente do campo, fixados na tradição pelas impressões de administradores, viajantes e memorialistas.

Numa carta ao conde de Oeiras, assim falava em 1766 o morgado de Mateus, que enfrentou e ponderou tais problemas:

São os Paulistas Segundo a minha propria experiencia grandes Servidores de S. Magestade q. Deos Guarde. No Seu Real nome fazem tudo quanto Se lhes ordena, expõem aos perigos a propria vida, e gastão Sem dificuldade tudo quanto tem e vão até o fim do mundo Sendo necessario. O Seu Coração he altivo, e grande e animozo: o Seu juizo grosseiro, e mal Limado mas de hum metal muito fino; são Robustos, fortes, e Sadios, e Capazes de Sofrer os mais intoleraveis trabalhos. Pelo Contrario, os Seus vicios, São a prezumpção e a desconfiança, o odio, e a vingança, e Sobretudo huma perguiça que excede toda a explicação, mas tem hum grande temor da prizão [...]. [têm] o depravado Costume de matarem por qualquer Couza muitas vezes Sem Se Saber a Cauza, e o motivo; outras Sem Sepoder averiguar o agressor porterem Sido as antesedencias frivolas etc.[12]

Conceitos como estes eram aceitos pelos próprios paulistas, que podiam todavia justificar o estado de coisas existente à sua base, como se vê pelo trecho abaixo, muito clarividente, de um historiador de velha família vicentina:

12 Carta existente no Arquivo Público do Estado, citada por Américo de Moura, "Governo do Morgado de Mateus, no vice-reinado do conde da Cunha: São Paulo restaurado", *Revista do Arquivo Municipal*, v. LII, p. 137, 1938.

A vida rude, nômade e isolada da comunicação social que na primitiva (*sic*) levaram os paulistas nos sertões, já na procura das minas de ouro [...] já na apanhada dos indígenas [...] serviu de fundamento para no geral figurar-se o caráter moral e trato comum desses homens modelados pelas usanças dos índios, de uma significação dura e ríspida, de hábitos selváticos e repelentes. É certo que dessa vida fragosa dos paulistas nos tempos primitivos originara-se a discriminação que desde remotas eras se fez da sua índole característica, mas também é certo que dos seus maiores não puderam derivar trato ameno, moralidade e costumes inculcados à sua raça, que os não pusessem na mesma linha dos selvagens.[13]

Note-se neste trecho a menção à influência do índio, tornada patrimônio cultural pelo tipo de vida e definindo um primitivismo que se transmite de geração a geração. Segundo este historiador, o abrandamento dos costumes veio com os hábitos sedentários da agricultura, estabelecida como ocupação central no século XVIII, tendo parte assinalada o governo do morgado de Mateus, que aliás se gaba, no documento citado há pouco, de haver efetivamente promovido a amenização nos costumes dos seus governados. A população pobre dos campos, todavia, permaneceu arisca e mal polida, e o mesmo capitão-general costumava atribuí-lo à reação contra o recrutamento, que levava o paulista a fugir ao contato social e desconfiar de todos. É possível, ainda, que os desocupados com o fim da expansão bandeirante e o interregno de decadência que mediou até a implantação da lavoura canavieira, nos meados do século XVIII, contribuíssem para difundir uma atmosfera de desconfiança, costumes violentos e segregação. O fator

13 J. J. Machado d'Oliveira, *Quadro histórico da província de São Paulo até o ano de 1822*, pp. 146-147, 1897.

principal se encontra todavia no próprio tipo de economia e povoamento, que ilhava as choupanas e os bairros pela agricultura itinerante de subsistência.

Spix e Martius acharam que o paulista era aventureiro, "melancólico e de gênio um tanto forte"; Hércules Florence assinala que "os habitantes de São Paulo, como em geral os de toda a província, são tidos entre os brasileiros por valentes e rancorosos"; todos, porém, reputam-no hospitaleiro e franco.[14] Os viajantes que penetraram pelo interior e o conheceram melhor são mais severos, e não generalizariam por certo o conceito de Mawe, para quem as classes inferiores da cidade de São Paulo eram mais civilizadas que as do resto do país.[15] D'Alincourt assinala a incúria dos habitantes de São Carlos (atual Campinas); os de Mojimirim eram indolentes e preguiçosos; bisonhos e desconfiados os de Casa Branca; facinorosos os de Franca.[16] Saint-Hilaire, dentre todos o melhor conhecedor do Brasil, apresenta do paulista rústico — o caipira — um quadro pouco ameno. Acha-o primitivo e brutal, macambúzio e desprovido de civilidade, em comparação com o mineiro. E como nas Minas encontrou em abundância mulatos amáveis, concluiu que a mistura de branco e índio, dominante no paulista, é fator de inferioridade, dando produtos muito piores que os de branco e negro.[17]

É que os costumes ligados à atividade agrícola seminômade e ao povoamento esparso não podiam favorecer amenidade no trato, e davam lugar às maneiras esquivas, do pouco desenvolvimento mental e social próprios do homem segregado. É preciso não esquecer que o caipira viveu, e em algumas regiões

14 Spix e Martius, op. cit., p. 207; Hércules Florence, *Viagem fluvial do Tietê ao Amazonas de 1825 a 1829*, 2. ed., 1948, p. 6. 15 John Mawe, op. cit., p. 91. 16 Luís d'Alincourt, op. cit., pp. 283, 289, 293 e 297. 17 Auguste de Saint-Hilaire, *Viagem à província de São Paulo e resumo das viagens ao Brasil, província Cisplatina e Missões do Paraguai*, [1940]: "homens apáticos,

ainda vive, na cabana solitária, ou vagamente integrado nos grupos ralos e mais ou menos isolados de vizinhança. Dizia-me um velho morador do bairro adiante descrito que caboclo antigo era "coisa feio de ver": barbudo, intonso, de camisolão (camisa por fora da calça), metido em sua capuava, parecia "criação" (bicho).

Em tudo isso, vemos manifestarem-se condições de vida determinadas por uma economia fechada, com base no trabalho isolado ou na cooperação ocasional, exprimindo uma forma retrógrada de ajustamento ao meio.

Tanto assim, que as impressões de Saint-Hilaire devem ser compreendidas doutro modo, quando submetidas a uma interpretação econômico-social adequada. Esquecendo as divisões administrativas, notemos que o mineiro, por ele tão gabado e a cada passo sobreposto ao paulista, não é indiscriminadamente o natural das Minas Gerais: é, sobretudo, o habitante das suas áreas centrais, relativamente urbanizadas, beneficiadas pelo surto civilizador da mineração, ligadas à capital do país. O habitante do sul e do oeste de Minas, pelo contrário, despertaram-lhe, por sua vida rústica e pouca educação, o mesmo desagrado que o paulista. É que eram populações disseminadas, vivendo, os pobres, da

grosseiros e sem nenhum asseio" etc. (p. 124); "fui recebido rudemente como, em toda essa parte da província de São Paulo, parece ser o apanágio das classes inferiores" (p. 158); "mulheres indolentes e inúteis" (p. 239); "não cantam, não riem e mantêm-se tão tristes depois de ter bebido cachaça, como o estavam antes" etc. (p. 268), "a polidez como coisa excepcional" (p. 292). Sobre a mestiçagem, ver p. 279, mas sobretudo: *Viagem às nascentes do rio São Francisco e pela província de Goiás*, 1937, v. II, pp. 64-65 (sobre a vivacidade intelectual dos mulatos) e p. 263 (sobre a vantagem de cruzar negro e índio, dado o fato de, segundo ele, o mestiço ser sempre superior à mais inferior das raças de que provém). Na *Segunda viagem do Rio de Janeiro a Minas Gerais e a São Paulo*, 1932, estabelece a comparação de mineiros e paulistas com referência às respectivas mestiçagens (p. 144).

agricultura de subsistência; os remediados, da pecuária atrasada — sem núcleos urbanos, conforto nem polidez. Aproximavam-se, inclusive étnica e historicamente, do caipira paulista, de quem se originam muitas vezes, e com o qual mantêm contato incessante, pelas migrações que os vêm trazendo a São Paulo de torna-viagem, há mais de um século.[18]

Foi o povoamento disperso que favoreceu a manutenção duma economia de subsistência, constituída dos elementos sumários e rústicos próprios do seminomadismo. O deslocamento incessante do bandeirismo prolongou-se de certo modo na agricultura itinerante, nas atividades de coleta, caça e pesca, do descendente caipira, a partir do século XVIII. As técnicas rudimentares, a cultura improvisada do nômade encontraram condições para sobreviver.

Num trecho admirável, Saint-Hilaire pinta o quadro desolado da agricultura extensiva do caboclo brasileiro, com base na queimada: aproveitamento do terreno de mata, degradação desta a capoeira, destruição de novas matas. E (o que é mais importante para o nosso intento) as consequências sociais:

A destruição das matas não é a única consequência lamentável desse sistema. Uma população fraca, disseminando-se por uma extensão imensa, torna-se mais difícil de governar: vivendo a grandes distâncias uns dos outros os lavradores perdem pouco a pouco as ideias que inspiram a civilização.

18 Ver Saint-Hilaire, *Viagem às nascentes do rio São Francisco e pela província de Goiás*, 1937, passim. Ver as indicações recentes de Pierre Monbeig sobre o papel dos mineiros no desbravamento e povoamento de São Paulo, *Pionniers et planteurs de São Paulo*, 1952, notadamente pp. 116-120.

Ainda não se estudou de modo satisfatório este importante movimento demográfico, nem a área paulista-mineira, mais ou menos definida pela Mogiana, que exprime uma realidade social e cultural com vários traços específicos.

E acentua que a "reforma do sistema da agricultura", com uso do arado e dos adubos, fixaria o homem na terra, suprimindo a necessidade de buscar chão sempre novo: "os filhos morrerão perto dos lugares em que repousam as cinzas de seus progenitores, e a população não mais se estenderá senão à medida que for aumentando".[19]

Sabemos que a queimada de mato corresponde às dificuldades de explorar doutro modo o solo tropical, aparecendo como técnica em todo o mundo.[20] A queima de vegetação rasteira, ainda hoje praticada como regra entre nós, mostra todavia que a cinza resultante é buscada como fertilizador, embora a longo prazo o resultado seja mau, acarretando a degradação inevitável do solo.[21] É o que pondera muito agudamente um geógrafo moderno:

A queima do lote desbastado é talvez medida desastrosa, se estabelecermos as consequências totais. Deixa cinzas férteis, mas destrói, por hectare, de 700 a 1200 t de matéria orgânica, que poderia dar rendimento melhor sob a forma de madeira, lenha, pasta, produtos destilados, adubo verde. De 700 a 1000 kg viram fumaça; a potassa é reduzida a forma de carbonato muito solúvel,

19 Auguste de Saint-Hilaire, *Viagem pelas províncias do Rio de Janeiro e Minas Gerais*, 1938, v. I, p. 178. Cf. Max Sorre, *Les Fondements de la géographie humaine*, 1947, v. I, p. 215: "A primeira descrição científica das povoações adaptadas à queima de mato é a de Saint-Hilaire".

Saint-Hilaire informa que o uso do arado e dos adubos só existia no Rio Grande do Sul e na Cisplatina (p. 173). Em 1837 assinalava Daniel Pedro Müller: "Apenas começa o uso do arado em algumas chácaras e engenhos de açúcar; tudo é feito à força de braços de homens, com foice, machado e enxada". *Ensaio dum quadro estatístico da província de São Paulo*, 1923, p. 28. 20 Ver Daniel Faucher, *Géographie agraire*, 1949, pp. 50-56; Max Sorre, op. cit., pp. 189-191. 21 "[...] no Brasil [...] abate-se uma quantidade colossal de madeira anualmente, pois se considera necessário deixar depois das queimadas as cinzas para adubo da terra". Spix e Martius, op. cit., p. 177.

dissolvido às primeiras chuvas; o húmus e as bactérias úteis são destruídos. Mas poderia o lavrador tropical agir doutro modo? O seu método é rápido e dá em pouco tempo a terra de que precisa. A deficiência inevitável dos meios de comunicação nos países pouco povoados impede a exploração racional da floresta; e a floresta tropical não é fácil de explorar.[22]

Para o caipira, a agricultura extensiva, itinerante, foi um recurso para estabelecer o equilíbrio ecológico: recurso para ajustar as necessidades de sobrevivência à falta de técnicas capazes de proporcionar rendimento maior da terra. Por outro lado, condicionava uma economia naturalmente fechada, fator de preservação duma sociabilidade estável e pouco dinâmica. Daí a regressão assinalada por Saint-Hilaire no trecho citado: na cultura e na sociedade caipira há não apenas permanência de traços — dos traços que desde logo se estabeleceram como "mínimo social" — mas retorno, perda de formas mais ricas de sociabilidade e cultura, por parte dos que se iam incorporando nela, a partir de grupos mais civilizados.[23] À sua maneira, o arguto D'Alincourt sentiu bem as consequências sociais da economia fechada, ao notar que, em Mojimirim,

a cultura das terras cada vez vai em maior decadência, e o geral do povo, como não pode exportar, e não é animado pelo interesse, mola real do coração humano, tem-se entregado à indolência e preguiça; causas fatais à população.[24]

É preciso indicar, neste passo, que a agricultura itinerante era possibilitada não apenas pelas reservas de terra nova e fértil,

22 Pierre Gourou, *Les Pays tropicaux*, 1947, p. 31.   23 Veremos mais longe a importância, para o sociólogo, das formas de regresso, e a sua caracterização adequada.   24 Luís d'Alincourt, op. cit., p. 289.

imensas para uma população esparsa, como também pelo sistema de sesmarias e posses; sobretudo estas, que abriam para o caipira a possibilidade constante de renovar o seu chão de plantio, sem qualquer ônus de compra ou locação. A posse, mais ou menos formal, ou a ocupação, pura e simples, vêm juntar-se aos tipos de exploração e ao equipamento cultural, a fim de configurar uma vida social marcada pelo isolamento, a independência, o alheamento às mudanças sociais. Vida de bandeirante atrofiado, sem miragens, concentrada em torno dos problemas de manutenção dum equilíbrio mínimo entre o grupo social e o meio.

2. Alimentação e recursos alimentares

O aspecto principal deste equilíbrio se encontra no problema da alimentação, na busca de uma dieta — que passamos agora a discutir.[25]

Alfredo Ellis Jr., o primeiro a levar em conta a sua importância em nossa formação social, parece superestimar a nutrição do paulista — quando enumera os alimentos mencionados nos *Inventários e testamentos*, para concluir pela existência, no São Paulo colonial, duma ração variada e equilibrada.

Muito equilibrada, além de farta, teria sido a nutrição nos primeiros séculos, quanto aos seus elementos químicos, pois não só tinham eles em abundância a proteína, da carne dos seus rebanhos de bovinos, como também lhes sobrava a carne de porco, que é rica em matérias gordurosas de grande valor, o que os fazia carnívoros, além de copiosa variedade na alimentação cerealífera, como o trigo, a mandioca, o milho, o feijão etc., cujas plantações semeavam as

25 Cf. Max Sorre, op. cit., p. 219: "[...] o problema central da ecologia humana [é] o problema da alimentação".

É preciso considerar a importância das capelas como centro de população atraindo moradores e fixando-os mais do que nos aglomerados sem vida lúdico-religiosa. Veja-se o bairro do Salsinho, facilmente definido pelo João Cui...

Papel dos adensamentos de população como fator de sociabilidade. Sua ocorrência com êxito onde há capela; e pequena propriedade.

A capela do bairro de São Roque Novo e seu entorno.

Nhô Samuel matou um porco e mandou uma parte para o Alcides. Provàvelmente, ap. Zaíra, mandou th a outros. Aqui há o hábito seguinte : quando alguem mata um animal, costuma mandar um pedaço a um certo numero de pessoas que, quando matarem, retribuirão. Assim, por exemplo, Alcides quando mata, envia a Nhô Samuel, Nhô Quim Nhô Roque e Jqm. Oliveira,

O caipira, o bananal e a paisagem.

redondezas paulistanas e que contêm elevada porcentagem de hi-drocarbonatos, muito ricos em calorias. Com isto ressalta que os nossos maiores tinham uma farta e variada alimentação, muito bem combinada, em seus elementos químicos, necessários para a perfeita manutenção da espécie em uma constante *eficiência*.[26]

O paulista lhe parece, mesmo, mais bem nutrido que o es-cocês, o irlandês, o escandinavo, o egípcio, o italiano, o in-glês, o indiano, o japonês, o africano do norte, mantendo-se eugênico o seu tipo através dos séculos.

Esta opinião parece, quando menos, estática e idealizada. Não leva em conta as alterações eventuais até os nossos dias, e considera integrantes normais da dieta alimentos de que ape-nas se poderia garantir a ocorrência — de modo algum a genera-lidade e a continuidade. O próprio Ellis Jr., adiante, menciona as agruras inevitáveis do sertanista, e a circunstância de só no fim do século XVII se haver estabelecido o sistema das planta-ções ao longo das rotas de penetração.[27]

Mais justa parece a análise de Otoniel Mota, baseada num es-tudo cuidadoso da documentação e sensível às variações da agri-cultura e da dieta. Segundo ele, comia-se bastante no primeiro século, mas pouca variedade: "principalmente, mandioca, algum feijão, e em São Vicente arroz — não sabemos em que quanti-dade nem por quanto tempo — e carne de vaca e de porco". O ar-roz desaparece todavia para só voltar no século XIX, importan-do-se provavelmente, até aí, o que consumiam os abastados.[28]

É preciso, com efeito, discriminar, no material histórico, a alimentação da vila de São Paulo, e a dos povoados do inte-rior; a do primeiro século, e a dos séculos subsequentes; a do

26 Alfredo Ellis Jr., *Raça de gigantes*, 1926, pp. 337-338. **27** Ibid., p. 340. **28** Otoniel Mota, *Do rancho ao palácio*, 1941, p. 19. Ver também pp. 21-35.

fazendeiro, da gente de prol, e a do sertanista, do povoador e do caipira. Ver-se-á, então, que este se nutria principalmente ao modo dos sertanistas, como quem se contenta com o mínimo para não demorar as interrupções da jornada. Este mínimo alimentar corresponde a um mínimo vital, e a um mínimo social: alimentação apenas suficiente para sustentar a vida; organização social limitada à sobrevivência do grupo.

Tomemos justamente aquela inovação acima referida, de estabelecer plantações ao longo dos caminhos de bandeira. Veremos que esta como que consagrou e fixou a dieta básica do paulista, que ainda hoje perdura: refiro-me ao *Regimento* de dom Rodrigo de Castel-Blanco, relativo às entradas para descobrir ouro e prata, que assim dispõe sobre a manutenção da tropa:

I^o

Toda a pessoa de qualquer qualidade que seja, que for ao certão a descobrimentos será obrigado alevar milho, efeijão emandioca, para poder fazer plantas edeixa-las plantadas, porque com esta diligência sepoderá penetrar os certoens, que sem isso hé impossivel.

8°

Mandará semear as roças, que já ficão as terras beneficiadas de milho, feijão eabobora.[29]

É interessante notar que, ao estabelecer esta medida oportuna e de grande alcance, a autoridade como que definia a própria dieta mínima do caipira, fundando-se exclusivamente em produtos autóctones, e que não apenas seriam os básicos, como, ainda, os de cultivo mais fácil, e raízes mais fundas no passado ameríndio.

29 Apud Pedro Taques de Almeida Pais Leme, *Informação sobre as minas de São Paulo*, [1950], pp. 130 e 136.

No ano de 1704, o procurador da Câmara de São Paulo, Bartolomeu Pais, dizia do feijão que era "o alimento mais vial, [vital?] de que se alimentam os povos".[30]

Em 1717, o conde de Assumar e comitiva os encontraram predominando nos arredores da cidade de São Paulo:

> Sahio a Sua Ex.ª a ver a cidade, q está cituada em hum plano, e poderá ter athé quatrocentas cazas a mayor parte terreas, mas muy falta de gente, porque a mayor parte dos moradores vivem fora della em huas quintas, a que chamão Rosas, as quais não constam de outras plantas, que de milho farinha de Pao, e feijam e algumas frutas da terra, que tudo isto vem a ser o seu cotidiano sustento dos Paulistas, não comendo carne senão em alguns dias do anno, e quando dão algum banquete, ou fazem alguma festa sempre vem a meza o feijam com toucinho, que se pode supor, que he o arroz dos Europeos.[31]

Veja-se a título de complemento o que diz Antonil, descrevendo o caminho das Minas:

> [...] ha aqui roças de milho, aboboras e feijão, que são as lavouras feitas pelos descobridores das minas, e por outros que por ai querem voltar. E só disto constão aquellas, e outras roças, nos caminhos das minas: e quando muito, tem mais algumas batatas.[32]

Assim, a dieta do bandeirante, aparentemente de emergência, era, em suma, igual à do lavrador e da maioria dos paulistas.

30 Apud Afonso d'Escragnolle Taunay, "História da vila de São Paulo no século XVIII", 1931, p. 40. 31 "Diário da jornada, que fes o Exmo. senhor dom Pedro desde o Rio de Janeiro athé a cidade de São Paulo e desta athé as Minas anno 1717", op. cit., p. 304. 32 *Cultura e opulência do Brasil por suas drogas e minas*, 1923, pp. 240-241.

Os viajantes oitocentistas o confirmam, e o pesquisador de hoje vem encontrá-la pouco mais ou menos igual.[33]

Mawe registra, em 1808, que a mandioca era alimento de todos e que o almoço na cidade de São Paulo compunha-se de feijão com farinha, sendo o jantar mais variado.[34] Em Jaraguá, dez anos depois, encontrou D'Alincourt feijão e milho como pratos de todo o dia — este em canjica, farinha e jacuba; mais raramente, leite, toicinho e "alguma carne salgada, ou seca". Em Mojimirim, encontrou a mais trigo e arroz.[35]

Podemos dizer, portanto, que o *Regimento* de dom Rodrigo registra a fixação da dieta mínima do paulista comum, característica da vida caipira, que se ia configurando à medida que o povoador, mais ou menos estável, predominava em relação ao bandeirante, desaparecido afinal no século XVIII.

É provável que no primeiro século ela fosse mais variada principalmente na costa e na vila de Piratininga, continuando assim nas camadas dominantes.[36]

33 Comentando a preferência do colono pela mandioca-doce, em relação à amarga, diz um historiador contemporâneo: "A preferência não vinha tanto do gosto, porém pelo fato de ser precoce, aproveitável no fim de apenas cinco meses após o plantio. Entrava, por conseguinte, no espírito lídimo colonial, ou seja, no que impelia a brancos e mestiços a tudo sacrificar, das mínimas às maiores coisas, por um resultado imediato". J. F. de Almeida Prado, *Pernambuco e as capitanias do Norte do Brasil*, 1942, v. III, p. 197. 34 John Mawe, op. cit., pp. 82 e 92. 35 Luís d'Alincourt, op. cit., pp. 278 e 289. 36 O habitante abastado, ou remediado, com ligações urbanas, parece ter sempre contado com bons recursos alimentares. Lacerda e Almeida assinalam em mais de um trecho a robustez e as boas cores do paulista, bem como as excelências do clima e abundância de bons produtos. "O trigo, de que se faz um ramo considerável de comércio para as nossas Minas Gerais, Goiás, Cuiabá, Mato Grosso, a boa produção das frutas de Portugal, que têm sido transportadas, e as do país, os legumes, as raízes, a carne de vaca e de porco, em nada inferior à de Portugal, a inumerável multidão de aves, o açúcar, o leite, o queijo, a hortaliça produzida sem maior amanho, fazem ser aquele país um dos melhores do mundo." *Diários de viagens*, 1944, p. 99.

Sabemos, por exemplo, que o açúcar, muito próspero em São Vicente a princípio, entrou em declínio até o século XVIII, dando-se o mesmo com o arroz (arroz asiático, *Oriza sativa* L.), introduzido pelo colonizador e diferente de algumas espécies bravas, nativas daqui.

O preço ordinário de uma arroba de açúcar fino, e mais subido era de 400 réis; e o arroz em casca vendia-se a 50 réis o alqueire, segundo consta de livros e escrituras desse tempo; *assim mesmo todos se ocupavam na plantação destes dois gêneros, os quais depois foram desprezados pelos modernos com tanto excesso*, que em toda a capitania somente havia algumas engenhocas, onde se fabricavam poucos barris de aguardente de cana.[37]

Em nota a Gabriel Soares, informa Pirajá da Silva que o arroz branco asiático foi aqui cultivado desde o século XVI, "mas a sua cultura só se generalizou por influência do marquês de Pombal, em meados do século XVIII".[38] Em São Paulo, generalizou-se apenas no século seguinte. Em 1806 não constava dos ofícios dirigidos pelo capitão-general Franca e Horta aos comandantes e capitães-mores, nos quais requisita com insistência todos os víveres do país, para a emergência da propalada vinda do príncipe regente e comitiva.[39]

Os motivos seriam vários. Em primeiro lugar, o arroz é planta de cultivo mais delicado e, por isso, menos adequada a

37 Frei Gaspar da Madre de Deus, *Memórias para a história da capitania de São Vicente hoje chamada de São Paulo e notícias dos anos em que se descobriu o Brasil*, 1920, p. 172. Grifo meu. **38** Gabriel Soares de Sousa, *Notícia do Brasil*, [1945], v. I, p. 310. **39** Eis o que requeria: toicinho, carne de porco, feijão, milho, a Moji das Cruzes, Jacareí, Pindamonhangaba, Guaratinguetá e Lorena; porcos vivos, toicinho, carne de porco salgada, milho e feijão, a Cunha e São Luís; bois, farinha de trigo, milho e feijão, a Curitiba, Castro, Lajes, Sorocaba, Itapeva e Itapetininga; farinha, carne, peixe salgado, uma economia ligada a atividades nômades, à presa, à coleta, como foi a do paulista desde a generalização das entradas pelo sertão. E a uma economia fechada, de subsistência, ligada à agricultura itinerante, à coleta, à caça e à pesca, como foi a do seu descendente caipira.

Além disso — e talvez principalmente — o paulista se ajustou às técnicas do índio, que lhe permitiram estreitar os laços com a terra, favorecendo a mobilidade, penetrando nas formas de equilíbrio ecológico já desenvolvidas pelas tribos. Daí, nesse mameluco de corpo ou alma, um certo apego aos alimentos da terra, como eram os recomendados por dom Rodrigo e ainda são os que dominam em sua dieta.

A propósito do Nordeste, Brandônio confirma esta hipótese:

> O mantimento que ocupa o segundo lugar (posto que em muitas partes do mundo se tem pelo primeiro) é o arroz, que nesta província se produz em muita abundância à custa de pouco trabalho; mas os seus moradores, por respeito à mandioca, de que já tenho tratado, plantam muito pouco, porque reputam quase por fruta e não mantimento, por acharem a farinha de mais sustância.[40]

O feijão, o milho e a mandioca, plantas indígenas, constituem, pois, o que se poderia chamar triângulo básico da alimentação caipira, alterado mais tarde com a substituição da última pelo arroz. No entanto, a maioria dos modos

milho, feijão e "todas as aves vivas", a São Sebastião, Ubatuba, Vila Bela, Iguape, Cananeia, Paranaguá, Antonina e Guaratuba. *Documentos interessantes para servir à história e costumes de São Paulo*, 1904, v. LVII, pp. 236-238.

Leia-se com proveito o capítulo de Otoniel Mota referente ao arroz, em que estuda a introdução e cultivo, no primeiro século, declínio e reaparecimento, op. cit., pp. 20-37. **40** Ambrósio Fernandes Brandão, *Diálogos das grandezas do Brasil*, 1943, p. 191.

de prepará-los não veio do índio: constituem adaptação de técnicas culinárias portuguesas, ou desenvolvimentos próprios do país. Sob este ponto de vista, apenas a mandioca se transmitiu integralmente, tanto a doce, o aipim dos nortistas (*Manihot dulcis* Pax.), ingerida sem maior transformação, quanto a amarga (*Manihot utilissima* Pohl), de que se extraía farinha, pelos mesmos processos com que a obtinham os naturais do país, embora com técnicas frequentemente aperfeiçoadas.[41]

O feijão foi incorporado à culinária dos similares portugueses, fervendo-se com sal e banha de porco e adicionando-se, quando possível, pedaços de carne de porco. Indígena quanto à origem, foi lusitanizado pelo modo de preparar.

O caso mais interessante é todavia o do milho, que foi cereal básico do aborígine e ainda é do caipira, mas sob formas múltiplas e variadas, mostrando que sobre ele operou mais intensamente o trabalho cultural de invenção e adaptação.

Segundo Gabriel Soares, os índios comiam-no "assado, por fruto", e, cozido, dele faziam bebidas fermentadas; defumado, "dura de um ano para outro". Este é um milho duro, que os portugueses plantavam "para mantença de cavalos, e criação de galinhas e cabras, ovelhas e porcos", e Gabriel Soares identifica ao milho-zaburro, o sorgo (*Sorghum vulgaris* (L.) Pers.).

> Há outra casta [...] que sempre é mole, do qual fazem os portugueses muito bom pão e bolos com ovos e açúcar. O mesmo milho quebrado é pisado no pilão e bom para se cozer com caldo de carne, ou pescado, e de galinha, o qual é mais saboroso que o arroz.[42]

41 Ver no apêndice 8 a técnica do caipira para a obtenção da farinha de mandioca, na área estudada.   **42** Gabriel Soares de Sousa, op. cit., p. 331.

Na verdade, são duas variedades da mesma espécie.[43]

Os índios fabricavam também a farinha, que os colonizadores utilizaram largamente e com certeza aperfeiçoaram, obtendo não apenas o fubá, mas a farinha de beiju, tão importante na área caipira. Para Otoniel Mota ela seria uma invenção relativamente recente do sul do estado, o que Sérgio Buarque de Holanda contesta com bons argumentos.[44]

A mandioca era, por antonomásia, o *mantimento*, e o milho, a *roça*. Mais rudes e fáceis de cultivar que o feijão, admitiam além disso uma série de transformações e empregos que este não comportava. Em São Paulo e área de influência, sobretudo o milho. Verde, come-se na espiga, assado ou cozido; em pamonhas; em mingaus; em bolos, puros (curau) ou confeccionados com outros ingredientes. Seco, come-se como pipoca, quirera e canjica; moído, fornece os dois tipos de fubá, grosso e mimoso, base de quase toda a culinária de forno entre os caipiras, inclusive vários biscoitos, o *bolão*, bolinhos, broas, numa ubiquidade só inferior à do trigo; pilado, fornece a farinha e o beiju, não esquecendo o seu papel na alimentação dos animais.

Enquanto a mandioca trouxe, mais ou menos sem mudança, a tecnologia a que se vinculava nas culturas aborígines — mormente ralo e tipiti —, ele deu lugar a importante convergência, que constituiu um complexo material de primeira plana, onde se podem discernir as peneiras, os pilões de mão e de pé, o monjolo, os moinhos d'água, os fornos de barro, as fôrmas de vária espécie etc.

Em torno destes alimentos básicos, ordenavam-se outros, frequentes, embora não constantes: as diversas abóboras,

---

43 "No sertão de Mato Grosso, cultivam os índios ainda hoje mais de uma dúzia de variedades distintas pela dureza, formato e coloração dos seus grãos, que utilizam para vários misteres." F. C. Hoehne, *Botânica e agricultura no Brasil*, 1937, p. 114.   **44** Otoniel Mota, op. cit., pp. 45-47; Sérgio Buarque de Holanda, "Gramática e história", *Cobra de vidro*, pp. 117-121.

variedades da *Cucurbita moschata* Duchtr.; tuberosas, como a batata-doce, o cará, o mangarito — todas autóctones. Outras plantas logo se aclimataram aqui, devendo-se mencionar os legumes que mais penetraram na dieta do caipira: a couve e a chicória, presentes desde o século XVI,[45] mais a serralha — todas aqui naturalizadas.[46]

Quanto aos temperos e condimentos, alma da culinária, já vimos que a influência portuguesa assimilou por meio deles os alimentos da terra. As pimentas (gênero *Capsicum*), adubo de índio, passaram principalmente às populações litorâneas e nortistas, mas também às caipiras; nunca, todavia, em detrimento do sal e da gordura. O toicinho imperou, absoluto, quase até os nossos dias e, segundo Gabriel Soares, o melhor era o de São Vicente.[47] Ligado à criação doméstica do porco, podia ser obtido, ao contrário do sal, sem o estabelecimento de relações fora do grupo.

O sal, que simbolicamente tem representado o próprio timbre que define cada coisa, foi na cultura caipira um dos fatores principais de sociabilidade intergrupal, levando os indivíduos e agrupamentos mais arredios a contatos periódicos com os centros de população.

O leite, o trigo, a carne de vaca eram e são excepcionais na dieta do caipira, constituindo índice de urbanização ou situação social acima da média. Não porém o *doce*, isto é, o açúcar, que todos procuraram sempre obter nas engenhocas de casa, se não pronto, ao menos sob as formas de garapa e rapadura. Acrescente-se a aguardente de cana, estimulante que o caipira parece nunca ter dispensado, como se depreende do

45 Cf. Hoehne, op. cit., passim.   46 Saint-Hilaire, na horta de uma fazenda abastada, em Minas, viu apenas couves e abóboras. *Viagem pelas províncias do Rio de Janeiro e Minas Gerais*, 1938, v. I, p. 190. Ver à p. 187 as suas considerações sobre a serralha.   47 Gabriel Soares de Sousa, op. cit., p. 302.

testemunho de frei Gaspar, citado acima, e pelo qual vemos que mesmo no longo interregno de quase dois séculos, em que o açúcar minguou na capitania, persistiu a destilação do caldo da cana.[48] No século XIX, juntou-se-lhe o café.

Só poderemos, todavia, compreender de que modo esta dieta representava uma fórmula viável de sobrevivência dos grupos, se indicarmos o seu complemento: coleta, caça, pesca.

A coleta se dirigia principalmente às frutas, do mato e do campo, e aos palmitos, não apenas o doce (*Euterpe edulis* M.), como, em falta dele, o amargo, guariroba (*Cocus oleracea* Mart.) — acarretando a morte das admiráveis palmeiras de que são os gomos vegetativos. Das frutas de mato, a jabuticaba é por antonomásia a *fruta*, sempre pronunciada *fruita* e preferida a todas as outras. Ao lado dela, maracujás, articuns, ou araticuns, e similares, goiabas, jaracatiás, pitangas e, sobretudo, as bananas. Dentre as do campo, o juá-manso, o gravatá, ou caraguatá, que se come assado, os mamões etc.[49]

A atividade caipira por excelência era todavia a caça, através da qual se obtinha quase toda a ração cárnea. Com efeito, nas expressões de dois velhos informantes, "já se caçava de prepósito" (isto é: com o intuito de obter comida); e "tinha caboclo que envelhecia sem conhecer o açougue".

Nela se desenvolvia a extraordinária capacidade de ajustamento ao meio, herdada do índio: conhecimento minucioso

---

48 Ver p. 70 deste volume. Cf. o que diz Daniel Pedro Müller para o ano de 1837 sobre o fabrico de aguardente: "Este líquido se extrai da calda da cana fermentada. Por toda a província há bastantes destes laboratórios, uns em ponto pequeno, e outros em maior, assim como em alambiques mais ou menos perfeitos, susceptíveis de melhoramento. É gênero de muito consumo, e também de exportação". Op. cit., p. 239. 49 Esta enumeração foi baseada em Cornélio Pires, *Conversas ao pé do fogo*, 1921, pp. 131-135 ("Alimentação dos roceiros"). Baseei-me também em Joaquim Floriano de Godói, *A província de São Paulo*, 1875, pp. 32-42, e no testemunho de velhos caipiras.

dos hábitos dos animais, técnicas precisas de captura e morte. Caça principal no mato eram o macuco e os nhambus ou inambus (várias espécies do gênero *Crypturus*), dentre as aves; dentre os mamíferos, pacas, cutias, quatis, porcos-do-mato, de que há a espécie menor, cateto ou caititu, e a maior, queixada. A capivara se encontra à beira d'água.

No campo, brejo e lagoa, dentre as aves: perdiz e codorna; saracuras, frangos-d'água, marrecas e patos etc. Dos mamíferos, principalmente os veados, de caça trabalhosa: campeiro, catingueiro, mateiro, galheiro. Mais acessíveis, o lagarto ou teiú e os tatus, principalmente tatuetê, ou tatu-galinha.

Esta lista, incompleta naturalmente, procura apenas indicar os animais cuja caça era e é feita com finalidade pelo menos em parte alimentar. É claro que os caçadores aficionados perseguiam as onças de vário porte e os gatos-do-mato, os passarinhos, além dos inimigos das roças e criações: cachorros-do-mato, irara, tatu-canastra, cuja carne não se come etc.

Havia e há discriminação acentuada não apenas entre animais comestíveis ou não, mas, entre aqueles, uma hierarquia de gosto. Paca, porco-do-mato, tatuetê, teiú, macuco, nhambu constituem de modo geral as iguarias mais prezadas. Nota-se sem dificuldade que a preferência do paladar se norteia pela afinidade das suas carnes com as dos animais domésticos: porco, leitão, frango, galinha — indicando nitidamente o caráter substitutivo da caça-alimento. As carnes de sabor estranho (*asco*), são rejeitadas ou menosprezadas; mas importa notar que o conceito de *asco* varia no tempo e no espaço, em parte devido às possibilidades de satisfazer o apetite dentro de padrões menos agrestes. Assim, as içás torradas, antigamente apreciadíssimas e de uso geral, têm hoje número reduzido de adeptos, alguns dos quais disfarçam a sua preferência, como algo deprimente. O mesmo se dá com o macaco, de carne reputadamente saborosa, consumida noutros tempos com frequência e naturalidade, mas, hoje, alvo de restrições muito fortes, nalguns casos, verdadeiros tabus.

Quanto à variação no espaço, registro apenas, na minha área de pesquisa, que enquanto em Guareí o teiú é apreciado, em Bofete causa repugnância.

Não a manifestava, porém, o caipira antigo, que decerto comia larvas e lagartos, à maneira dos seus parentes indígenas. Em 1717, o conde de Assumar não quis fazer a experiência desses aspectos pouco europeus da dieta paulista, entre Jacareí e Taubaté, como relata o cronista da sua viagem:

> O dono do rancho hera Paulista o qual com generozo ânimo offereceo a S. Ex.a para cear meyo macaco, e humas poucas formigas, que era com tudo quanto se achava. Agradeceu-lhe sua Ex.a a offerta e preguntandoselhe a que sabião aquellas iguarias, respondeo que o macaco era a caça mais delicada, que havia naquelles matos circumvizinhos, e que as formigas erão tão saborozas despois de cozidas, que nem a milhor manteiga de Flandres lhe igualava.[50]

3. Os tipos de povoamento

Estes dados esboçam condições de vida gerais no território paulista, nele persistindo, fora dos núcleos urbanos, até a entrada do século XX e, nalguns casos, prolongando-se até o presente.

Definindo-as como próprias de um sistema de economia fechada, ou semifechada, ligada ao povoamento disperso, compreenderemos, no plano demográfico e econômico, a

---

50 "Diário da jornada, que fes o Exmo. senhor dom Pedro desde o Rio de Janeiro athé a cidade de São Paulo e desta athé as Minas anno 1717", op. cit., pp. 307-308.

autossuficiência que as caracteriza. É preciso, todavia, apontar as formas de sociabilidade que a elas se prendem, e que esclarecem, para o sociólogo, o arcabouço das relações próprias à vida caipira.

Comecemos pelos tipos de povoamento, a partir da primeira ocupação da terra. Segundo Rubens Borba de Moraes, as bandeiras de apresamento despovoaram São Paulo e não povoaram o sertão; a fixação principia com os descobridores de minas, interessados em *explorar* a terra.[51] Multiplicam-se vilas, povoados, que o mesmo autor filia a seis fontes principais: 1. Povoador anônimo; 2. Aldeias de índios; 3. Sesmarias (fazendas); 4. Capela; 5. Pouso; 6. Fundação deliberada.[52]

Este é, porém, o tipo de povoamento concentrado, que estabelece os pontos de apoio da civilização; são centros de dominância em regiões mais ou menos amplas e de povoamento mais ou menos disperso. São o *comércio*, o lugar geralmente pouco habitado, a que vêm ter os moradores da cercania quando precisam de sal, religião ou justiça. Neles se esboçam uma estrutura administrativa e um mínimo de intercâmbio com o mundo exterior; por isso, deixam sinal e são as que geralmente se consideram ao estudar o problema, como é compreensível. De fato, uma inclinação do espírito (que é também uma simplificação) nos leva a buscar apoio na realidade tangível e configurada dos núcleos de população, pois eles se *formam*, têm uma *história*, por modesta que seja, e desse modo permitem o conhecimento sistemático. Baseados neles, compreendemos organicamente, pois a possibilidade de conhecer a vida social depende da concentração das relações humanas em estruturas, que servem de fundamento à classificação e à

51 Rubens Borba de Moraes, "Contribuição para a história do povoamento de São Paulo até fins do século XVIII", *Geografia*, ano I, n. I, p. 74, 1935. 52 Ibid., pp. 76-77.

Caipira menino na roça de banana.

4. Lazer e recreação
   a. meia hora p/ o almoço
   b. 1hora p/ a merenda
   c. emprego do lazer: visitas intra-vicinais; as
      inter-vicinais, geral/ qdo. há gg. interesse.

análise; e quanto mais intensa esta concentração (se puder-mos falar assim), mais favorável às operações da inteligência em busca das causas de sua formação e funcionamento.

Ao contrário, os povoadores isolados não têm história, se-não na medida em que penetram, por uma razão ou por outra, na órbita do povoamento condensado. Por isso mesmo, não apenas é mais difícil analisar a sua vida social, mas, frequente-mente, são tratados como se não a tivessem, sem se ter mui-tas vezes o cuidado de averiguar se ela não assume outras for-mas menos aparentes que as dos núcleos densos.

O intuito deste capítulo é sugerir as condições de vida no tipo disperso de povoamento, indicando as formas de so-ciabilidade desenvolvidas em função dele, e não dos núcleos concentrados, de que dependem num outro plano de relações. É preciso, todavia, notar que as características da vida caipira se prendem à coexistência e interferência dos dois tipos no comportamento dos homens, devendo sempre nos reportar-mos a ambos para compreendê-lo.

Constatemos de início, portanto, que há solidariedade por vezes indissolúvel entre um e outro tipo, visto como o mora-dor de fazenda, sítio ou casebre distante é o mesmo que con-verge periodicamente para o povoado, em ritmos variáveis, que vão da semana ao ano, e criam uma dependência ecoló-gica e social também variável. Raro, com efeito, é o caso do morador totalmente imune da influência dos centros de po-pulação condensada. As relações de vizinhança, porém, cons-tituem, entre a família e o povoado, uma estrutura interme-diária que define o universo imediato da vida caipira, e em função da qual se configuram as suas relações sociais básicas. Assim, podemos dizer que o intuito deste capítulo é indicar, brevemente, quais foram as unidades fundamentais de povoa-mento na sociedade caipira e as formas elementares correla-tas de sociabilidade.

Neste sentido, podemos estabelecer um esquema das formas de povoamento disperso, como aparece em quase toda a história de São Paulo e se pode ver no quadro adiante.[53]

Para a análise que virá daqui a pouco, não interessa o estudo da formação nem a caracterização minuciosa dos tipos discriminados. Por isso, vamos proceder apenas à sua definição, antes de entrarmos na matéria principal.

Tipos de morador	Natureza da ocupação	Designação corrente de moradia	Unidade de agrupamento
I. Morador transitório			
1. cultivador nômade	precária	capuava	bairro
2. agregado	consentida	capuava	bairro
3. posseiro	de fato	capuava	bairro
II. Morador permanente			
1. sitiante	propriedade ou arrendamento	sítio	bairro
2. fazendeiro	propriedade	fazenda, sítio, sesmaria	bairro

Chama-se *transitório* o morador que, não tendo títulos legais, pode a cada momento perder a terra onde mora. As origens da sua fixação podem ser muitas; em nossa formação destaca-se o foragido das autoridades, por infrações quaisquer, e, por isso mesmo, interessado em se isolar. O agregado, como se sabe, distingue-se do posseiro porque tem permissão do proprietário para morar e lavrar a terra, sem qualquer paga, salvo alguma prestação eventual de serviço. O posseiro não tem permissão e frequentemente ignora a situação legal da terra que ocupa:

53 A nomenclatura inicial deste quadro foi modificada, adotando-se sugestões do prof. Aroldo de Azevedo.

pode ser terra sem proprietário, pode ser terra com proprietário, pode ser terra que virá a ter proprietário.

O dono de terras será sitiante ou fazendeiro, conforme empregue ou não mão de obra estranha à família. É difícil dizer mais que isto, embora em princípio a designação distinga a importância e a extensão da propriedade. Todavia, é costume em várias regiões do estado chamar *sítio* a qualquer propriedade rural, grande ou pequena.

A sesmaria foi a maior fonte de propriedade no regime colonial, consistindo, como se sabe, na concessão de terra a quem requeresse legalmente, com a condição de lavrá-la dentro de seis meses.

A importância da vida e trabalho familiares varia segundo cada um destes tipos de ocupação do solo, sendo máxima entre os moradores transitórios, menor na fazenda. Esta, via de regra, é dotada de maior riqueza de relações internas e externas — isto é, pressupõe a coexistência de pessoas não pertencentes à família, em número variável, e o contato mais seguido com os núcleos de população concentrada. No limite, os tipos mais instáveis de morador, como o foragido, vivem isolados e sem contato, inteiramente fundidos no meio e seus recursos; enquanto o fazendeiro pertence a um sistema aberto de compra, venda e participação na vida pública, tendendo a superar a absorção do meio imediato.

Esta superação se dá graças aos núcleos de povoamento condensado, aos quais se dirige o morador da *roça*, que por seu intermédio pode comunicar-se com a civilização. Sabemos bem qual é a função de tais núcleos e quais são os movimentos de sístole e diástole demográfica segundo os quais aflui e reflui aquele morador, cuja integração maior ou menor na sua estrutura depende não só da proximidade espacial, como da situação econômica, que os mais favorecidos manifestam por meio da posse, no seu perímetro, de casas vazias durante a semana, não raro durante meses, ocupadas com certa conti-nuidade apenas nas quadras festivas ou eleitorais.

Mas como se dispunha e vivia no campo o grosso da po-pulação? Qual a relação efetiva entre a população do núcleo e a do território, frequentemente vasto, de que era o centro?

Leiamos um documento eloquente e pitoresco: a informa-ção enviada em 1797 pela Câmara da vila de Atibaia ao ouvi-dor-geral da comarca de São Paulo, como elemento requerido por este, a fim de opinar sobre o pedido de elevação a vila da freguesia de Jaguari, atual Bragança Paulista:

Tem a capital de Jaguary vinte e cinco fogos existentes, a sa-ber: o Rdo. Coadjutor, o Alferes Aleixo Correia da Cunha, Ma-noel Rodrigues Freyre que ambos sam Dizimeyros, o alferes José Paes da Silva official de sapateyro, e selleiro, cujos officios se desligára por falta de vista, e que vive hoje de lavouras, Capitam José Pedroso Pinto official de selleiro, e dizem que tambem tem loja de fazenda seca, o Alferes Joam de Almeyda, velho e muito doente, por cuja cauza largou o Sitio, e veyo para aquele ARayal, Francisco Pinto official de Ferreyro, Joachim Gomes de Moraes Taverneyro, hum carapina que de fora foy para fazer a obra da Igreja, Vicente Gomes Sapateyro, Ignacio bastardo, sapateyro em cujo fogo mora tambem o Vintenário Francisco Luis Penna, José Teixeyra das Neves mestre de taypas, Roza Domingues mu-lher branca solteira e pobrissima, Maria de Nazareth cazada que vive separada de seu marido, Miguel Dias Cortes homem branco, cazado e pobrissimo, Anna Maria de Toledo, viuva e pobre, Ge-noveba de tal branca e pobre, Anna de tal aleijada, Quiteria es-crava com taberna, Joam Leme bastardo sego, Maximiano Nu-nes e Joachim Nunes, ambos pobres.

Tem o districto de Jaguary quatro mil, e quatrocentos e tan-tas Almas: destas as pessoas que tem possibilidade, e cabedaes sam o Capitam Jacyntho Rodrigues Bueno, o Alferes Aleixo

Correa da Cunha e Manoel Rodrigues Pereira, os quaes conforme o estado daquella freguezia, nella se tem por ricos, e abaxo destes Lourenço Rodrigues, o Capitam Antonio Leme, José Xavier e Francisco de Lima que tem seu modo de viver; e fora destes sam raras as cazas onde se nellas se procurar a quantia de 12$800 se achem; este Povo é grosseiro, sem cultura nem civilidade, sam raros os que sabem ler, e escrever etc.[54]

Cobradores do dízimo e da vintena, oficiais de ofício, comerciantes, o padre, indigentes e pessoas sem qualificação ocupavam as 25 casas do povoado; mas pelo território da freguesia espalhavam-se mais de 4400 pessoas; quase mil famílias, talvez. Qual a sua unidade de agrupamento? A freguesia, no conjunto, centralizada pelo que se costumava chamar a sua "capital"? Não, certamente; mas sim aquelas unidades fundamentais referidas acima: os grupos rurais de vizinhança, que na área paulista se chamaram sempre *bairro*.

Esta é a estrutura fundamental da sociabilidade caipira, consistindo no agrupamento de algumas ou muitas famílias, mais ou menos vinculadas pelo sentimento de localidade, pela convivência, pelas práticas de auxílio mútuo e pelas atividades lúdico-religiosas. As habitações podem estar próximas umas das outras, sugerindo por vezes um esboço de povoado ralo; e podem estar de tal modo afastadas que o observador muitas vezes não discerne, nas casas isoladas que topa a certos intervalos, a unidade que as congrega. O viajante, de antigamente e de agora, é por isso levado muitas vezes a uma ideia exagerada da segregação em que vive o caipira, quando, na verdade, era raro, e foi-se tornando excepcional, o morador não integrado

---

54 *Documentos interessantes para servir à história e costumes de São Paulo*, 1904, v. XV, pp. 105-106. Apesar destas ponderações dos camaristas de Atibaia, Jaguari foi elevada a vila em seguida.

em agrupamento de vizinhança. Há, de fato, bairros de unidade frouxa, que poderíamos denominar centrífugos, propiciando um mínimo de interação; outros, ao contrário, de vida social e cultural mais rica, favorecendo a convergência dos vizinhos em atividades comuns, num ritmo que permite chamá-los centrípetos.

Este sentido do termo "bairro" parece ligado diretamente à área caipira, não ocorrendo, ao que eu saiba, noutras regiões do Brasil. Mesmo em São Paulo, não ocorre, ou ocorre esporadicamente, nas zonas novas, sendo francamente usado apenas nas mais velhas. Encontrei-o também no sul e oeste de Minas, faltando dados sobre Goiás e Paraná, nas partes destes estados que devem a sua formação histórica ao São Paulo antigo.

No entanto, a acepção tem raízes portuguesas. O *Dicionário contemporâneo* (Caldas Aulete) registra: "Em geral, uma porção de território de qualquer povoação", e o velho Morais: "Porção do território de uma povoação". Também na Espanha, segundo a *Enciclopedia universal Espasa-Calpe: "Grupo de casas ó aldehuela dependiente de otra población, aunque esté apartado de ella"*. Definições todas estas mais correspondentes à nossa realidade que a do *Pequeno dicionário brasileiro da língua portuguesa*, onde vem, depois da acepção urbana corrente, como brasileirismo de Minas Gerais: "pequeno povoado ou arraial".

Combinando estes vocabulários, poder-se-ia dizer que é, de modo geral, uma porção do território subordinado a uma povoação, onde se encontram grupos de casas afastadas do núcleo do povoado, e umas das outras, em distâncias variáveis.

Nos velhos documentos paulistas, bairro sempre aparece como divisão administrativa da freguesia, que o é por sua vez da vila. Esta era sede de Câmara e paróquia e cabeça de todo o território, quase sempre vasto; a freguesia supunha um núcleo de habitação compacta e uma igreja provida de sacerdote, geralmente coadjutor do vigário da paróquia; o bairro era divisão que abrangia os moradores esparsos, não raro com sua capelinha e às vezes cemitério. O território das vilas, repartido em distritos, foi mais tarde, por sua vez, dividido em quarteirões, unidade que ora coincidia com o bairro, ora o incluía, mas de qualquer forma se baseava na sua existência. A autoridade que lhe correspondia era o inspetor, que ainda subsiste, com funções sobretudo policiais, mas também de zelador de estradas e caminhos, para cujo conserto lhe competia e compete convocar os moradores. Podia haver também a função remunerada do lançador de impostos, geralmente nomeado para o âmbito maior da freguesia, mas não raro com jurisdição restrita ao bairro. Em 1733, por exemplo, a Câmara de São Paulo passava provisão a Francisco Domingues Pais "para servir de Juis da ventena do bairro de Nossa Sra. da Conceição de Guacuri e S. Bernardo".[55]

Percorrendo a coleção de ordens régias, encontramos o termo a cada passo como subdivisão de freguesia. Assim, em 1725, no "Registro das Cartas q.' os oFs. deste Sennado ezcreveo para as Freguezias desta Cidade e bayrros della para a contrebuição do Compito de 800$000 rs" etc., mencionam-se as freguesias seguintes: São João d'Atibaia, Nazaré, Juqueri, Conceição, Cotia, Santo Amaro, e os bairros: Tietê, N. Sª. do Ó, N. Sª. da Penha, São Miguel, São Bernardo, Caguaçu, Juá.[56] Note-se que estes, providos de núcleo mais ou menos definido, são bairros apenas da cidade; os bairros das diferentes freguesias seriam quase sempre de tipo francamente disperso, como se vê pelas informações citadas acima a respeito de Jaguari (Bragança).

Naturalmente, o significado acompanhou até certo ponto as características e vicissitudes das diferentes subdivisões,

---

55 "Ordens régias", *Revista do Arquivo Municipal*, v. LI, p. 70, 1938.
56 "Ordens régias", *Revista do Arquivo Municipal*, v. XIX, pp. 107-108, 1936.

designando ora uma área de povoamento disperso; ora uma fazenda que nela se desenvolveu, atraindo moradores; ora o adensamento destes, em torno geralmente de capela, numa etapa de transformação em arraial, ou "apovoado", como se diz na fala caipira. Estas três acepções ocorrem na obra do padre Manuel da Fonseca, cuja primeira edição é de 1752.[57]

Isto posto, recapitulemos analiticamente os elementos apontados mais alto como integrantes do conceito de bairro, começando pela *base territorial*, essencial à sua configuração. Quando faltem outros critérios, este permanece, como se pode ver pela linguagem das classes rurais abastadas que, participando cada vez menos, com o correr do tempo, na vida própria à vizinhança tradicional, tendem a empregar a palavra como designativo puramente topográfico do lugar, da área em que se contêm tais e tais fazendas e sítios.

Mas além de determinado território, o bairro se caracteriza por um segundo elemento, o *sentimento de localidade* existente nos seus moradores, e cuja formação depende não apenas da posição geográfica, mas também do intercâmbio entre as famílias e as pessoas, vestindo por assim dizer o esqueleto topográfico. — "O que é bairro?" — perguntei certa vez a um velho caipira, cuja resposta pronta exprime numa frase o que se vem expondo aqui: — "Bairro é uma espécie de nação-zinha." — Entenda-se: a porção de terra a que os moradores têm consciência de pertencer, formando uma certa unidade diferente das outras.

---

57 Primeira: "[...] huma devota mulher, das principais famílias daquele bairro" (em que se situava a Fazenda de Araçariguama). Segunda: "[...] podendo entrar o seu sítio [...] no número dos populosos bairros, de que se compunha a capitania". Terceira: "Há junto à cidade de S. Paulo [...] hum bairro, a quem deram o título de Santo Amaro". *Vida do venerável padre Belchior de Pontes, da Companhia de Jesus da província do Brasil*, [s.d.], pp. 257, 106 e 18, respectivamente. Note-se aqui a freguesia de Santo Amaro chamada de bairro.

A convivência entre eles decorre da proximidade física e da necessidade de cooperação.

Sabemos que, no regime de economia de subsistência, é possível exercer as atividades da lavoura em base exclusivamente familiar — cada família bastando-se a si mesma e podendo, em consequência, viver relativamente isolada, sem integrar-se noutra estrutura mais ampla. Trata-se, porém, de fato raro, e quase sempre transitório, observável em desbravadores e foragidos; quando esta situação perdura, o grupo doméstico tende a desorganizar-se.

Na região da Serra da Canastra, Saint-Hilaire encontrou um morador em grande isolamento e perguntou-lhe como

podia viver em uma tal solidão. Não gosto do barulho, respondeu-me; mas não estou só, porque tenho comigo minha mulher e meus filhos, e, exceto o sal, minha terra produz com abundância tudo o que necessito.[58]

Casos como este raramente significam a completa autossuficiência da família, e sim uma autossuficiência relativa, que só pode caracterizar-se dentro dum mínimo de sociabilidade, que é a autossuficiência do bairro. O solitário de Saint-Hilaire pertencia provavelmente a um bairro do tipo a que chamei centrífugo; o viajante menciona, com efeito, "as primeiras choupanas" da paragem longínqua, deixando ver que o referido morador não vivia sem contatos, naquela área ainda hoje pouco povoada do oeste de Minas.

58 *Viagem às nascentes do rio São Francisco e pela província de Goiás*, op. cit., v. I, p. 121.

4. As formas de solidariedade

Pode-se falar de autarquia, portanto, com referência ao bairro; não às relações de família no sentido estrito. E um dos elementos de sua caracterização era o trabalho coletivo. Um bairro poderia, deste ângulo, definir-se como o agrupamento territorial, mais ou menos denso, cujos limites são traçados pela participação dos moradores em trabalhos de ajuda mútua. É membro do bairro quem convoca e é convocado para tais atividades. A obrigação bilateral é aí elemento integrante da sociabilidade do grupo, que desta forma adquire consciência de unidade e funcionamento. Na sociedade caipira a sua manifestação mais importante é o *mutirão*, cuja origem tem sido objeto de discussões.[59] Qualquer que ela seja, todavia, é prática tradicional. Em 1818, encontrou-a D'Alincourt, arraigada e corrente, entre Jundiaí e Campinas,

> numa casa, em que, nesta ocasião havia um grande número de pessoas, d'ambos os sexos; por ser costume juntarem-se muitos para o trabalho, a que chamam *muchiron*, na linguagem indiana; e assim passam de umas a outras casas, à medida que vão findando as tarefas: o trabalho consiste em prepararem e fiarem algodão, e fazerem roçados para as plantações. Desta sorte se empregam a gente pobre, nos meses de setembro, outubro e novembro; e as noites passam-nas alegremente com seus toques e folias.[60]

As várias atividades da lavoura e da indústria doméstica constituem oportunidades de mutirão, que soluciona o problema da mão de obra nos grupos de vizinhança (por vezes entre fazendeiros), suprimindo as limitações da atividade

59 Cf. J. V. de Freitas Marcondes, "Mutirão or Mutual-Aid", *Rural Sociology*, v. XIII, n. 4, pp. 374-384, 1948. **60** Luís d'Alincourt, op. cit., p. 281.

Diz Nhá Maria que a única cidade que conhece é Botucatú. Foi lá ~~porventura~~ duas vezes, (fazer não sei o quê), mas não viu nada (esteve nalgum lugar certo, sem sair). Quando Nhô Roque esteve na Santa Casa, foi visitá-lo três vez; não levaram-na de jardineira para esta e vieram, e ela não viu nada.

Mutirão para construir o rancho de Nhá Maria Crispim,
na primeira foto com Edgard Carone.
Durante quatro dias, se revezaram trabalhando,
dez moradores da Baixada e três do Morro,
entre parentes, vizinhos e parceiros.
A casa, de dois cômodos, medindo cinco passos
de largura por seis de comprimento,
foi construída com estrutura e paredes
de madeira amarradas com cipó e telhado de sapé.

individual ou familiar. E o aspecto festivo, de que se reveste, constitui um dos pontos importantes da vida cultural do caipira.

Consiste essencialmente na reunião de vizinhos, convocados por um deles, a fim de ajudá-lo a efetuar determinado trabalho: derrubada, roçada, plantio, limpa, colheita, malhação, construção de casa, fiação etc. Geralmente os vizinhos são convocados e o beneficiário lhes oferece alimento e uma festa, que encerra o trabalho. Mas não há remuneração direta de espécie alguma, a não ser a obrigação moral em que fica o beneficiário de corresponder aos chamados eventuais dos que o auxiliaram. Este chamado não falta, porque é praticamente impossível a um lavrador, que só dispõe de mão de obra doméstica, dar conta do ano agrícola sem cooperação vicinal.

Marcondes salienta o caráter de rapidez do trabalho efetuado pelo mutirão,[61] o que pode ser devido à urgência requerida por muitos casos; por exemplo: a malhação de arroz ou feijão colhido, antes que a chuva o estrague; a colheita de um arrozal maduro em tempo de tempestades etc. Mas também porque há limite de tempo à cooperação, que não pode prender os vizinhos longe dos seus interesses, embora antigamente o maior lazer permitisse prolongar a duração dos mutirões, que entravam por dias e dias seguidos, como se pode verificar no trecho citado de D'Alincourt. Em alguns casos, dava-se a substituição de turmas, cada grupo de vizinhos funcionando um dia.

Um velho caipira me contou que no mutirão não há obrigação para com as pessoas, e sim para com Deus, por amor de quem se serve o próximo; por isso, a ninguém é dado recusar auxílio pedido. Um outro, referindo-se ao tempo de

61 Op. cit., p. 374.

dantes, dizia que era o "tempo da caridade" — justamente por essa disposição universal de auxiliar na lavoura a quem solicitasse. Ambos, todavia, se referiam sempre a auxílio de moradores do mesmo bairro — que era o limite da cooperação e dos deveres.

A necessidade de ajuda, imposta pela técnica agrícola e a sua retribuição automática, determinava a formação duma rede ampla de relações, ligando uns aos outros os habitantes do grupo de vizinhança e contribuindo para a sua unidade estrutural e funcional. Este caráter por assim dizer inevitável da solidariedade aparece talvez ainda mais claramente nas formas espontâneas de auxílio vicinal coletivo, que constituíam modalidade particular do mutirão propriamente dito e, por vezes, recebiam designação especial: na área que estudei, *terno*. Era o caso dos vizinhos, percebendo que um deles estava *apurado* de serviço, combinarem entre si ajudá-lo, sem aviso prévio. Às vezes o beneficiado ficava sabendo e preparava comida para recebê-los; outras vezes, era realmente surpreendido e improvisava a refeição. A diferença estava não apenas na motivação do auxílio (espontâneo, não convocado), mas, também, no fato do beneficiado não dar festa; e muitas vezes a falta de recursos para promovê-la é que o havia impedido de fazer a convocação.

No sudoeste de Minas, parte da área caipira paulista, chama-se a isto *traição*, para significar o seu caráter de surpresa, reservando-se o termo mutirão para a outra forma. *Ajuda* e *ajutório* servem também para designá-la.[62]

62 Não creio, por esse motivo, que se possam considerar absolutamente sinônimos todos os termos indicativos do auxílio mútuo no Brasil, como fazem Marcondes e Hélio Galvão. A lista elaborada por este e completada por aquele é, aliás, muito boa como levantamento. Cf. José Vicente de Freitas Marcondes, op. cit., pp. 376-377.

Neste caso, porém, tanto quanto no outro, a prestação de serviço envolve retribuição eventual, pois, como diz Plínio Ayrosa,

> o *muchirão* não é propriamente um socorro, um ato de salvação ou um movimento piedoso; é antes um gesto de amizade, um motivo para folgança, uma forma sedutora de cooperação para executar rapidamente um trabalho agrícola.[63]

Devemos salientar um tipo especial de auxílio vicinal coletivo, cuja urgência é máxima: a luta contra incêndios, que pegam no capim seco e alastram, ameaçando as plantações, sobretudo quando culmina a estiagem, no mês de agosto. Aí, misturam-se os convocados e os acorridos espontaneamente, à vista do fogo e da fumaça.

Nesta ocorrência podem-se notar a relativa divisão de trabalho e o estabelecimento de liderança coordenadora, por parte dos mais práticos e animosos. Trata-se, com efeito, de dividir turmas para abrir aceiros, cortar ramos, bater com eles as moitas incendiadas, numa verdadeira luta, cheia de surpresas e perigos, contra as chamas e o vento. Divisão de trabalho, aliás, é modo de dizer e, como expressão, tecnicamente imprópria no caso. Com efeito, as tarefas de cooperação vicinal podem considerar-se modalidades de *trabalho associado*, que os economistas da escola histórica distinguiam, com razão, do *trabalho dividido*, e que ocorre "quando vários indivíduos se reúnem para realizar juntos um trabalho, cada um efetuando a mesma tarefa que o seu vizinho". Há, todavia,

---

63 Plínio Ayrosa, "Muchirão", *Revista do Arquivo Municipal*, v. II, p. 49, 1934.

trabalho simplesmente associado, quando cada agente econômico efetua a mesma tarefa sem ligação com os vizinhos; *e trabalho encadeado*, quando os indivíduos que fazem parte do mesmo grupo ou equipe são submetidos ao mesmo ritmo.[64]

O ritmo significa coordenação do gesto e pode implicar certa diferenciação dos papéis, que, sem constituir propriamente a especialização ou a fragmentação de tarefas, próprias do trabalho dividido, representa complicação por vezes apreciável. É, por exemplo, mais que da luta contra o fogo, o caso da roçada, que se processa tradicionalmente segundo uma organização das atividades individuais, com definição de status e papéis, inclusive emergência de liderança.

Imaginemos, para exemplo, uma quadra de chão não muito grande: menos de meio alqueire, ou seja 60×40 braças (132×88 m), onde trabalham seis roçadores — I, II, III, IV, V e VI.

A primeira providência é dividir (virtualmente) a quadra em três partes (eitos), de vinte braças (44 m) cada uma, que devem ser atacadas sucessivamente.

Alinham-se os foiceiros, devendo as extremidades ser ocupadas por dois bem habilitados — um do lado de fora (I), outro do lado de dentro (VI), lindando com o próximo eito a limpar (*sujo*). VI é o cortador, ou mestre; I é o beiradeiro. Perto daquele fica o contracorte, ou contramestre (V).

A tarefa do cortador é a mais árdua, pois deve alinhar pelo *sujo*, permanecendo na reta e orientando o rumo dos demais, enquanto o beiradeiro guia pelo lado do limpo, que serve como ponto de referência do alinhamento.

Corta-se da esquerda para a direita, e o cortador, ajudado pelo contracorte, mantém o progresso da marcha em linha reta. A parte em que trabalham os roçadores II, III e IV, enquadrados

64 François Perroux, *La Technique du capitalisme*, 1939, pp. 13-14.

pelos outros, se denomina "encontro do meio". Cada roçador deve conservar-se a uma distância mais ou menos de 5,50 m, ou 2,5 braças, do outro, no caso imaginado; daí a largura de cada parcela a desbastar (eito) depender do número de trabalhadores. Durante o trabalho levam-se em conta os de menor capacidade, devendo o cortador moderar o ritmo a fim de não forçá-los. Se o eito é muito estreito, há outras distribuições de trabalho, vindo, por exemplo, um foiceiro da outra extremidade encontrar o cortador no meio da tarefa.

Outro elemento de definição da sociabilidade vicinal é a vida lúdico-religiosa — complexo de atividades que transcendem o âmbito familiar, encontrando no bairro a sua unidade básica de manifestação. Saint-Hilaire já havia apontado o papel da religião na preservação da sociabilidade, em áreas pouco povoadas.

> Os lavradores passam a vida na *fazenda* e só vão à vila nos dias em que a missa é obrigatória. Forçando-os a se reunir e comunicar uns com os outros, o cumprimento das obrigações religiosas os impede, talvez mais do que qualquer outra coisa, de cair em um estado próximo da vida selvagem.[65]

Ao lado, e frequentemente em lugar dessa prática centralizada pela vila, há a série considerável de práticas que têm por universo o grupo rural de vizinhanças. Sob este aspecto poderíamos definir o bairro (o que foi feito há pouco sob o aspecto econômico) como o agrupamento mais ou menos denso de vizinhança, cujos limites se definem pela participação dos moradores nos festejos religiosos locais. Quer os mais amplos e organizados, geralmente com apoio na capela consagrada a

65 Saint-Hilaire, *Viagem às nascentes do rio São Francisco e pela província de Goiás*, 1937, v. I, pp. 170-171.

determinado santo; quer os menos formais, promovidos em caráter doméstico. Vemos, assim, que o trabalho e a religião se associam para configurar o âmbito e o funcionamento do grupo de vizinhança, cujas moradias, não raro muito afastadas umas das outras, constituem unidade, na medida em que participam no sistema destas atividades.

Tratando noutro estudo do caráter sincrético, ao mesmo tempo recreativo e religioso, que explica a força da religiosidade caipira como fator de sociabilidade,[66] limito-me a descrever brevemente, neste setor, os aspectos organizadores das atividades de caráter mais formal. Tomo, para exemplo, o funcionamento, na minha área de pesquisa, dos festejos de São Roque, no bairro de São Roque Novo.

Havia no último quartel do século XIX um sitiante, na margem oriental do Rio do Peixe, que, muito atacado de sezões, fez promessa a São Roque de erigir-lhe uma capelinha de tábuas do outro lado do rio e promover anualmente a sua festa. Como tivesse poucos recursos, acabou, no fim de alguns anos, por pedir a um sitiante mais abonado desta banda que desse andamento à promessa, em seu lugar. Este aceitou a transferência do encargo e fez a capela em terra sua, de que doou ao santo um pedaço, logo acrescido de três alqueires doados por um vizinho. Ele foi zelador enquanto viveu, sucedendo-lhe mais quatro: hoje, está o quinto em exercício, competindo-lhe administrar o patrimônio do santo, constituído pelo fundo em dinheiro, a Casa da Festa (ou do Santo), e mais duas, que se alugam para renda.

As atividades da capela são as seguintes: 1. festa anual do padroeiro (16 de agosto), com uma semana de rezas e leilões, terminando por missa, reza e procissão, com a presença do vigário; 2. rezas com leilão nos primeiro e terceiro domingos de

66 *Poesia popular e mudança social*, inédito.

cada mês; 3. missas uma vez por mês, pelo vigário. Como se sabe, as rezas são dirigidas por um *capelão*, caipira versado no essencial da liturgia.

Para dar andamento a tais atividades, é necessário acentuada coordenação, envolvendo a participação de grande número de pessoas e movimentando praticamente todo o bairro.

Assim, há uma Irmandade de São Roque, que é a organização fundamental, dirigida por presidente e secretário. Atualmente (1948), quando já não é o que foi, ela conta com mais de cinquenta membros, todos do bairro, divididos em duas categorias de número aproximadamente igual: "irmãos de sorteio" e irmãos que não são de sorteio. Aqueles contribuem com dez, estes com vinte cruzeiros anuais; em compensação, estes não se submetem à sorte para escolha dos festeiros, aos quais cabe o ônus, e são recrutados entre os primeiros. O sorteio se faz do seguinte modo por ocasião da festa, visando a do ano próximo: põem-se num chapéu tantos papeizinhos quantos "irmãos de sorteio"; em três deles estão escritos os cargos que se devem preencher: festeiro, capitão do mastro, alferes da bandeira. A este compete providenciar novas bandeiras do santo, para substituir as rasgadas ou descoloridas pelo sol e a chuva durante o ano anterior, e que são içadas aos mastros novos, arranjados pelo capitão. Ao festeiro cabem os encargos principais. Pouco antes dos festejos, sai, geralmente acompanhado dos outros, ou um deles, ou demais irmãos, a tirar os *ajutórios*, geralmente dados em espécie: leitoas, galinhas, sacos de farinha, ovos etc., para o leilão e a hospedagem dos irmãos, que durante a festa dormem na Casa do Santo, próxima à capela. Se a festa não rende, o festeiro deve cobrir as despesas; se rende, a sobra é incorporada ao patrimônio do santo, a cargo do zelador.

Além disso, há sorteio de 24 pessoas por ano, que devem promover as atividades dos primeiro e terceiro domingos, constantes de reza e leilão em benefício. E, ainda, de doze, que devem providenciar e custear as missas mensais. Nestes últimos casos, porém, os sorteados podem ser substituídos — e o são frequentemente — por voluntários que se apresentam em cumprimento de promessa.

Toda esta gente se recruta no bairro, cuja população é levada, deste modo, não apenas a convergir para a capela periodicamente, participando das rezas, dos leilões e das relações decorrentes, mas, ainda, a assumir encargos no interesse da coletividade dispersa, e unida por semelhantes práticas.

O caso citado revela formas bem desenvolvidas de cooperação vicinal, divisão do trabalho, consciência de grupo, coordenação de atividades. Trata-se de capela muito reputada, como é também a do bairro vizinho de São João, onde as rezas mensais se fazem nos segundo e quarto domingos, revelando complementaridade e relações intergrupais. Note-se, ainda, que os ajutórios são pedidos também a moradores dos bairros da Água Fria e Morro Grande, onde não há capelas, e são tributários de São Roque para as atividades festivas e religiosas.

No entanto, há outras capelas de funcionamento menos organizado e atividades mais modestas, como a de N. Senhora do Socorro no bairro da Roseira, cuja irmandade é muito mais numerosa, com anuidade de um cruzeiro para os homens, cinquenta centavos para as mulheres (1948). As festas do primeiro domingo do mês são feitas por promessa, sucedendo-se os festeiros por ordem de inscrição. Mas, para o festeiro do ano, o capitão e o alferes, há sorteio, havendo cooptação para escolha dos dirigentes da irmandade: escrivão e tesoureiro.

Nisso tudo, porém, há mudanças. Antigamente, em São Roque (até 1910, mais ou menos), o festeiro de um ano (chamado então procurador) indicava o do ano seguinte, que deveria aceitar se não houvesse algum outro obrigado por promessa. Em alguns casos, o modo de indicação é pitoresco: o festeiro dá um ramo à pessoa que lhe parece adequada para substituí-lo.

Com menor grau de organização, havia em quase todos os bairros a Irmandade de São João, nome dado ao grupo de pessoas que tomavam a iniciativa da festa anual deste santo, e cuja tarefa consistia, principalmente, em arranjar luzes para a procissão, que tem lugar de madrugada, depois que se extinguem as fogueiras e cessam os folguedos.

Além desses agrupamentos estruturados, há nos bairros uma solidariedade que se exprime pela participação nas rezas caseiras, nas festas promovidas em casa para cumprimento de promessa, onde a parte religiosa, como se sabe, é inseparável das danças. Quando, por exemplo, é muito grande o número de inscritos para promover a festa mensal da capela, um morador que tem promessa a cumprir pode trazer a imagem à sua casa: há reza, distribuição de alimentos e, depois, fandango. Geralmente a primeira parte se desenvolve durante o dia, a segunda, à noite.

O bairro, cujos limites e funcionamento ficaram sugeridos acima por meio de dois aspectos, é, pois, o agrupamento básico, a unidade por excelência da sociabilidade caipira. Aquém dele, não há vida social estável, e sim o fenômeno ocasional do morador isolado, que tende a superar este estádio, ou cair em anomia; além dele, há agrupamentos complexos, relações mais seguidas com o mundo exterior, características duma sociabilidade mais rica. Ele é a unidade em que se ordenam as relações básicas da vida caipira, rudimentares como ele. É um *mínimo social*, equivalente no plano das relações ao *mínimo vital* representado pela dieta, já descrita.

Cabe mencionar que, na prática, pode haver mais dum sistema de relações vicinais dentro do mesmo bairro, sobretudo quando este é grande, criando nele certas subdivisões, principalmente no que tange à convivência diária. Em tais casos, podemos ver a importância do mutirão e da festa, que, estes sim, mobilizam em geral toda a população do bairro e revelam a sua unidade. Além disso, podem revelar um novo fenômeno ecológico-social, que é a complementaridade dos bairros. Assim como na sucessão dos dias e trabalhos correntes notamos subdivisões da vizinhança — nível superior ao âmbito da família, mas inferior do âmbito do bairro —, naquelas ocasiões podemos notar sistemas mais amplos do que este, provocando a convergência de unidades vizinhas.

Atualmente, na área onde se situa o grupo que estudei, as rezas dominicais fazem-se na seguinte ordem: primeiro domingo, capela do Socorro (bairro da Roseira); segundo domingo, capela do bairro do Peão; terceiro domingo, capela de São José (fazenda no alto da Serra); quarto domingo, capela do bairro das Três Pedras. Por esta forma, os moradores da Serra, em cuja encosta e sopé se estendem tais bairros, devem circular de um a outro, pois não há capelães suficientes para todas as capelas.

O exemplo esclarece o caráter complementar dos bairros para certas atividades, o que pode ocorrer também no auxílio mútuo, sobretudo quando se trata de moradores das partes limítrofes, mais próximas dos moradores do bairro vizinho.

Isto é dito a fim de matizar a exposição e mostrar que o bairro não é uma unidade rígida e exclusiva. Sob este ponto de vista, situa-se num determinado plano ecológico e social, definido pela interdependência das famílias, como estas se definem pela interdependência das pessoas. Em plano mais largo, temos o povoado e seu território — antes freguesia ou vila, hoje distrito ou município —, que determinam um terceiro nível de interdependência, a dos bairros uns com os outros num sistema mais largo. Mas enquanto a solidariedade familiar e a vicinal pressupõem o contato direto dos participantes, a da unidade administrativa é sobretudo virtual, não o implicando necessariamente.

Os bairros podem ser de unidade frouxa; centrífugos, como os chamei. No entanto, não se pode conceber sem eles o estabelecimento de uma sociabilidade normal na vida caipira. Já os povoados são de certo modo menos necessários, se encararmos as formas rudimentares de vida social, mas de modo algum são inoperantes. O grupo, por mais afastado, coeso e suficiente a si mesmo, ligava-se, ainda que esporadicamente, ao centro provedor de sal, administração e ministério religioso; e, por meio dele, conservava sempre vivos, mesmo quando tênues, os ligamentos com a civilização. O isolamento da sociedade rústica é relativo, e devemos ter isso em mente para evitar certas falácias no conceito usual de *folk-culture*.

Estas considerações adquirem maior clareza quando encaramos a evolução por que passaram, frequentemente, as cidades paulistas. No início, moradores segregados. Em seguida, ereção de capela, em patrimônio doado, que atraía loja e depois algumas casas. Daí, passava a freguesia, já com o núcleo de população esboçado. O povoado subia a vila, chegando afinal a cidade. Nestes casos, a população rural ia-se ampliando na periferia, onde apareciam novos bairros, que passavam a vila, e assim sucessivamente, sertão adentro.

Dos velhos informantes, já referidos páginas atrás, obtive informações que permitem compreender como o povoamento vai motivando a organização do território segundo as necessidades da vida grupal. Trata-se do atual município de Bofete, no tempo em que era um conjunto de bairros esparsos, dependentes da freguesia de Tatuí, com âmbitos e por vezes denominações já desaparecidas: Couro da Velha, Pedra Furada, Morro Vermelho. Já existia o de São Roque, depois chamado São Roque Velho, nome que ainda tem, e era o único provido de capela. Quando morria alguém e queriam dar-lhe sepultura cristã, precisavam carregar o cadáver até Tatuí, em três dias de caminhada a pé, pelo mato. Como havia muita *maleite*, por vezes adoecia e vinha a morrer algum dos carregadores ou acompanhantes. Diante disto, obteve-se a licença para fazer cemitério junto à capela de São Roque, e a vida ficou mais cômoda. Depois (seria há pouco mais de cem anos) é que se fez a capela no bairro da Samambaia, atual cidade de Bofete. A de São Roque Velho acabou desaparecendo, bem como o cemitério, sendo mais tarde erigida noutra parte, que se tornou o bairro de São Roque Novo, conforme vimos.

De acordo com o aumento da densidade demográfica, há, portanto, não só o aparecimento e desenvolvimento de bairros, mas um deslocamento dos seus limites e perda de suas funções. É uma estrutura lábil, capaz de flutuação e, por isso mesmo, ajustada às necessidades do povoamento disperso e da ocupação do território.

Notemos, afinal, que, sob esta estrutura, percebemos muitas vezes a origem familiar. O bairro, com efeito, podia ser iniciado por determinada família, que ocupava a terra e estabelecia as bases da sua exploração e povoamento. Com o tempo, conforme tendência visível em todo o povoamento de São Paulo antes da imigração estrangeira, atraía parentes, ou os filhos casados se estabeleciam, bem como genros etc. Ao fundamento territorial, juntava-se o vínculo da solidariedade de parentesco, fortalecendo a unidade do bairro e desenvolvendo a sua consciência própria. E o aparecimento de novos bairros era, não raro, devido à subdivisão da propriedade, numa paragem sobrecarregada de herdeiros, alguns dos quais buscavam oportunidades no sertão, onde se formariam novos bairros.

Esta origem familiar aparece bem clara em denominações que podemos verificar na própria carta do estado de São Paulo, semeada de Vieiras, Bentos, Costas, Florianos, Alvarengas, Rosas, Gonçalves.[67] Aliás, notamos nela, a propósito, um fato significativo: se traçarmos uma oblíqua da cidade mineira de Conquista à cidade paranaense de Ribeirão Claro, veremos que tais designações se contêm, grosso modo, na parte oriental, isto é, aquela onde se desenvolveram as formas mais tradicionais de povoamento. Na parte ocidental, "é outra civilização", como nos versos do poeta. Aí, houve maior contato imediato do habitante rural com os centros urbanos ou semiurbanos logo desenvolvidos, ou com a estrutura especial da fazenda. Ora, a cultura caipira se desenvolveu e conservou na base dos agrupamentos rurais mais ou menos autárquicos, onde aparecem, em toda a sua rusticidade equilibrada, aqueles mínimos de vida e sociabilidade cuja manifestação se vem pesquisando neste livro.

5. O caipira e a sua cultura

Podemos considerar que a fixação generalizada do paulista ao solo, em seguida ao fim dos ciclos bandeirantes, no século XVIII, fez com que se espraiasse pela capitania, até os limites do povoamento, uma população geralmente marcada pelas características acima definidas. Um lençol de cultura caipira, com variações locais, que abrangia partes das capitanias de Minas, Goiás e mesmo Mato Grosso. Cultura ligada a formas de sociabilidade e de subsistência que se apoiavam, por assim

---

67 *Carta geral do estado de São Paulo*, 1950.

dizer, em soluções mínimas, apenas suficientes para manter a vida dos indivíduos e a coesão dos bairros.

Rompendo este estado de coisas, superando o nível de tais mínimos, surgiam as vilas e as fazendas abastadas, que desde logo se erigiram em núcleos de melhor alimentação, melhor equipamento material, relações econômicas e espirituais mais intensas — quebrando o círculo da economia fechada, ou criando novas formas de ajuste ao meio, em nível cultural mais alto. Por isso, a fim de bem compreender os graus de autossuficiência social e econômica, na área paulista, é preciso ter em conta a estratificação.

Os proprietários de fazendas de cana, gado ou, depois, café formavam uma camada permeável às atividades de troca — vendendo, comprando produtos e, deste modo, se ligando ao mercado, cujas alterações sofriam com mais sensibilidade. Os proprietários do tipo sitiante ora seguiam este ritmo, ora se ligavam ao dos cultivadores instáveis, não vendendo, como eles, o produto da sua lavoura senão em escala reduzida e de modo excepcional. Esta segunda categoria, de sitiantes, posseiros e agregados, é que define plenamente a economia caipira de subsistência e a vida caracterizada pela sociabilidade dos bairros. Os costumes da primeira categoria, bem como a sua fala ou grau de rusticidade, fazem dela, frequentemente, *participante* mas nem sempre *integrante* da cultura caipira, considerada nas suas formas peculiares.

Esta diferenciação de camadas, pelo nível econômico e as formas de participação cultural, não decorreu necessariamente de uma diferença social na origem dos grupos. O fazendeiro abastado, o pequeno agricultor, o posseiro provêm as mais das vezes dos mesmos troncos familiares, e seus antepassados compartilharam, originariamente, das mesmas condições de vida. Mesmo porque os "sítios da roça" seriam, na maioria, avantajados territorialmente, não oferecendo a distinção, tornada nítida em seguida, entre pequena e grande propriedade. Compreende-se, portanto, que as relações de vizinhança fossem extensas e inclusivas, favorecendo certa democracia inicial.

Mas a possibilidade de empregar mão de obra servil criou, desde as fases iniciais do apresamento, um fermento de diferenciação que se iria acentuando, não apenas pela superioridade econômica dos donos de escravos, como pela formação, na estrutura demográfica, de um elemento relativamente desqualificado socialmente — antigo escravo ou descendente de escravo. A combinação de ambos os traços permite entender a difusão do tipo social do fazendeiro, proprietário de terras lavradas pelo servo indígena, mais tarde pelo negro, comandando certa quantidade de agregados dependentes do seu favor.

A presença do escravo, depois do colono estrangeiro, levou a uma recomposição na organização dos bairros, onde os mais ricos abandonaram o sistema de cooperação vicinal, marcando assim a diferença crescente entre sítio e fazenda. Ao mesmo tempo, o latifúndio se formava à custa de proprietários menores, por compra ou espoliação — esta sempre fácil numa sociedade em que a precariedade dos títulos e a generalização da posse de fato desarmaram o lavrador, na fase em que a expansão econômica passou a exigir os requisitos legais para configurar os direitos de propriedade. Neste passo, podemos compreender melhor o duplo caráter (ao mesmo tempo instabilizador e reparador) da mobilidade no espaço, à busca de terras disponíveis.

No latifúndio produtivo, assim formado, o trabalho escravo criou condições dificilmente aceitáveis para o homem livre, que refugou também, posteriormente, a dependência social do colonato; não se tendo preparado a sua incorporação a este, agia sempre como fator negativo a comparação

com o cativeiro. Em consequência, a cultura tradicional so-
freria impactos sérios, tendentes a marginalizá-la, isto é, tor-
ná-la um sistema de vida dos que não eram incorporados às
formas mais desenvolvidas de produção. Do seu lado, ela
apresentou faculdade apreciável de resistência, enquistan-
do-se em vários casos, quando as condições permitiam conservar o caráter autárquico.

Aí vemos a relativa indiferenciação do começo substituída
pela estrutura mais complexa que lhe sucedeu, sobrepondo
o fazendeiro ao seu parente sitiante (muitas vezes, senhor de
tantas terras quanto ele, mas trabalhando-as pessoalmente),
que por sua vez se sobrepunha a agregados sem estabilidade. Nas três camadas encontramos a presença da cultura
caipira; mas na intermediária se localizam as suas manifestações mais típicas, visto que a superior tende com o tempo
a se desligar dela, acompanhando a evolução dos núcleos urbanos; e a inferior nem sempre possui condições de estabilidade, que lhe permitam desenvolver as formas adequadas de
ajustamento social.

O caipira típico foi o que formou essa vasta camada inferior de cultivadores fechados em sua vida cultural, embora
muitas vezes à mercê dos bruscos deslocamentos devidos
à posse irregular da terra, e dependendo do bel-prazer dos
latifundiários para prosseguir na sua faina. Depois de Oliveira Viana e sua análise, hoje em dia clássica, do poder cen-
tralizador do grande domínio rural, tornou-se lugar-comum
acentuar a independência do fazendeiro.[68] O sentido sociológico de autarquia econômico-social não deve, porém,
ser buscado, no latifúndio, largamente aberto às influências
externas, graças à sua própria situação de estrutura-líder;

68 Oliveira Viana, *Populações meridionais do Brasil*. 3 ed. São Paulo: Companhia Editora Nacional, 1933, principalmente v. 8, cap. 7.

e sim no bairro caipira, nas unidades fundamentais do povoamento, da cultura e da sociabilidade, inteiramente voltadas sobre si mesmas.

Nelas se desenvolveu uma população dispersa, móvel, livre, branca ou mestiça, geralmente de branco e índio, com pouco sangue negro. Já Cornélio Pires assinalava o caráter típico, por assim dizer mais lídimo, do caipira proprietário (*branco*), vinculado à sociabilidade vicinal, distinguindo-se do *caboclo*, de origem predominantemente indígena e, segundo a sua descrição, tendendo ao que se poderia chamar o parasitismo social e a anomia.[69] Nice Lecoq Müller lembra com justeza que o bairro é uma unidade de sitiantes, caracterizando a vida econômica e social do proprietário estável, mas dependente dos vizinhos.[70] Vemos, pois, que há na sociedade rural de São Paulo formas diversas de participação na cultura rústica, e que esta apresenta os seus caracteres elementares típicos na estrutura do bairro.

Tendo conseguido elaborar formas de equilíbrio ecológico e social, o caipira se apegou a elas como expressão da sua própria razão de ser, enquanto tipo de cultura e sociabilidade. Daí o *atraso* que feriu a atenção de Saint-Hilaire e criou tantos estereótipos, fixados sinteticamente de maneira injusta, brilhante e caricatural, já no século XX, no Jeca Tatu de Monteiro Lobato.

Em verdade, esse mecanismo de sobrevivência, pelo apego às formas mínimas de ajustamento, provocou certa anquilose de sua cultura. Como já se tinha visto no seu antepassado índio, verificou-se nele certa incapacidade de adaptação rápida às formas mais produtivas e exaustivas de trabalho, no

---

69 *Conversas ao pé do fogo*, 1921, pp. 11-26. **70** Nice Lecoq Müller, *Sítios e sitiantes do estado de São Paulo*, 1951, p. 179. A autora aponta a correlação entre bairro e sitiante.

latifúndio da cana e do café. Esse caçador subnutrido, senhor do seu destino graças à independência precária da miséria, refugou o enquadramento do salário e do patrão, como eles lhe foram apresentados, em moldes traçados para o trabalho servil. O escravo e o colono europeu foram chamados, sucessivamente, a desempenhar o papel que ele não pôde, não soube ou não quis encarnar. E, quando não se fez citadino, foi progressivamente marginalizado, sem renunciar aos fundamentos da sua vida econômica e social. Expulso da sua posse, nunca legalizada; despojado da sua propriedade, cujos títulos não existiam, por grileiros e capangas — persistia como agregado, ou buscava sertão novo, onde tudo recomeçaria. Apenas recentemente se tornou apreciável a sua incorporação à vida das cidades, sobretudo como operário.

A precariedade dos seus direitos à ocupação da terra contribuiu para manter os níveis mínimos de sobrevivência biossocial. As formas culturais, condicionadas por ela, favoreceram sua permanência naqueles níveis. A cultura do caipira, como a do primitivo, não foi feita para o progresso: a sua mudança é o seu fim, porque está baseada em tipos tão precários de ajustamento ecológico e social, que a alteração destes provoca a derrocada das formas de cultura por eles condicionada. Daí o fato de encontrarmos nela uma continuidade impressionante, uma sobrevivência das formas essenciais, sob transformações de superfície, que não atingem o cerne senão quando a árvore já foi derrubada — e o caipira deixou de o ser.

Antes de abordar o seu destino atual, convém proceder a uma recapitulação geral das características da sua cultura, com base em elementos já vistos, ou agora apresentados, a saber: 1. isolamento; 2. posse de terras; 3. trabalho doméstico; 4. auxílio vicinal; 5. disponibilidade de terras; 6. margem de lazer.

Já vimos que, se nos ativermos às manifestações realmente íntegras de sociabilidade e cultura caipiras, o isolamento deve ser entendido como fenômeno referente ao grupo de vizinhança, não ao indivíduo ou, mesmo, à família. Neste sentido, porém, era bastante acentuado, não apenas sob o aspecto geográfico, mas cultural.

Com efeito, os contatos intergrupais podiam ampliar a possibilidade de relações, mas dificilmente significariam oportunidade para experiências realmente novas, como a difusão de traços. Por toda parte, as mesmas práticas festivas, a mesma literatura oral, a mesma organização da família, os mesmos processos agrícolas, o mesmo equipamento material. Ou, para usar as expressões sintéticas e algo pedantescas de Earl Edward Eubank, os mesmos artefatos, sociofatos e mentefatos...

Ora, semelhante homogeneidade favorece o isolamento cultural e a estabilização das formas sociais, ao contrário das diferenças, que dão lugar a uma situação de vasos comunicantes, onde o contato torna possível a passagem dos elementos heterogêneos de um grupo a outro.

Tal situação era favorecida pela posse bastante generalizada de terras, que permitia a estabilidade relativa dos agrupamentos isolados. Ressalvados os latifúndios, movidos por trabalho servil, espalhou-se pelo território habitado de São Paulo o tipo já referido, do caipira proprietário ou posseiro, relativamente estável. Eram, na absoluta maioria, desprovidos de recursos econômicos, valendo-se, para os trabalhos agrícolas, da própria família e do auxílio vicinal, que desta maneira determinavam as duas componentes básicas da sua estrutura social. No âmbito da primeira devemos incluir as indústrias domésticas, principal fonte dos bens de consumo, no tocante aos utensílios, roupas, manipulação de gêneros alimentares — o que contribuía notavelmente para a autossuficiência. Esta se configurava, pois, em dois planos interdependentes: o da família e o da vizinhança.

Mas, ao lado destes elementos de fixação, uma característica importante da antiga vida caipira era a presença de terras disponíveis, que desempenhavam papel duplo e de certo modo contraditório. De um lado, constituíam fator de reequilíbrio, na medida em que permitiam reajustar, sempre que necessário, situações tornadas difíceis economicamente pela subdivisão da propriedade, devida à herança, ou pela impossibilidade de provar os direitos sobre a terra. Estes fatores, aliás, eram mais poderosos como estímulo à mobilidade do caipira do que a instabilidade pura e simples, que se tem querido explicar, inclusive como decorrência da mestiçagem com o índio; mas cujas principais determinantes são sociais, sobrelevando o caráter precário dos títulos de propriedade. A posse, ou ocupação de fato da terra, pesou na definição da sua vida social e cultural, compelindo-o, frequentemente, ao status de agregado, ou empurrando-o para as áreas despovoadas do sertão, onde o esperava o risco da destruição física ou da anomia social. A respeito desta, invoca-se quase sempre como causa a preguiça, que seria um traço fundamental do caipira e responsável pelo baixo nível da sua vida.

A este respeito, convém buscar esclarecimento numa das características principais da sua existência econômica: a margem de lazer — tornada possível numa cultura organizada em torno de padrões mínimos. Ela merece consideração mais detalhada, não só porque motivou aquele estereótipo, nas representações do homem da cidade, mas porque de fato fez com que o caipira se tornasse muitas vezes desajustado a formas posteriores de trabalho rural, principalmente quando se combinaram outros fatores de ordem biológica, como saúde e nutrição, quase sempre consideradas causas únicas. Aqui, interessam os fatores sociais, alguns dos quais vão discriminados abaixo.

Assinalemos, em primeiro lugar, que da formação histórica de São Paulo resultou uma sociedade cujo tipo humano ideal foi o aventureiro. Se nem todos os paulistas o foram, o certo é que ele representou, por dois séculos, o elemento mais dinâmico, em torno do qual se ordenaram as tendências sociais características. Aventureiros foram tanto os homens de prol quanto os pobres-diabos; os brancos e os mamelucos; os chefes e os apaniguados — irmanando-se na vida precária imposta pela mobilidade, num igualitarismo forçado, que foi sem dúvida um dos fatores que obstaram, aqui, ao desenvolvimento de tendências aristocráticas, surgidas muito mais tarde, com a lavoura escravocrata do café. E que, depois da estabilização, em meados do século XVIII, deixou no caipira não apenas certa mentalidade de acampamento — provisório e sumário — como o sentimento de igualdade, que, mesmo nos mais humildes e desfavorecidos, faz refugar a submissão e a obediência constantes. Esta, nele, é sempre relativa e muito precária, comparada à do negro, escravo ou ex-escravo, e mesmo à do colono europeu, fruto duma sociedade rural rigidamente hierarquizada sobre os restos do senhorio e da servidão.

Em segundo lugar, lembremos as consequências da escravização do indígena nos três primeiros séculos, à qual ficou associada a ideia de trabalho dirigido e regular, que se tornou derrogatório, de certo modo, para o mameluco, parcela importante da população paulista, que com certeza se esforçaria para eximir-se de atividades que o pudessem confundir com a raça da mãe, ou avós. O mesmo fariam indivíduos pobres ou decaídos de origem portuguesa, ainda que o preço dessa defesa de status fosse a ociosidade.

Esta parece, com efeito, ter sido o verdadeiro flagelo do século XVIII, momento crítico da história paulista, quando a sedentarização se impôs de modo geral, requerendo a reorganização dos hábitos e a redefinição dos valores sociais mais prezados. É nele que parecem haver-se configurado os traços fundamentais da cultura caipira, que se vinha esboçando desde o início da colonização. Aí, se as camadas superiores puderam afazendar-se graças à cana-de-açúcar e ao braço negro, as demais contribuíram com uma quota apreciável de desocupados, de aventureiros deixados sem enquadramento pela desbandeirização (se for permitido o termo), e que contribuíram para a massa de agregados, posseiros, desbravadores, que se estabilizariam em grande parte no nível de sitiante, mas que formariam também os valentões, autônomos ou a soldo. O recrutamento, as expedições oficiais ou oficiosas ao sertão remoto, as guerras do Sul na segunda metade do século XVIII e começo do século XIX parecem ter canalizado as formas mais desordenadas dessa perigosa vadiagem, objeto de instruções reiteradas dos capitães-generais. Não contando os que deixavam a capitania, em grande quantidade segundo Spix e Martius.[71]

De qualquer modo, ficaram no caipira não apenas certo pendor para a violência, como marcas nítidas de inadaptação ao esforço intenso e contínuo.

Não devemos, contudo, interpretá-la apenas deste ângulo, ou seja, buscando as raízes históricas da fuga ao trabalho; devemos também apontar as determinantes econômicas e culturais de um fenômeno que não deve ser considerado vadiagem, mas desnecessidade de trabalhar, que é outra coisa e, no caso, mais importante para caracterizar a situação.

Entre aquelas determinantes, avulta a predominância da economia de subsistência, associada à extraordinária

71 "De província alguma andam por todo o Brasil espalhados tantos colonos como os de procedência paulista". Op. cit., p. 207.

fertilidade das terras virgens. Com efeito, plantava-se para viver, com pouca ou nenhuma utilização comercial do produto; no solo novo, a colheita era enorme em relação ao plantio, sobrando mantimento, como já foi dito. Em caso de enfraquecimento do solo, associado à precariedade da técnica, era possível recorrer a novas terras, onde se recriavam as condições anteriores, não apenas de produtividade, como de isolamento, perpetuando a autossuficiência e tornando desnecessária a introdução de hábitos mais rigorosos de trabalho.

Em sentido complementar, atuava a referida precariedade dos direitos territoriais, que levou Saint-Hilaire a notar que o cultivador instável — posseiro ou agregado — só planta "grãos cuja colheita pode ser feita em poucos meses, tais como o milho e o feijão".[72] Vemos aí que o tipo de apropriação influi sobre a atividade agrícola, e ambos sobre a organização social — dificultando o progresso técnico e o aparecimento de formas mais ricas de contato inter-humano. Além disso, facilitam a mobilidade e a incerteza, que prolongam em nível precário o espírito de aventura e a repulsa ao trabalho.

Daí a estabilização da vida caipira, nos planos biológico e social, em torno de padrões mínimos, que, encerrando o agricultor num círculo fechado, tornavam-se fator pouco favorável ao desenvolvimento de atividade intensa.

Resumindo, podemos dizer que o desamor ao trabalho estava ligado à desnecessidade de trabalhar, condicionada pela falta de estímulos prementes, a técnica sumária e, em muitos casos, a espoliação eventual da terra obtida por posse ou concessão.

Em consequência, resultava larga margem de lazer que, vista de certo ângulo, funcionava como fator positivo de

72 *Segunda viagem do Rio de Janeiro a Minas Gerais e a São Paulo*, 1938, p. 39.

equilíbrio biossocial. Realmente, uma vez aceito que tal equilíbrio se definia em termos mínimos, vemos que, além de criar condições favoráveis a uma larga proporção de subnutridos, presa de verminoses e moléstias tropicais, ela proporcionava oportunidade para caça, coleta, pesca, indústria doméstica — no setor da cultura material. E para cooperação, festas, celebrações, que mobilizavam as relações sociais. O lazer era parte integrante da cultura caipira; condição sem a qual não se caracterizava, não devendo, portanto, ser *julgado* no terreno ético, isto é, ser *condenado* ou *desculpado*, segundo é costume.

Ele se encontrava, aliás, por assim dizer racionalizado graças à observância dos dias de guarda — os dias *desastrosos*, nos quais se acredita que o trabalho pode causar prejuízo grave, devido ao desrespeito pela norma religiosa. Menos a ela, porém, do que a um calendário especial, nem sempre coincidindo com o estabelecido pela Igreja, pois quando esta restringiu o número de dias santificados, o caipira continuou a seguir a tradição. Na área que estudei, além destes observava-se, e ainda muitos observam, a suspensão de trabalho nos dias dos santos Paulo, Roque, Lourenço (protetor contra tempestades e redemoinhos), Benedito (protetor contra mordeduras de cobra), Bartolomeu (protetor contra a loucura e a possessão demoníaca), não contando os clássicos Santo Antônio, São João e São Pedro. Guardam ainda as primeira e segunda segundas-feiras de agosto, o dia 23 de março e o dia 3 de maio, Exaltação da Santa Cruz, outrora santificado.

Para a área ituana, F. Nardy Filho menciona, além de alguns destes, os Santa Bárbara Sant'Ana, o do Coração de Jesus, acentuando que todo o mês de maio era consagrado à Santa Cruz, com rezas diárias e muito pouco trabalho. Não espanta, pois, que tenha podido escrever:

Se para a maioria a semana conta seis dias úteis, para o nosso jeca conta apenas quatro. No sábado ele não vai à roça, fica em casa preparando os seus aviamentos de caça e pesca, ou em preparativos para ir no domingo à vila; na segunda ele descansa da canseira do domingo.

E acrescenta, como conhecedor prático do assunto: "Não quero dizer com isto que seja um vadio. Não, em absoluto; simplesmente não é ambicioso nem previdente".[73] Desambição e imprevidência devem ser interpretadas como a maneira corrente de designar a desnecessidade de trabalho, no universo relativamente fechado e homogêneo de uma cultura rústica em território vasto.

73 F. Nardy Filho, "O nosso Jeca Tatu e o mês de maio", *O Estado de S. Paulo*, 5 nov. 1953.

Sistema construtivo dos ranchos de pau a pique.

IV. <u>Casa de Nhô Quim</u>, de madeira.

Lá está desde que veio, em 1939.
Foi agoranti independente daí a 1952.
De lá para cá forma tambem café.

II.
A situação presente

③

Nhô Artur pronuncia <u>oitada</u>; o outro, <u>eitada</u>. Usam
a palavra sbdo. como parcela de tempo, mas tb. parcela
material; uma eitada do quarto — o cachorro tirou ao
coati, mordendo-o. (Nhô Quim)

Nhô Artur e Nhô Quim pronunciam Porangava; e tb
Nhô Roque.

18.I.54   ④

Nhô Artur: "... desanda uma <u>oitada</u> de chuva", repôs
passa, etc.

⑤

Nhô Roque e Nhô Maria são analfabetos.
A Didi está sendo ensinada pª Flavia

⑥

O lado oriental do município (ou antes, a parte
mpm correspondente a uma corte levemente NO-SE)

6. Um município marginal

A evolução social paulista é marcada pelo desenvolvimento de formas renovadas de associação humana e de mudança cultural. Cabe pois a pergunta: como se comportou a cultura caipira ante os fatores de perturbação representados pelo latifúndio produtivo comercializado, o desenvolvimento urbano, o escravo, o imigrante?

Este estudo procura, justamente, apresentar uma das várias respostas possíveis. Observei com este intuito, no município de Bofete, os tipos de vida do sitiante e do parceiro rural (algumas vezes confundidos na mesma pessoa), chegando à conclusão de que há resistência variável da cultura caipira segundo as formas de ocupação da terra, regime de trabalho e situação legal. Onde há concentração de sitiantes e ausência de latifúndio, vemos permanecer com mais integridade as relações vicinais e o sentimento local, como ocorre no bairro centrífugo da Lagoa e nos extremamente centrípetos de São Roque Novo, São Roque Velho e São João (este, no município de Conchas). Onde o latifúndio ocorre (é o caso nos da Roseira, Morro Grande ou Óleo), os parceiros, colonos ou salariados se concentram em agrupamentos liderados pela fazenda, que interfere na estrutura do bairro, abala os padrões tradicionais e promove a reorganização das relações.

Interessado nas conjunturas de transformação social determinada pela urbanização, fixei-me no estudo dos parceiros, que representam aspecto menos estabilizado e íntegro na vida social e econômica do homem do campo, mas ainda se prendem à cultura tradicional, de modo a podermos, através deles, analisar a ação exercida pelas novas condições de vida. Estas, com efeito, agem menos viva, ou mais harmoniosamente no proprietário, ancorado de certo modo no sistema de relações do bairro, a que se integra pela sua localização fixa; e que

Mapa do estado de São Paulo,
com a localização dos municípios,
da capital, de Bofete e limítrofes
e as respectivas sedes.
Baseado na *Enciclopédia dos municípios brasileiros*.
Rio de Janeiro: IBGE, 1957, v. XXVIII.

resiste melhor não apenas quando sai em busca de zonas novas, mas também quando permanece. O parceiro, embora tenha padrão de vida equiparável ao do pequeno sitiante, e mais dignidade social que o salariado, é de certa forma um proletário rural, pela limitação da autonomia, a mobilidade espacial, a atrofia da vida cultural, já que a cultura caipira é em grande parte uma cultura de bairro. Como veremos, ele passa por uma redefinição dos vínculos de dependência, que o incorporam à órbita da fazenda e das povoações, afastando-o relativamente das estruturas tradicionais mais características.

O município de Bofete, estado de São Paulo, chamou-se antes Rio Bonito, tendo sido inicialmente uma pequena povoação conhecida por Samambaia, formada em torno de uma capela. A sua evolução é marcada por certa oscilação cultural e social entre Tatuí e Botucatu, e se prende ao desenvolvimento das vias de comunicação e da economia agrícola.

Os dois braços em que a Sorocabana se bifurca a partir de Iperó contornaram-no, buscando Botucatu, a noroeste, Itapetininga e o estado do Paraná, a sudoeste. A oeste a *cuesta* de Botucatu dificulta as vias de acesso ao planalto, como os morros que fecham a passagem para os campos do Sul. A nordeste a Serrinha do Rio do Peixe deve ser vencida por quem vem de Tietê, e o Morro Grande por quem desce de Anhembi. Apenas para o lado de Porangaba e Tatuí, as comunicações são desimpedidas; por aí, certamente, penetraram povoamento e cultura. Tanto quanto valem averiguações fragmentárias e de duvidosa segurança, parece que a maior parte dos caipiras de Bofete descende de gente vinda de sudoeste, de um outro ponto da região que se poderia chamar Itapetiningana, e isto reforçaria a hipótese. Reforça-a, igualmente, o fato do povoamento paulista obedecer a este sentido, no eixo leste-oeste.

Itapetininga foi fundada em 1766 por ordem do morgado de Mateus, sendo povoador Sebastião Barbosa Franco, que também cogitou de fixar em Botucatu moradores vasqueiros, que não corresponderam ao seu apelo e apenas depois da Independência iriam adensar-se em pequeno grupo de casas.[1] Instituída freguesia em 1846, como distrito de Itapetininga, Botucatu é elevada a vila e município em 1855, trazendo para a sua jurisdição o lugar denominado capela do Samambaia; este, criado distrito e freguesia com o nome de Rio Bonito pela Lei provincial n. 6, de 28 de fevereiro de 1866, foi, pela n. 75, de 21 de abril de 1880, elevado a vila, sede de município autônomo, com a mesma denominação. A Lei estadual n. 1038, de 19 de dezembro de 1906, elevou-a à categoria de cidade, a que foi mais tarde dado o nome de Bofete, pela Lei estadual n. 1828, de 21 de dezembro de 1921.[2]

Já no início do século XVIII os padres da Companhia de Jesus tinham fazendas de criar nos campos do Guareí e no alto da Serra de Botucatu, ligadas entre si por caminhos que passavam pela parte meridional do atual município de Bofete, na zona do rio desde então denominado significativamente Santo Inácio.[3] Mais tarde — seria pelo fim do século — um caminho saído de Sorocaba buscava o Paranapanema passando por Bofete, também em sua parte sul.[4] Mas os estabelecimentos humanos só aparecem em pleno século XIX, sob a forma de fazendas e sítios, polarizados por Tatuí na maior parte, e por Botucatu os que se localizavam nas fraldas da Serra. O núcleo de povoamento, que depois veio a ser

1 Ver Hernâni Donato, *Achegas para a história de Botucatu*, 2. ed., 1954, pp. 42-55. 2 Manuel Eufrásio de Azevedo Marques, *Apontamentos históricos, geográficos, biográficos, estatísticos e noticiosos da província de São Paulo, seguidos da cronologia dos acontecimentos mais notáveis desde a fundação da capitania de São Vicente até o ano de 1872*, 1879, v. II, p. 134; Eugênio Egas, *Os municípios paulistas*, 1925, v. I, p. 267; *Sinopses estatísticas dos municípios de Bofete e Botucatu*, 1948. 3 Aluísio de Almeida, "Guareí, uma fazenda dos jesuítas", *Revista do Arquivo Municipal*, v. LIII, pp. 113-118, 1938-1939. 4 Aluísio de Almeida, apud H. Donato, op. cit., pp. 53-54.

a atual cidade, foi sempre tributário da primeira nas relações comerciais, dependendo dela judiciariamente até há pouco.

Se procurarmos acompanhar a sua evolução na cartografia de São Paulo — como índice da sua presença na vida social e econômica da província —, só a encontraremos a partir de 1875. Neste ano, não a registra a *Carta ilustrada*, gravada na capital por Jules Martin, "sobre os estudos do engenheiro R. Habersham"; mas sim a *Karta (sic) da parte conhecida da província de São Paulo*, do engenheiro Robert Hirnschrot. Nela, Botucatu se liga por caminhos às povoações de Guareí e Samambaia, e a Tatuí por um outro, entroncado no que vai desta vila a Itapetininga. Samambaia se liga por um caminho ao que, saído de Tatuí, busca o rio Tietê a noroeste. Em 1877, na *Carta* mal traçada de C. D. Rath, aparecem no triângulo Botucatu-Tietê-Itapetininga a cidade de Tatuí e as freguesias de Alambari, Guareí e Samambaia. Em 1880, numa interessante *Carta postal da província de São Paulo organizada pelo 1º oficial João Baptista d'Alambary Palhares etc.*, e impressa por Jules Martin, vemos que, a partir da última estação ferroviária, Bacaetuva, o serviço postal se fazia, para a zona que nos interessa, via Tatuí, de onde partiam três rotas, inclusive a que atingia Botucatu passando por Rio Feio e Rio Bonito. Rio Feio, então freguesia, é a atual cidade de Porangaba, que apresenta mais de uma afinidade histórica e social com Bofete. Em 1893, o *Mapa parcial dos estados de São Paulo e Minas Gerais, com indicação de todas as estradas de ferro etc.*, de Artur O'Leary, já mostra Rio Bonito ligado por caminho a Tietê e Conchas, que, como estação da Sorocabana, seria a sua principal conexão com os centros políticos e administrativos do estado.[5]

5 Os mapas referidos foram todos consultados na Seção Cartográfica da Biblioteca Municipal de São Paulo. *Coletânea de mapas da cartografia paulista antiga, abrangendo nove cartas, de 1612 a 1837*, publicada por Afonso d'Escragnolle Taunay, permite acompanhar as etapas anteriores do povoamento.

Esta imagem das relações de Bofete permanece em grande parte válida para os nossos dias (1948-1954). A sua única estrada de razoável qualidade é a municipal, que, entroncando-se na rodovia que passa por Conchas e Botucatu, assegura a sua ligação com estas cidades. Para Porangaba corre outra, também municipal e pouco transitável no tempo das águas, que a partir desta cidade alcança a rodovia estadual de Tatuí. Para Guareí, a única condução é a montaria, que permite afrontar os morros interpostos. Pela serra, podem-se alcançar Pardinho e, daí, Botucatu, por um caminho que nem sempre dá passagem aos jipes. No mais, a saída do município só é praticável por picadas de campo e de serra.

Se considerarmos o desenvolvimento econômico, encontraremos novos aspectos da sugerida oscilação entre Tatuí e Botucatu.

Num estudo, por muitos títulos notável, sobre o crescimento da população paulista e seus aspectos econômicos, José Francisco de Camargo, ao estabelecer novo zoneamento do estado, inclui Bofete na oitava zona, *Alta Sorocabana*, em divisão que abrange também Botucatu e Piramboia, incluindo na terceira, *Central*, as suas matrizes históricas, Itapetininga e Tatuí, bem como Porangaba.[6]

Entendo que, histórica e culturalmente, Bofete caberia melhor nesta; e inspecionando os quadros elaborados por Camargo, sentimos que, ainda hoje, apresenta maiores afinidades com os municípios que a compõem do que com os da oitava zona, lançada até o rio Paraná. Mesmo geograficamente, Bofete se enquadra nas terras que vão esbarrar na Serra de Botucatu; e a transposição desta seria um marco para delimitar as duas zonas em apreço.

6 José Francisco de Camargo, *Crescimento da população no estado de São Paulo e seus aspectos demográficos*, 1952, v. I, pp. 33-35 e 43-45.

No entanto, do ponto de vista administrativo e econômico a razão vai para o lado de Camargo. Sobre a velha plataforma caipira da agricultura de subsistência e do povoamento caboclo, provindo do Sudeste, espalhou-se o café em Bofete, trazendo a princípio o negro, depois o imigrante italiano. Foi quando as vias de comunicação adquiriram novo eixo, que, apoiado na Sorocabana por intermédio das estações de Conchas e Piramboia, alteraram o ritmo anterior, polarizado desigualmente por Tatuí e Botucatu. As dificuldades de embarque levaram a uma trifurcação das remessas em cargueiros de bestas, o que aumentou a dependência em relação a Botucatu.

Com efeito, parte da produção escoa pelas referidas estações, alcançadas por caminhos relativamente fáceis; outra parte, porém, deve ser levada, por veredas mais penosas da serra, a Pardinho, de onde alcança a sede administrativa, Botucatu, em cuja produção cafeeira se incorpora para as estatísticas. A qualidade de ambas deveria aliás ser a mesma — ressalvadas as variáveis dependentes da técnica agrícola — se considerarmos a natureza dos solos, que num e noutro caso são terras roxas e arenosas pertencentes à mesma série geológica.[7]

Histórica, social e culturalmente ligada a Tatuí; geológica e administrativamente a Botucatu, a produção de café abriu-lhe, por Piramboia e Conchas, saídas que criaram nova dependência, comercial e ferroviária, contribuindo para afastá-la da influência tradicional. Todavia, o predomínio de Botucatu nos contatos sociais é relativamente recente, pois até há dez anos Bofete pertenceu judiciariamente à comarca de Tatuí (da qual foi desmembrada em 1944 para se incluir na de Conchas,

---

7 José Setzer, *Os solos do estado de São Paulo*, 1949, pp. 83-106. Cf. a *Carta geológica do estado de São Paulo*, Instituto Geográfico e Geológico, 1947.

novamente criada), e com esta cidade realiza grande número de contatos comerciais. Como a sede do município é ainda hoje mal sortida comercialmente, os habitantes deste se dirigem a Conchas, Pardinho-Botucatu ou Porangaba-Tatuí, conforme a sua posição no território municipal. Vejamos alguns dados relativos à evolução demográfica e agrícola, como pano de fundo da situação presente.

Às vésperas de ser elevada a vila e município, a freguesia do Rio Bonito possuía 2928 habitantes, dos quais 70 escravos, sobre os respectivamente 6693 e 847 que compunham a população total do município de Botucatu, a que pertencia, produtor de algodão e cereais.[8] O número e a porcentagem dos escravos da freguesia (cuja área incluía a do atual município de Piramboia) não denotavam latifúndio produtivo, de cana ou gado (o café ia-se desenvolvendo aos poucos, apenas em Itapetininga). Notemos que enquanto Rio Bonito tinha mais de ⅓ da população total do município de Botucatu, os seus escravos representavam ¹⁄₁₂ dos que nele viviam; e nós sabemos que escravo e grande lavoura eram inseparáveis. O que nele dominava era a agricultura de subsistência.

No último quartel do século, todavia, desenvolveram-se algumas grandes fazendas de café, trabalhadas por escravos, e depois pretos livres, que deixaram marca na tradição local.

Para o município, parece ter sido esse o período de maior prosperidade e esperança, bruscamente encerrado pela crise cafeeira de 1902. Até à geada de 1918, porém, continuaram a funcionar várias fazendas mais ou menos bem equipadas, embora com produção diminuída de quase um terço. A partir

8 Azevedo Marques, op. cit., p. 134.

daí, muitas delas são abandonadas, vendidas (por vezes a antigos colonos), subdivididas. Os decênios de 1920, 30 e 40 representam decadência progressiva, assinalada nos dois últimos por certa estabilização na pobreza. Com efeito, passada a prosperidade, e depois perdidas as esperanças do seu retorno, o município como que se aparelha para a sobrevivência modesta, fundada na policultura de semissubsistência e no algodão, velha plantação na área de que depende historicamente (Tatuí, Itapetininga), e que nele aparece e desaparece conforme as vicissitudes do mercado.

Comparemos dados referentes à produção cafeeira:[9]

Ano	Área plantada em alq.	Cafeeiros	Arrobas
1905	1 003,75	2 005 252	79 050
1920	953,30	2 020 000	46 000
1934	658,75	1 186 735	34 593
1940	738,55	1 025 320	25 000
1952	–	–	25 000

Recorrendo a números redondos, vemos que a área plantada em 1940 era 73% do que fora em 1905; os cafeeiros, 51% do que tinham sido; a produção, 32%. Quando sabemos que nenhum outro produto veio tomar o lugar do café — apesar de alguns anos de bom rendimento algodoeiro — sentimos nestes números e índices toda a história de uma decadência: mau estado da superfície plantada, descuido das

9 A maior parte destes dados e dos seguintes é extraída dos volumes II e III da obra citada de Camargo, embora dispostos e combinados segundo as necessidades do capítulo. (As porcentagens, análises e conclusões são minhas.) Quero aqui deixar registrado o quanto devo a esta obra, que apareceu justamente quando me dispunha à pesquisa do material estatístico necessário, que me foi poupada. Nunca se louvará bastante a valia desse admirável instrumento de trabalho.

plantas, que, para diminuição de metade, apresentam redução de dois terços na produtividade.

Se nos voltarmos para a demografia, a situação não é melhor, como revela o quadro abaixo:

Ano	População do município
1886	3661 (inclui Piramboia)
1900	5351
1920	10443
1934	7015
1940	7683
1950	6039

Vê-se o declínio notório após 1920, estando o ano de 1950 em condições próximas ao de 1900. E como atualmente há no município marcada tendência para a pecuária, tal processo só se pode acelerar, visto como a referida "estabilização na pobreza" depende da agricultura de semissubsistência, baseada na pequena propriedade, na parceria e no arrendamento, dificultados cada vez mais pela transformação em pastagens das terras de cultivo.

Nesta altura, podemos retomar considerações anteriores e trazer novos elementos para esclarecer a hipótese que Bofete é um município de certo modo marginal, participando da tradição caipira representada por Tatuí, bem como de algumas características das áreas do café, representadas por Botucatu.

Vejamos inicialmente a sua evolução demográfica no quadro dos municípios que lhe são limítrofes, ou se ligam à sua formação econômica e social:

			População			
Município	1886	1900	1920	1934	1940	1950
Bofete	3661*	5351	10443	7015	7683	6039
Botucatu	15985	26047	33405	38447	38881	41264
Itapetininga	11362	13278	25987	29041	34437	38181
Tatuí	24936	22962	28125	24659	25490	29431
Piramboia	–	3255	4317	5874	4548	2221
Conchas	–	–	9875	9307	10741	9828
Guareí	3346	5090	6975	7294	7564	7475
Angatuba	4083	6299	14077	13108	13162	11034
Porangaba	–	–	–	10747	9655	8769
Pereiras	–	7926	5565	5283	6357	5601

* Inclui a população do distrito de Piramboia.

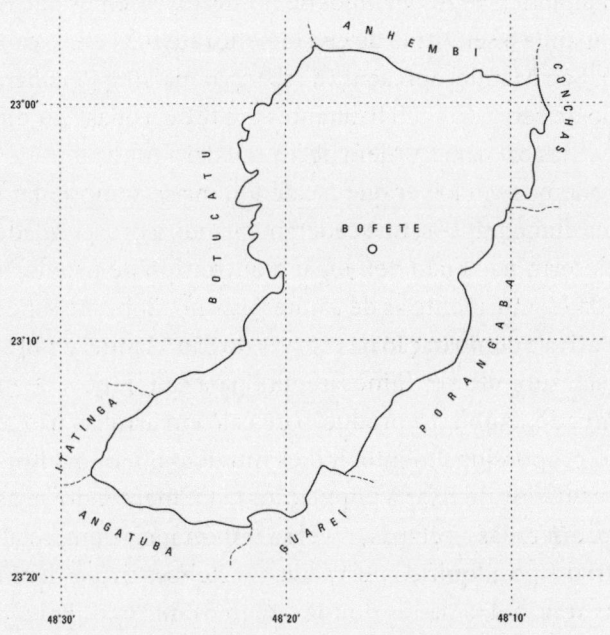

Mapa do município de Bofete e municípios limítrofes, baseado
na *Enciclopédia dos municípios brasileiros*. Rio de Janeiro: IBGE, 1960, v. XI.

A inspeção destes números mostra que, excetuando-se os municípios mais importantes de Botucatu e Itapetininga, os demais, inclusive Tatuí, apresentam desenvolvimento demográfico parecido, caracterizado por aumento até 1920 e decréscimo a partir daí, com intermédios de estabilização relativa. Salvo Tatuí, decaem de 1940 a 1950.

Neste panorama, só há, entre os pequenos municípios, dois que, a certo momento, apresentam arranco demográfico equiparável aos de Botucatu e Itapetininga: Angatuba e Bofete. O caso do segundo é ainda mais interessante, pois enquanto a subida 1900-1920 é abrupta em ambos, a descida 1920-1934 é atenuada em Angatuba e quase igualmente abrupta nele. Dos municípios secundários, Bofete se tinha aparelhado para destino mais alto. Se analisarmos o crescimento demográfico dos municípios cafeeiros vizinhos de Botucatu, veremos que Avaré acompanha o seu ritmo de crescimento até 1940, mas cai daí a 1950. São Manuel apresenta a ascensão mais espetacular, passando de cerca de 5 mil habitantes em 1886 a quase 40 mil em 1920; mas cai para a ordem de 30 mil daí a 1950.

Podemos então ver que o café foi, quase sempre, fator de surtos demográficos, que cederam quando a prosperidade por ele determinada não deu lugar a outro tipo de produção ou atividade, mormente as de caráter urbano. Sob este aspecto é instrutiva a comparação das curvas de São Manuel e Botucatu. Aquela, subindo vertiginosamente para cair depois de modo acentuado, embora a produção de café em arrobas não tenha caído proporcionalmente, indica município monocultor sem outros meios de fixar a população. Esta, mantendo-se ascendente em todas as etapas, revela a importância comercial e industrial logo adquirida pela sede. A este respeito, é decisiva a comparação dos dados de 1940 com os de 1950. Foi o decênio da grande prova, em que o surto industrial e a miragem das novas zonas pioneiras atraíram centenas de milhares de trabalhadores e sitiantes das zonas velhas. Dentre as cidades mencionadas, a população cai nas seguintes: aquém da serra, em Bofete, Piramboia, Conchas, Pereiras, Porangaba, Guareí, Angatuba; além da serra, em Itatinga, Avaré, São Manuel. Sobe, aquém, em Itapetininga, centro regional, e Tatuí, que se industrializa; além, em Botucatu. A impressão resultante é que, nas zonas velhas, os municípios agrícolas, grandes e pequenos, caem demograficamente se não conseguem condições duradouras de urbanização. A urbanização dos centros regionais, como Botucatu, Itapetininga, Tatuí e sobretudo Sorocaba, faz-se à custa das perdas demográficas das zonas rurais tributárias.

Ora, neste processo Bofete apresenta analogia com as duas zonas, ou subzonas, a que se prende historicamente: a Tatuiense--Itapetiningana e a Botucatuense.

Ao contrário de seus vizinhos da primeira, conhece a aura eufórica do café, num sopro fugaz, mas suficiente para dar à curva da sua evolução demográfica um contorno que o aproxima dos municípios da segunda. Passado o período cafeeiro, todavia, ele se comporta de modo semelhante aos da primeira.

Se procurarmos devassar a realidade humana sugerida pelos gráficos e números, veremos que a dualidade, ou ambivalência, se manifesta na composição demográfica. Com efeito, o café trouxe a Bofete mais estrangeiros, em números absolutos, do que a todos os outros municípios de origem histórica semelhante (Piramboia, Porangaba, Pereiras, Angatuba, Guareí). Em números relativos, mais do que a eles, e ainda, do que a Botucatu, Itapetininga e Tatuí. Supera-o apenas Conchas, estação ferroviária logo desenvolvida em centro de comércio, onde a influência do imigrante e descendentes é decisiva, aparecendo inclusive no fato do seu prefeito ser, no atual quinquênio (1950-1955), sírio de nascimento. No outro extremo, temos Guareí, núcleo compacto de caboclos de velha cepa, onde o estrangeiro é raridade. Bofete se situa entre ambos não apenas geograficamente, mas também cultural e etnicamente.

Note-se, todavia, que a queda precoce do café não permitiu ao município quebrar o seu isolamento, nem incorporar-se ao ritmo da vida moderna. Como consequência, a população adventícia se acaipirou sensivelmente, e os imigrantes de Bofete são por certo dos mais assimilados em todo o estado. A agricultura de semissubsistência avultou de novo, recobrindo os destroços do café, cuja invasão viera perturbar o seu ritmo tradicional. Do mesmo modo, a vida caipira, um momento abalada pelo colono português ou vêneto, retomou a sua eminência discreta, incorporando-o aos seus padrões.

Em Bofete, encontram-se pois, numa situação de interessante confronto, a monocultura e a pequena policultura, o latifúndio e o sítio, o imigrante e o caboclo, o presente e o passado, mostrando ao pesquisador, ou ao simples curioso, a vitalidade da velha cultura cabocla como recurso de ajustamento ecológico e social, em condições como as que sugeri no capítulo anterior, e procurarei interpretar no próximo. No município de Bofete, o único núcleo urbano é a própria sede. Comparemos os dados de 1940 e 1950 referentes à população total, na distribuição geral, rural e urbana, e respectivas proporções:

	1940	1950
População total	7683	6039
urbana e suburbana	892	1113
rural	6039	4976[10]
% sobre a população total		
urbana e suburbana	11,61%	18,43%
rural	88,39%	81,57%

10 Dados da *Sinopse estatística do município de Bofete*, 1948; e *Estado de São Paulo, seleção dos principais dados*, 1953.

Notam-se, imediatamente, dois fenômenos característicos dessa zona: diminuição geral de população, aumento de população urbana em detrimento da rural. O homem do campo veio um pouco para as áreas urbanas e suburbanas mas, principalmente, saiu do município rumo ao Paraná ou a Sorocaba.

Na verdade, é um município pobre. A sua produção é na maior parte consumida nele próprio, se excetuarmos um pouco de algodão (1952: 48 400 arr.), café (1952: 25 mil arr.), gado bovino (1952: 12 mil cabeças existentes), porcos (1952: 6 mil cabeças), além do milho (1952: 20 mil sacas), arroz (1952: 20 mil sacas em casca) e feijão (1952: 7300 sacas) cujas sobras são exportadas.[11]

A vida é pouco confortável e quase não se encontram recursos hoje em dia bastante disseminados. Em 1948, por ocasião da minha estadia, nem um só fazendeiro ou sitiante possuía jipe, automóvel ou estrada de automóvel em suas terras. Nenhuma banheira na área rural, e possivelmente apenas uma na vila, onde a iluminação elétrica datava de dois ou três anos. Nenhuma geladeira, inclusive as de *bar*, usuais por toda parte; pouquíssimos rádios. Não se praticava adubação, não se utilizavam quaisquer produtos veterinários, não havia uma só máquina agrícola, a maior parte do transporte se fazia a carroça ou lombo de animal.[12]

Em 1954 a situação se encontrava pouco mudada. Os rádios tinham penetrado bem como as geladeiras, em um ou

11 Dados fornecidos pelo Departamento de Estatística do Estado. Arrecadação de 1952: Cr$ 701 458,60. 12 Não se incluem nestas informações pelo menos duas fazendas. Uma, situada na parte noroeste do município, e se estendendo pelos de Anhembi e Botucatu, para o qual se volta, sem qualquer contato com Bofete. Outra, na vertente da serra, a sudoeste, ligada igualmente com Botucatu. É claro que tais informações, exprimindo o conhecimento dos informantes e a minha própria observação, não podem pretender ao rigor estatístico.

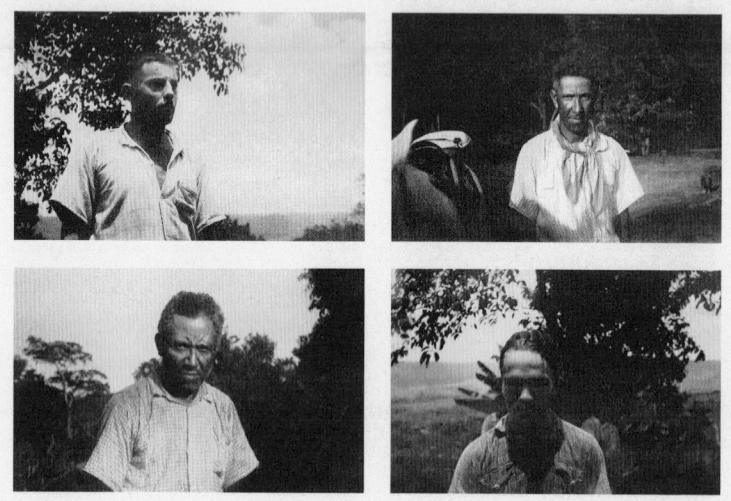

Tipos de parceiros da fazenda Bela Aliança.

XII = pai, mãe, filhos mulatos

XIII = pai mulato, mãe cabocla, filhos morenos

XIV = pai, mãe, filha pretos

XV = pai claro, mãe loura, sogra loura, filha loura

XVI = pai, mãe, filhos pretos

outro bar. Havia um posto de saúde; dos 287 prédios da vila, 147 possuíam abastecimento de água e 165 eram servidos por luz elétrica — mas ainda não se cogitava de esgoto. Havia 2 automóveis, talvez uns 10 caminhões e uns 4 jipes, tornando-se algumas fazendas acessíveis ao denodo destes últimos. Mas o resto continuava como antes, inclusive no setor da cultura espiritual, não havendo jornal, associação, venda de livro, cinema. Houve apenas aumento no número de escolas, que passaram a 5, de 4 que eram em 1945.

7. População rural e parceria

Neste enquadramento, uma população voltada na sua totalidade para a agricultura — quer os lavradores, quer os comerciantes que vivem de lhes vender, quer os poucos funcionários, que os administram.

Em 1940, sobre 7683 habitantes, 1846 desempenhavam atividades domésticas; dos 3450 empenhados nas demais atividades, 3284 se ocupavam de agricultura e pecuária, restando 166 para as outras. Destes, 41 se ocupavam no comércio de mercadorias, 36 nas indústrias de transformação, que são lá serraria, moagem e limpa de cereais; 32 se ocupavam da administração, ensino, ordem pública; 31 de atividades e serviços sociais. Juntando 20 empregados em transportes e 6 em indústrias extrativas, teremos a relação completa das atividades econômicas e sociais.[13]

O trabalho rural, absolutamente predominante, se enquadrava e se enquadra, do ponto de vista técnico, nos padrões mais atrasados e rotineiros. Tracemos agora brevemente a situação da terra e da produção.

13 *Sinopse estatística do município de Bofete.*

Em 1953, havia 483 propriedades, pertencentes a cerca do mesmo número de proprietários.[14] Considerando 10 alqueires a quantidade mínima para manter-se uma família e vender parte do produto, tendo os seus animais de leite e transporte; considerando, ainda, a variação de qualidade das terras, tomemos 30 alqueires como limite da pequena propriedade, 120 como limite da média e, daí para cima, o domínio da grande. É uma divisão arbitrária, que aceita e adapta as considerações de Caio Prado Jr., parecendo-me caber à zona estudada.[15] Leva em conta a decadência do café — que valoriza glebas relativamente pequenas —, a extensão da agricultura de subsistência, a elevada proporção de área não cultivada, a predominância do que se poderia chamar técnica de sitiante, o valor médio do alqueire. Em Bofete, 40, 50 e mais alqueires significam quase sempre paisagem econômica e social de pequena propriedade.

Operando a redução a hectares, temos a distribuição seguinte:

Categoria	Critério em ha	Quantidade	Proporção da superfície total
Pequena propriedade	até 72,60	328	16,10%
Média propriedade	até 290,40	93	26,08%
Grande propriedade	mais de 290,40	34	57,17%

Vemos que é elevado o número de pequenos proprietários. Se procurarmos a sua distribuição no território, verificaremos que são menos abundantes no Morro Grande, no Morro do Bofete e certas partes das fraldas da Serra de Botucatu, ou seja, nas

14 Digo assim porque há donos de duas e três propriedades; mas há também vários proprietários da mesma terra não permitindo os registros compulsados definir o seu número com exatidão absoluta. 15 Cf. Caio Prado Jr., "Distribuição da propriedade fundiária rural no estado de São Paulo", *Geografia*, ano I, n. I, pp. 69-87, 1935.

manchas de "terra roxa legítima", outrora grandes produtoras de café, que são os diabásios, meláfiros calcíferos e basaltitos da série de São Bento, na caracterização de Setzer.[16] Ao contrário, predominam nas baixadas e campos, ou seja, na terra arenosa menos fértil (arenitos Botucatu e Piramboia), embora haja concentração de sitiantes em excelentes terras roxas misturadas, como é o bairro de São Roque.

De modo muito geral, e na medida em que vale a impressão de um leigo, amparada é verdade por informantes locais, a situação parece confirmar a opinião de Caio Prado Jr., de que a pequena propriedade é "quase sempre [...] relegada para zonas de menor fertilidade natural".[17]

Sobre a superfície total das propriedades, vimos que a pequena representa 16,1%, a média 26,08%, a grande 57,17%. Esta, porém, se apresenta não raro, atualmente, despida das características de iniciativa econômica e produção em larga escala. Técnica e economicamente, muitas fazendas não passam de sítios em ponto maior, deixando sem exploração partes consideráveis, obtendo rendimento medíocre e, sobretudo, sendo exploradas indiretamente — recorrendo o proprietário ao arrendamento e à parceria.

Esta se desenvolveu, de fato, em grande escala, com a decadência do café, sendo hoje um dos principais sistemas de produção. Na dificuldade de empreender a exploração por conta própria, o médio e o grande proprietários tendem a buscar o lucro no pagamento em espécie, que vão colocar no mercado.

Essencialmente, a parceria é uma sociedade, pela qual alguém fornece a terra, ficando com direito sobre parte dos produtos obtidos pelo outro. Na definição da lei:

---

16 *Os solos do estado de São Paulo*, op. cit., pp. 22-23; e cap. 6, pp. 83-105, passim.   **17** Caio Prado Jr., "Problemas de povoamento e a divisão da propriedade rural", *Evolução política do Brasil e outros estudos*, 1953, p. 241.

Dá-se parceria agrícola, quando uma pessoa cede um prédio a outra, para ser por esta cultivado, repartindo-se os frutos entre as duas, na proporção que estipularem.[18]

Em Bofete e municípios vizinhos, distinguem-se as modalidades seguintes:

1. correm por conta do parceiro todas as operações necessárias: roçada, aceiro, queimada, aração, plantio, limpeza, colheita; feita esta, o proprietário recebe 20% do produto, no próprio local;

2. mesmas condições de trabalho; mas a quota do proprietário é de 25%;

3. mesmas condições; quota de 30%;

4. o proprietário fornece terra arada e semente; cabem ao parceiro roçar, queimar, plantar, limpar, colher e dar a quota de 33%;

5. o proprietário fornece terra roçada, queimada, arada e semente; cabem ao parceiro plantio, limpa, colheita, dividindo-se o produto em duas partes iguais (50%).

A última modalidade é a meação, e o parceiro é então chamado *meeiro*; nas demais, a sua designação regional é *aforante*. Não é corrente o nome de *terceiro* para o da quarta modalidade.

Usa-se também o arrendamento, a tanto por alqueire num ano agrícola. Em alguns casos, é condição do proprietário. As mais das vezes, deixa-se optar o candidato à terra, que na maioria absoluta escolhe o pagamento em espécie, configurando-se a parceria. Os caipiras que plantam para subsistência têm aversão ao arrendamento, praticado geralmente por empresários de lavoura ampla. Como dizem, com razão, no *aforamento* há riscos e proventos equivalentes para ambas as partes; se o

18 *Código civil brasileiro*, art. 1410.

ano corre mal, a porcentagem acompanha, e vice-versa. Mas no arrendamento, em ano bom ou ano mau o aluguel, previamente estipulado, não varia, e pode arrastar à ruína o pequeno lavrador.

Teoricamente há um contrato escrito de parceria, que não se lavra a maior parte das vezes; na prática, não há garantias legais para o parceiro, embora as haja de fato para o proprietário.

No contrato, estipulam-se (verbalmente): 1. a quota de produto; 2. as obrigações de conserva da moradia; 3. os dias devidos gratuitamente ao proprietário (geralmente 3, mais 2 por cada animal de montaria), além daqueles estipulados pela lei para conserva de estradas (2 por ano).

Em Bofete prepondera a meação, vindo em seguida a sociedade a 20%. Nos períodos de prosperidade do algodão avulta o arrendamento (de grandes e pequenas glebas) que, como se sabe, é o sistema preferencial no cultivo deste produto.[19] Os donos de terra preferem dar em parceria glebas maiores, que lhes assegurem produção de certo vulto, sendo atualmente poucos os que dão qualquer superfície, a gosto do candidato.

É preciso notar que o sistema de parceria é um recurso não apenas do grande e médio proprietário sem disposição para explorar diretamente a sua terra (e que se torna locador), mas também do pequeno (que se torna locatário). Contam-se por dezenas e centenas os sitiantes de 1, 2, até 5 e mais alqueires, cujas propriedades não bastam para as necessidades, e que *aforam* terras, de preferência limítrofes, ou próximas, paliando deste modo as limitações das suas.[20]

Há em Bofete algumas fazendas tocadas pelo regime de colonato. Como atualmente (1954) a alta dos preços do café motivou certo interesse por ele, veem-se alguns *formadores*,

19 Cf. Carlos Borges Schmidt, *O meio rural*, 1946, p. 77.   20 Carlos Borges Schmidt, op. cit., pp. 71-74, onde se descrevem, para um caso concreto, este e outros recursos de ajustamento do pequeno proprietário.

categoria mista entre colono e parceiro, uma vez que a sua obrigação consiste em plantar e tratar da planta até três ou quatro anos, em terra do proprietário, na qual é livre de efetuar, para si, as plantações intercaladas.

Nas explorações pecuárias, em plena expansão, trabalha o *camarada*, que se paga ao mês, fornecendo casa e regalias variáveis, geralmente um pedaço de terra para plantio de gêneros necessários ao sustento. As mesmas condições prevalecem nas fazendas agrícolas.

Olhando para o conjunto da população, vemos os seguintes tipos humanos: fazendeiro, sitiante, parceiro, colono, salariado; artesão, comerciante, funcionário. Os dois últimos em quantidade ínfima, mas pesando decididamente na vida social. Desapareceu praticamente o agregado, ainda visível noutras regiões.

Para o observador, a parte mais característica é a massa de pequenos proprietários e parceiros, quase sempre nivelados pelo tipo de atividade, os recursos econômicos e o gênero de vida. Note-se porém que, ressalvada a diferença econômica, é muito menor do que noutras partes a distância entre eles e a maioria dos fazendeiros, no que se refere ao teor geral da vida. É frequente vê-los em pé de quase igualdade nas festas, nos passeios, nas conversas da vila, na faina da lavoura. Não se configura de modo algum o tipo senhorial, extinto com a passagem do café. Este foi, em Bofete, uma realidade agrícola importante, mas não chegou a fornecer bases duradouras para a estruturação de uma sociedade estratificada segundo os padrões geralmente dominantes noutras zonas onde ocorreu.

Nessa pirâmide social bastante achatada, misturam-se de modo homogêneo, como ficou indicado, caboclos e imigrantes. Sob este ponto de vista, há uma certa distribuição ecológica, revelada pela observação e confirmada, na medida do possível, pelo registro dos proprietários de terras.

Quem toma o ônibus de Conchas, entra no município, em direção aproximadamente noroeste, pela estrada estadual que vai a Botucatu, infletindo logo a seguir num ângulo de mais ou menos noventa graus, buscando no rumo sudoeste a sede, que fica pouco acima do centro do território. Neste percurso, o viajante costeia à esquerda os bairros de São Roque Velho, São Roque Novo e Rio do Peixe, que ocupam toda a sua parte nordeste. Neles dominam as pequena e média propriedades, na maioria absoluta em mãos de sitiantes brasileiros, como se dá igualmente no bairro vizinho de São João, em território de Conchas, socialmente ligado a eles. À direita do viajante, estende-se o bairro da Água Fria, onde já avultam grandes propriedades, havendo mistura de caboclos e imigrantes, inclusive alguns alemães, fixados há muito e já acaipirados.

Ao sul da sede, os bairros da zona do Morro de Bofete, e rumo ao município de Porangaba, têm população bem misturada de caboclos e italianos, avultando a grande propriedade ao lado da pequena e da média. Quem vai rumo a Angatuba (a cavalo, pois não há outra condução) corta a zona menos povoada, onde outrora circularam os jesuítas criadores de gado: é o enorme bairro da Lagoa, delimitado pelo rio Santo Inácio, onde predominam as terras de campo, o povoamento muito esparso, a pequena propriedade ou a média, que aí funciona como pequena agricultura estritamente de subsistência, com alguma criação de porcos. É zona de caboclos, quase sem a presença do imigrante.

Na zona em torno da sede, e para o lado de Botucatu, vemos de novo a mistura de fazendas e sítios, caboclos e imigrantes. São bairros muito povoados, onde alguns latifúndios subsistem, sem a produtividade do passado. Rumo a noroeste, como quem vai a Piramboia, as fazendas médias ombreiam com os sítios, predominando porém o caboclo.

Percorrendo a fronteira oeste do município em quase toda a extensão, a *cuesta* separa-o de Botucatu. Nos seus contrafortes, de terra excepcional, misturam-se fazendeiros médios e sitiantes, com grande proporção de italianos, portugueses e alguns alemães. Ao alto, já no município vizinho, os italianos dominam de modo absoluto.

Qual a proporção respectiva de caboclos e imigrantes? Difícil dizer, pois o censo revela apenas o estrangeiro nato, enquanto ao pesquisador interessaria conhecer a presença do seu descendente.[21]

Já vimos que o imigrante estrangeiro entrou de modo apreciável em Bofete, comparativamente aos municípios da mesma origem histórica. As tabelas elaboradas por Camargo mostram que lá residiam, em 1920, 754, numa população total de 10 443, ou seja, 7,22%. Em 1940, havia 163 sobre 7683, isto é, 2,26%.

Ora, a inspeção das listas de proprietários e comerciantes, e mais ainda o contato direto com os habitantes, mostram que a proporção de imigrantes e descendentes é, atualmente, muito mais elevada do que era em 1920. Sobre 440 proprietários, há 84 nomes não portugueses, verificação que exclui a parte devida aos estrangeiros portugueses na composição demográfica recente. Supondo, porém — à vista dos números apresentados mais abaixo —, que eles sejam cerca da metade dos proprietários de nome italiano (53), teremos que o conjunto dos proprietários estrangeiros e de origem estrangeira recente constitui cerca de 34% do total, proporção elevada, que denota a sua boa posição econômica em relação à dos habitantes mais antigos, que todavia detêm a

21 Nas linhas seguintes serão usadas as designações feitas pelo caipira: *brasileiro*, ou caboclo, é o brasileiro, mestiço ou não, de velha cepa; *italiano*, *português*, *alemão* são não apenas os imigrantes desta origem, mas os seus filhos e netos. Assim faço, é claro, para acentuar, com finalidade expositiva, a distinção dos grupos étnicos, que, jurídica e espiritualmente, pertencem à mesma nacionalidade.

maioria dos latifúndios. Os brasileiros de velha cepa, interrogados, dizem invariavelmente que hoje, em Bofete, "só há italiano e turco".[22]

O exagero evidente exprime menos a predominância demográfica real do que a importância econômica e política, que equiparou *brasileiros*, *italianos* e *turcos*. Estes representam camada mais recente, tendo assumido a liderança no comércio, onde os *italianos* também pesam, e de que se acham quase ausentes os *brasileiros*. Graças a esta especialização, o grupo demograficamente menor (incomparavelmente menor) assumiu paridade na liderança do município.

Em relação ao *turco*, o caboclo desenvolve o ligeiro ressentimento de que são alvo, em geral, os comerciantes; relativamente ao *italiano*, apenas certas restrições jocosas, na vila. A vida política local exprime todavia uma tensão interessante: os *italianos* estão geralmente de um lado, os *turcos* de outro. Os *brasileiros* se distribuem em ambos, decidindo, não raro, o resultado.[23]

Para se ter uma ideia da participação estrangeira na população do município, registremos a sua posição numérica em 1920 e em 1940:[24]

Nacionalidade	1920	1940
Italianos	324	53
Portugueses	179	22
Japoneses	–	31
Espanhóis	120	19
Alemães	10	8
Outros*	121	30

* Sobretudo sírio-libaneses. Há alguns poloneses, russos e húngaros.

22 Exemplo de pergunta a um velho morador da vila e sua resposta:
— Há muito italiano por aqui?
— É só o que há.
23 Observação de Edgard Carone. **24** Apud Camargo, op. cit.

No século XIX, parece que os portugueses foram os primeiros a entrar, como colonos, vindo depois os italianos, na sua maioria vênetos, tanto quanto pude apurar.

A prolificidade destes é extraordinária, como se poderá ver pelo exemplo seguinte. No último quinto do século XIX veio para Bofete um casal de paduanos, com três filhos e muitas filhas, cujo número não consegui averiguar. Aqueles tiveram, respectivamente, entre homens e mulheres, nove, catorze e sete filhos. Obtive apenas o número de filhos dos quatro homens, dentre os nove mencionados primeiro: sete, nove, nove e três — por enquanto. Um outro neto, ainda moço, já tem catorze. A descendência atual do velho paduano se estende por Bofete, Botucatu e norte do Paraná, devendo orçar por mais de trezentas pessoas vivas. Tais casos explicam a proporção considerável de *italianos*, que avultam na população do município. Aliás, a miscigenação parece grande, havendo por exemplo na vila um velho emiliano (chegado em 1901), casado com sorocabana, cujos descendentes se casaram em proporções iguais com *italianos* e *brasileiros*.

No entanto, ainda predomina, de muito, o elemento brasileiro velho, renovado moderadamente por pequena imigração intermunicipal, vinda sobretudo de Porangaba e Guareí, continuando deste modo o movimento de povoamento caipira, no mesmo sentido em que se iniciou há cerca de dois séculos.

O caipira daqui é branco, frequentemente louro ou alourado, e mameluco diluído. Muitas vezes atribuímos origem estrangeira a pessoas que, interrogadas, revelam a sua antiguidade na terra. Mulatos, poucos. Negros, pouquíssimos, havendo um núcleo de sitiantes no bairro da Roseira, irmãos e primos, que constituem a sua única concentração no município (cerca de 30), em cujo território não chegam certamente a uma centena. No dia da festa principal da vila, a de São Sebastião, que atrai muita gente da roça, contei cerca de uma dúzia entre pretos e mulatos. Como se vê, a antiga população escrava emigrou, se é que chegou a constituir núcleo ponderável. A maioria dos pretos, pelo que apurei de velhos informantes, concentrava-se principalmente nas fazendas do Morro de Bofete, e nessa do Morro Grande, que passo agora a estudar, como local da pesquisa efetuada.

8. Os trabalhos e os dias

A noroeste da sede do município estendem-se, entre outros, os bairros da Roseira e do Morro Grande. A fazenda se situa em ambos, tendo no primeiro a maioria das suas terras, que tocam a noroeste o bairro das Três Pedras. É uma grande propriedade de 1700 hectares, mais de 700 alqueires paulistas, fundada no século XIX e tendo sido grande produtora de café. No alto do tabuleiro do morro, moravam os escravos, depois colonos pretos; no nível da sede, os empregados brancos, portugueses na maioria. A casa da fazenda era bem traçada e nobre, embora sem as grandes dimensões comuns no tempo; as benfeitorias, excelentes, destacando-se um conduto de pedra, por meio do qual o café, colhido no tabuleiro, deveria escorregar até a sede, para daí ser transportado em cargueiros até Piramboia. Não ficou terminado, pois a crise de 1902, afetando todo o município, marca o fim do período áureo da fazenda. Vendida depois da geada de 1918, decaiu cada vez mais. Depois da crise de 1928 passou às mãos de um credor, que a possui ainda hoje, mas não a dirigiu, nem a ela se dedicou até 1948, pois os seus interesses comerciais estão em São Paulo. Nesta data, a direção foi confiada a um de seus filhos, graças ao qual pude residir entre os moradores, e lá voltar em 1954.

Esta série de fatores — crises, quebras, abandono — ligados ao movimento geral da involução agrícola no município,

Dois núcleos formavam o lugar estudado: o Morro, com dezessete casas dispostas irregularmente; e a Baixada, planície dois quilômetros abaixo, cortada pelo rio Roseira.

A ventania do fim da semana derrubou a terça parte das 5 quartas de milho de Nhô Roque. Ambos (êle e Nhá Maria) observaram que não se tem o direito de queixar, porque é vontade de Deus, e seria blasfêmia. Mas que dá tristeza dá, observa Nhá Maria.

determinou a situação peculiar, que estimulou a elaboração deste estudo. Com efeito, houve na fazenda, num período de meio século, transformações econômicas, técnicas e culturais, que a tornaram campo excepcional para pesquisar as mudanças que vem sofrendo a vida tradicional do caipira. Conheceu o trabalho escravo, o colonato de pretos livres e de imigrantes portugueses. Mas a partir de 1918 deixou propriamente de ser fazenda, isto é, propriedade administrada em que o proprietário explora este ou aquele ramo de atividade agrícola ou pecuária, para se tornar um conjunto de glebas dadas em parceria, sob a sua vigilância distante. Pretos e portugueses deixam o cenário, preenchido pelos *aforantes* caipiras. No seu território, e em muitas das mesmas casas outrora habitadas por colonos, eles vão aos poucos constituindo agrupamento de cultivadores autônomos, na presença de um dos seus pares, erigido em fiscal pelo proprietário, e, pela autoridade policial, inspetor de quarteirão. A ele pagam o foro e, convocados por ele, empreendem os trabalhos de interesse coletivo — como o reparo de estradas. Sobre as ruínas do latifúndio produtivo, na ausência de liderança econômica, a cultura tradicional se refez como cicatriz, restabelecendo-se o ritmo interrompido da vida caipira. A fazenda se tornou um quase bairro no sentido social da palavra.

Assim a encontramos em fevereiro de 1948, nos seus dois núcleos: o do Morro, com dezessete casas dispostas em linha quebrada numa extensão de mais ou menos quinhentos metros, em cuja extremidade estava a velha sede semiarruinada; o da Baixada, na planície cortada pelo rio Roseira cerca de dois quilômetros abaixo, com onze casas irregularmente esparsas.[25] Este núcleo, situado a uns dez quilômetros

25 As designações de Morro e Baixada são minhas, exprimindo a realidade topográfica.

da cidade, podia ser alcançado por carroças e até caminhão; o do Morro era servido por um outro caminho, íngreme, de nove quilômetros, acessível unicamente a pé e a cavalo. Também unicamente a pé e a cavalo era possível transitar entre um núcleo e outro. O do Morro, onde residi, foi o principal objeto de investigação.

Na segunda estadia, em 1954, a situação tinha mudado. A presença de um filho do proprietário, chamando a si a direção, empreendendo reformas, trouxera novo elemento de mudança, agora no sentido de restituir aos poucos ao latifúndio a produção em larga escala. Mas o processo se achava ainda em início, predominando o regime da parceria, ao lado agora da empreitada e do salariado.

Em 1948, no núcleo do Morro, cinquenta pessoas se distribuíam por treze das dezessete casas existentes, sendo sete de pau a pique barreado (inclusive a velha sede, meio arruinada, onde morava o parceiro que exercia as funções de fiscal), sete de tábuas e três de pedra, noutros tempos residências de administrador e empregados. Dispunham-se irregularmente à chegada do caminho da vila, em curvas e grotas, por um terreno acidentado que impede a visão de conjunto; o caminhante as vai descobrindo uma a uma, e cada morador nunca avista mais que dois vizinhos da porta de sua casa. Obedeciam todas (ressalvando-se sempre a sede) à planta comum da habitação caipira, dividida em quatro peças de parede a meia altura, sem forro.

A casa caipira não se limita contudo a este centro. Parte apreciável das atividades domésticas e do próprio conforto pessoal se processa no seu exterior, de modo que cada casa é, na verdade, núcleo de um pequeno sistema de moradia. As excreções e a higiene corporal se fazem fora, requerendo a bica d'água, provida das tábuas que permitem lavar a roupa. O milho é armazenado em paiol externo, e só o arroz e o feijão guardados na residência. A este mínimo se anexa quase sempre o forno de barro com a sua coberta de sapé; e ao conjunto é que se pode realmente chamar de habitação rústica.

Os seus apêndices são os chiqueiros — de cria e engorda —, a chocadeira, a moenda manual, o pilão de pé, a horta, as árvores frutíferas; mas um tal conjunto revela certa estabilidade e bem-estar, nem sempre encontrados no parceiro rural, sendo mais frequentes no sitiante. No Morro, algumas residências não iam além da casa, próxima à bica de uso comum, revelando a penúria do morador e a sua dependência em relação a vizinhos.

Os moradores, em número de cinquenta, dos quais trinta adultos de ambos os sexos, eram brancos e caboclos, com a exceção de três pretos, casal e filha.

Eram todos parceiros rurais, conforme o primeiro tipo exposto ao se tratar do assunto, ou seja, o dos 20%.

A sua vida se pautava, e ainda se pauta, pelo ritmo da agricultura de semissubsistência. As plantações incluem feijão, arroz e milho como produtos principais; secundariamente, mandioca e, muito raro, batata-inglesa. De vez em quando, amendoim e algodão, dependendo do preço no mercado. (Por ocasião das minhas estadias, o algodão estava ausente da lavoura do bairro.) Junte-se um ou outro legume de horta, notadamente couve, e alguma cana, para obtenção de garapa e açúcar.

A extensão da área cultivada por cada parceiro, bem como o êxito do trabalho dependem do número de braços com que pode contar cada um. Daí a importância econômica da família numerosa, que compensa o ônus representado pela infância e compensado a partir da puberdade.

Supondo um indivíduo a trabalhar sozinho, as informações e a observação mostram que, normalmente, pode *tocar* a seguinte área:

1 alq. de milho;
¼ de alq. de feijão;

¼ de alq. de arroz.

Se supusermos que o trabalhador planta apenas um dos produtos abaixo, teremos que sua capacidade média é a seguinte:

Milho: 3 alq.

Feijão: 2 alq.

Arroz: ½ alq.

Batatinha: 1 alq.

Algodão: ½ alq.[26]

Alguns acham possível tocar até 5 alqueires de *roça*, isto é, de milho, mas a ocorrência parece rara, mesmo no caso mais frequente, de haver pelo menos duas enxadas por casa. No ano agrícola de 1953-1954, um morador da Baixada, trabalhando com a mulher — ambos excelentes braços —, plantou o seguinte:

Milho: 3 alq.

Feijão: ½ alq., sendo metade do das águas e metade do da seca.

Arroz: ⅓ de alq.

No ano agrícola de 1952-1953 (a nova orientação do proprietário havia modificado o panorama, reencetando o cultivo do café), um morador do Morro, além do contrato de parceria, empreitou a formação de cafeeiros, tocando a seguinte lavoura, com auxílio de três filhas e um filho de treze anos:

Café: 2 ½ alq. = 5 mil pés.

Milho: 3 ½ alq., sendo 2 ½ intercalados no cafezal.

Feijão: ¼ de alq. e pouco mais.

Arroz: ¼ de alq.

Além disso, empreitou a roçada de um pasto e trabalhou vários dias para a fazenda como salariado.

---

26 Compare-se, apenas para um produto, com a capacidade do lavrador provido de recursos mais modernos de trabalho: "Um bom operário agrícola, manejando um arado, cultivador e semeadeira, seria capaz de cultivar dois alqueires de terra com arroz etc.". Carlos Teixeira Mendes, "Calendário agrícola", *Notas Agrícolas*, 1949, p. 14.

É preciso, todavia, levar em conta os fatores pessoais, como assiduidade, disposição, capricho. No ano agrícola de 1947-1948, um quase nonagenário do Morro tocava apenas 1 celamim de feijão (¹⁄₁₆ alqueire), mas conseguia dele rendimento excepcional, pela competência e cuidado com que preparava a terra, plantava, limpava e colhia. No ano agrícola de 1953-1954, um dos melhores lavradores do bairro, apesar de sexagenário, tocava:

Milho: 1⅓ alq.

Arroz: ¼ alq.

Feijão: ¼ alq.

O trabalho da terra começa com o seu preparo para receber semente, variando conforme o relevo e a vegetação. Na zona em apreço, não há mais o problema de queimar mato virgem; planta-se em terra de capoeira ou capinzeiro duro. No primeiro caso, deve-se distinguir o capoeirão e a capoeirinha fina, o primeiro, requerendo machado e deixando tocos que impedem a aração, devendo a terra ser revolvida a enxada. A segunda, mais frequente na zona, requer foice, como as terras de capinzeiro. Nestes casos, 1 alqueire requer o seguinte preparo:

1. 6 dias de roçada;

2. Cerca de trinta minutos de queimada, 2 dias depois de terminada aquela;

3. 5 ou 6 dias de aração, feita com tração de cavalos, de menor rendimento que o burro ou o boi — não utilizados; em terreno já arado antes várias vezes, podem bastar 4 dias.

Depois disto, a semeadura é feita em períodos variáveis, conforme o número de pessoas e a semente em questão:

Milho — 1 pessoa trabalhando 1 alqueire:

1. No *risco*:

$$\left.\begin{array}{l}\text{2 dias para riscar}\\\text{4 dias para plantar}\end{array}\right\} = 6\ dias$$

2. No *compasso*:
   4 dias para plantar.

Feijão — 1 pessoa trabalhando 1 alqueire:
1. No *risco*:
   4 dias para riscar;
   16 dias para plantar.
2. Na *cavadeira*:
   16 dias para plantar.

Arroz — 1 pessoa trabalhando ¼ alqueire:
1. No *risco*:
   1 dia para riscar;
   16 dias para plantar.
2. Na *cavadeira*:
   16 dias para plantar.[27]

Vêm a seguir as *limpas*, pela maneira abaixo discriminada:
   Milho: 1 limpa, 20 ou 22 dias depois de plantado.
   Feijão: idem.
   Arroz: 3 ou 4 limpas, uma a cada 20 ou 30 dias.
   Batata: 1 limpa, 20 ou 22 dias depois de plantada.
   Em todo este ciclo, usam-se sucessivamente machado e/ou foice, arado, cavadeira, enxada.
   As sementes plantadas pertencem a determinadas variedades, que se discriminam a seguir. Os parceiros conhecem os seguintes tipos de arroz, indicados conforme a designação local: amarelão, ou agulha; amarelinho; jaguaribe;

---

[27] Esta tabela foi obtida mediante a comparação de várias informações prestadas no bairro, havendo algumas bastante discrepantes. Note-se que raramente um homem trabalha só nestes casos, mas requer o auxílio de vizinhos, como adiante se verá.

cristal; catetinho ou cateto; catetinho de cana roxa; catetinho de cana preta. Mas plantam atualmente apenas cateto, amarelão e cristal.

O primeiro, de que há duas variedades, amarelo e branco, é o mais apreciado, pelos motivos seguintes: produz bem, dando carga razoável mesmo em terra fraca; é reputado de sabor mais agradável. É um arroz de grão pequeno, não se devendo confundir com o cateto do Rio Grande do Sul, de grãos médios.

Apesar da preferência dos caipiras, ele não é de bom teor comercial. Vai-se incrementando, por isso, a plantação do amarelão e do cristal, introduzidos na fazenda por volta de 1940; rendem menos em área equivalente, mas são de venda mais fácil e alcançam melhor preço.

Os tipos de feijão plantados são o bico-de-ouro, o bico-de-ouro-cotó e o mulatinho, preferidos também para consumo em toda a zona. Tentou-se o cultivo do roxinho, de melhor preço que os outros; foi todavia abandonado por exigir terra de muito boa qualidade e ser menos certo no rendimento ("enjoado para dar" — dizem os caipiras). Como acontece em toda a área Paulistânica, não há o feijão-preto — objeto de verdadeira repulsa da parte destes parceiros.

Os tipos tradicionais de milho são o amarelão-vermelho e o amarelão-branco (conhecidos noutras zonas por amarelão e cristal); recentemente vai ganhando incremento o amarelinho-vermelho.

O amarelão-vermelho é mais fácil de debulhar e de digerir pelas galinhas, porcos, cavalos e burros, sendo mais resistente ao caruncho que os outros. O amarelão-branco é muito apreciado para fubá branco, mas a sua produção, na zona, vai-se tornando insignificante, à beira do desaparecimento, pela pouca resistência ao caruncho. O amarelinho-vermelho é o tipo de exportação por excelência, impondo-se pelo valor comercial. No entanto, como a produção da zona visa mais ao consumo interno, é ainda maior a produção do amarelão-vermelho.

Estes gêneros básicos são semeados em quantia variável, conforme a época ou a técnica. O arroz, plantado cedo, isto é, fim de setembro e outubro, *perfilha* (multiplica os brotos), podendo por isto usar-se um número menor de litros no plantio; em média, 200 litros de semente por alqueire de chão. Plantado em novembro ou dezembro, todavia, é necessário aumentar a quantidade, visto como a planta não *perfilha*; em média, 240 litros de semente para 1 alqueire de chão.

O feijão das águas deve semear-se em covas mais espaçadas para viçar melhor; bastam, pois, 80 litros de semente por alqueire: o da seca requer 100 litros para a mesma superfície.

A semeadura do milho depende de uma ou outra das duas técnicas usadas: o *compasso* e o *risco*. A primeira é própria das terras novas, em que houve derrubada e há tocos, não permitindo, nem requerendo aração. Dispõem-se as covas em linha quebrada, distando um metro uma da outra; o conjunto resulta num sistema de ruas cujo eixo é oblíquo em relação à base do terreno. O semeador vai deitando os grãos à direita e à esquerda, alternadamente, de 6 a 8 em cada cova, no que se chama de *eito passeado*.

No *risco*, ou *rua*, abrem-se covas paralelas na terra previamente arada, resultando um sistema de ruas perpendiculares em relação à base do terreno. Cada cova recebe de 3 a 4 grãos.

Tratando-se de área semeada pela primeira técnica, cada alqueire recebe de 20 a 25 litros; pela segunda, de 25 a 30 litros, dependendo da qualidade da terra.

O rendimento obtido varia, naturalmente, conforme esta, e mais as condições climáticas, o tipo de semente e o trato dispensado à planta. No Morro, há uma mancha de terra preta onde cada alqueire de chão produz 200 alqueires de arroz bruto. Na Baixada, onde as terras estão mais cansadas e são de qualidade menos boa (arenosas), a área equivalente produz 170 alqueires.

Quanto ao feijão, dadas como favoráveis todas as condições, 1 alqueire de chão produz 60 alqueires de medida.

Quanto ao milho, é preciso distinguir o amarelão — de que resultam 3 a 4 carros por alqueire plantado — do amarelinho, mais produtivo, para o qual a mesma área rende 6 a 7 carros.[28]

É preciso ainda considerar que, logo após a colheita, os produtos pesam mais, devido à saturação de água, não se falando do beneficiamento, que reduz de maneira considerável o arroz. Assim é que 74 a 75 litros de feijão pesam mais ou menos 80 kg na colheita e 60 um mês após. Cem litros de arroz pesam inicialmente 60 kg — peso que equivale dois meses depois a 105 litros. Na colheita do milho, 60 kg igualam 75 litros; dois meses após, 60 kg igualam 80 litros.[29]

A fim de obter os resultados expostos, o parceiro deve obedecer a um certo ritmo de trabalho, inscrito nas diferentes unidades de tempo — que são para ele o dia, a semana e o ano agrícola. Para o operário urbano, com a jornada fixa, a hora e frequentemente o minuto assumem relevo marcado, indicando o rendimento imediato do esforço e os elementos temporais em que se decompõe uma operação. Não é assim para o trabalhador rural, que *lavora* de sol a sol, e cujas tarefas se completam em períodos mais longos, só se perfazendo, na verdade, segundo o ciclo germinativo.

---

28 Atualmente, 1 carro varia de 950 a mil litros. Na prática, a subdivisão é a seguinte: 1 carro = 12 cargueiros; 1 cargueiro = 8 mãos (ou 2 cestos); 1 mão = número variável de espigas, conforme o seu tamanho. **29** A diferença é aproximativa, sendo apreciável a variação devida às condições higrométricas do lugar considerado.

Para o colono ou o assalariado, o mês é unidade fundamental, que regula o recebimento do dinheiro; mas não para
o *aforante*, cujas contas se fecham ao cabo do ano agrícola, e
para quem os trinta dias nada significam. O ritmo da sua vida
é determinado pelo dia, que delimita a alternativa de esforço
e repouso; pela semana, medida pela "revolução da lua", que
suspende a faina por 24 horas, regula a ocorrência das festas e
o contato com as povoações; pelo ano, que contém a evolução
das sementes e das plantas. A vida do caipira é fechada sobre
si mesma, como a vida destas. A sua atividade favorece a simbiose estreita com a natureza, funde-o no ciclo agrícola, sub-
metendo-o à resposta que a terra dará ao seu trabalho, que é o
pensamento de todas as horas. Daí a

> história quase imóvel do homem nas suas relações com o meio
> circundante; história que custa a fluir e transformar-se, feita mui-
> tas vezes de retornos insistentes, de ciclos ininterruptamente re-
> começados. [...] história [...] quase fora do tempo, em contato
> com as coisas inanimadas.[30]

O despertar é geralmente às 5 horas, seguido de pequena
ablução, consistindo num pouco de água pelos olhos. Segue a
primeira refeição e a ração de milho às criações. Parte-se então para o local de trabalho, raramente encostado à casa, quase
sempre distante duzentos a mil metros (e mais). A faina ence-
tada vai até o pôr do sol, resultando uma jornada de doze horas no verão, de dez horas no inverno, interrompida pela altura das 8h30 por meia hora, para almoço, e cerca de uma hora
pelo meio-dia, para merenda e repouso. Chegado em casa, o
trabalhador dá milho às criações, lava as mãos, o rosto, os pés

---

30 F. Braudel, *La Méditerranée et le monde méditerranéen à l'époque de Philippe II*.
Paris: Armand Colin, 1949, p. XIII.

e janta, das 19 horas em diante. Às 22 horas ninguém mais está desperto, e a maioria já se deitou pouco depois das 20 horas.

A semana tem papel marcante no lazer, na recreação, nos contatos sociais, nas relações comerciais. O parceiro e o sitiante, nos períodos de menos trabalho, costumam dispor não apenas do domingo, mas do sábado, no todo ou em parte, para as idas ao povoado — a compras, transações, ou simples passeio. Nestes dias têm lugar as festas, nas capelas ou nas casas; as visitas de bairro a bairro; as recreações locais, como o jogo de malha; a caça e a pesca.

O ano agrícola é a grande e decisiva unidade de tempo, que define a orientação da vida do caipira, ao definir as suas possibilidades e empecilhos econômicos, e ao marcar a direção do ano seguinte. Ao longo dele se ordenam os seus trabalhos, cujas etapas são pautadas pelas operações agrícolas. Estas obedecem ao ciclo vegetativo e ao ajuste da planta às condições meteorológicas. O calendário da zona em apreço não foge ao reinante por toda esta parte do Brasil, e apenas a título de complemento das informações vai aqui traçado o que obtive indagando a respeito aos agricultores do bairro.[31]

Semelhante calendário é construído em vista do ritmo estacionário normal; o excesso de seca ou de chuva retarda ou precipita as atividades. Comparando-o com o de outras zonas do estado, vê-se que há pequena tendência de retardo no início do plantio e da colheita, devida naturalmente às condições climáticas e aos usos locais. Todavia, o ritmo geral é o mesmo, permanecendo outubro e maio os meses por excelência de plantar e colher respectivamente. Para o caipira, o ano começa em agosto, com o início das operações

31. Cf. Teixeira Mendes, "Calendário agrícola", 1949. Veja-se em Daniel Pedro Müller, *Ensaio dum quadro estatístico da província de São Paulo*, 1923, pp. 31-32, a indicação das épocas de plantação e colheita, bem como os métodos, em 1837.

de preparo da terra; e termina em julho, com as últimas operações da colheita. Mormente em lugares como o estudado, onde quase não existem as lavouras deste mês: cana-de-açúcar e café.

Marcando esta divisão especial do ano segundo o ritmo agrário, devemos lembrar a festa de São João, a 24 de junho, que o encerra; e a 16 de agosto a de São Roque, importante em toda essa região do estado, que o inicia, carregada dos votos e esperanças relativas à labuta que se reabre. Ambas, devidas em grande parte ao cumprimento de promessas feitas em prol do bom rendimento da lavoura, mas exprimindo dois momentos diferentes: o da certeza sobre o que foi; o da incerteza sobre o que será.

No trabalho agrícola são usados principalmente a foice e a enxada; em seguida, o enxadão e a cavadeira. O arado, necessário a todos, é contudo mais raro. Em 1947, para 12 casas do Morro (exclui-se o parceiro administrador), havia apenas um. Em 1954, havia o mesmo arado, num total de 6 casas; em compensação, na Baixada havia seis, em 11 casas.

A sua posse costuma denotar melhor situação econômica, pois é preciso considerar que depende de pelo menos um par de cavalos ou burros. Os que não possuem arado são obrigados a pedi-lo emprestado para as suas necessidades, retribuindo cada dia de utilização com três dias de trabalho de foice, enxada, cavadeira ou colheita de milho.

Mulheres e homens participam da faina, havendo porém certa divisão sexual do trabalho. Assim é que elas manejam todos os instrumentos, mas não o arado, privativo dos homens. A limpa do milho é feita por homens e mulheres; a colheita, apenas por eles. No feijão uns e outros plantam, limpam e colhem; mas a malhação é feita por eles. Uns e outros plantam, limpam e cortam o arroz; ainda aqui, porém, a malhação é tarefa masculina. No algodão, no café, na horta, no tratamento da criação, as tarefas são comuns. Nas roçadas, geralmente as mulheres só trabalham nas glebas fáceis.

Nas roças, constroem-se abrigos e malhadores. Os primeiros vão desde duas cobertas de sapé encontrando-se em ângulo agudo, como cartas de baralho, com altura central máxima de um metro ou um metro e meio, até verdadeiros ranchos. Servem para tomar refeições, abrigar da chuva, descansar e guardar instrumentos e colheita. Não raro, as mulheres fazem lá mesmo pamonhas de milho-verde, contidas pelas palhas dobradas e amarradas sem costura. Os malhadores são espécies de jiraus, de cerca de um metro de altura, em que se batem as espigas de arroz a fim de que os grãos se desprendam. O feijão, como se sabe, é malhado no chão do terreiro.

Todavia, quando consideramos o trabalho individual, ou mesmo familiar — como se tem feito no presente capítulo —, estamos apenas encarando um aspecto do problema. Na verdade, o sitiante e o parceiro não podem prescindir da cooperação vicinal, mesmo no caso mais favorável de prole numerosa válida, de idades próximas, vivendo na casa paterna.

Sob este tópico, devemos incluir: a. retribuição em trabalho; b. retribuição em espécie; c. troca de serviço; d. trabalho coletivo; e. mutirão.

Estas distinções não devem ser consideradas como enumeração completa, mas como um esboço de classificação, num setor em que predominam certos equívocos por parte de observadores e estudiosos.

Ao primeiro caso pertence o exemplo já referido de retribuição em serviço do empréstimo de arado e respectivos animais, frequentemente dirigidos pelo dono, que deste modo acrescenta a sua própria atividade à locação da coisa.

No segundo caso temos o uso de máquina alheia para beneficiamento do produto, como se dá na utilização vicinal

I. Plantio

Mês	Planta	Atividades
Fins de setembro a 1º de novembro	Feijão das águas	Preparo, semeadura 1 limpa 22 dias após
1º de outubro a 15 de dezembro	Arroz	Preparo, semeadura 3 a 4 limpas a cada 20 ou 30 dias
1º de outubro a 15 de dezembro	Algodão	Preparo, semeadura 4 limpas
1º de outubro a 31 de dezembro	Milho	Preparo, semeadura 1 limpa
1º de fevereiro a 15 de abril	Feijão da seca	Preparo, semeadura 1 limpa

II. Colheita

Mês	Planta	Atividades
Dezembro a janeiro	Feijão das águas	Arranca-se, amontoa-se, malha-se após 2 dias de sol, colhe-se e deixa-se secar em lugar seco.
Março a maio	Arroz	Corta-se, amontoa-se ao lado do malhador, malha-se e deixa-se secar no terreiro.
Março a maio	Algodão	Colhe-se.
Março a junho*	Milho	Colhe-se e amontoa-se na roça, levando-se em seguida para o paiol.
Março a julho	Feijão da seca	O mesmo que o feijão das águas.

* Colhe-se o milho quando for conveniente porque ele *espera no pé*.

de fornos, pilões, monjolos e prensas. Em 1948, havia no Morro uma moenda de tração animal, a única do grupo, onde se moía cana para fabrico de açúcar do gasto, apurando-se a calda em fôrmas de zinco. Os vizinhos podiam servir-se dela deixando uma porcentagem do produto. Não se trata de prática análoga à dos moinhos de fubá, pois estes visam o lucro devido à diferença entre uma medida de milho em grão, e depois de moído, geralmente colocando-a no comércio; trata-se de retribuir em espécie a cessão da máquina; e o dono desta em geral destina o lucro ao consumo da família.

Nesta mesma categoria poder-se-ia incluir a *pamonhada*, ou reunião de vizinhas, geralmente espontânea, para ajudar uma delas a preparar pamonhas de milho-verde, sendo retribuídas por uma distribuição destas.

A troca de trabalho se dá quando um vizinho é requisitado para auxiliar outro, e fica seu devedor de uma parcela de tempo igual à que recebeu, podendo-a requerer quando julgar conveniente, pois o cômputo de semelhante serviço se faz rigorosamente, como se fosse dívida monetária. (Ouvi certo parceiro queixar-se de outro, que fugira do bairro devendo-lhe dinheiro e *um dia de serviço*, além de carregar-lhe uma espingarda emprestada.) Durante todo o ano agrícola há relações desta natureza ligando as várias casas e indivíduos num amplo sistema de solidariedade.

Um parceiro que trabalhava quase só, pois a mulher pouco o ajudava, por ser doente, necessitou, no ano agrícola de 1953, de 22,5 dias de trabalho alheio, assim distribuído:

Roçada, 9 dias;

Plantio, ½ dia;

Aração, 1 dia;

Limpa do arroz, 1 dia;

Colheita do arroz, 8 dias;

Transporte do milho, 3 dias.

A retribuição é feita em outros tantos, salvo no caso da aração, em que se paga com o dobro, ou o triplo.

A solidariedade vicinal aparece, todavia, mais nítida no trabalho coletivo — em que se convocam não uma, mas várias pessoas, para tarefas impossíveis de bem realizar doutro modo. Distingue-se do mutirão (além de não ser sucedido de festa) por implicar retribuição equivalente do beneficiário, que neste caso não é considerado devedor, embora se reconheça moralmente empenhado. Um e outro ocorrem em casos como malhação de arroz e feijão, roçada, construção de casas, limpa e colheita de algodão.

A malhação, sobretudo do arroz, requer auxílio dos vizinhos porque quanto mais depressa for feita, mais livre estará o produto da chuva ou de qualquer outro contratempo. Ela se faz no próprio chão de plantio, no jirau já referido, fincado em terreno bem raspado, com um para-vento de pano ao lado (*tolda*) para conter os grãos que voam; a maior parte do outro vai caindo embaixo do jirau. As varas de malhar, usadas também para o feijão, são cortadas entre os seguintes arbustos: carrapateiro (*Ricinus communis* L.), laranjinha (*Acanthocladus brasiliensis* Mart.) e canela-de-cutia (*Esenbeckia grandiflora* Mart.).

O mutirão pode ter como objeto qualquer das atividades descritas, caracterizando-se, todavia, por não possuir o aspecto virtualmente contratual do trabalho coletivo ou da troca individual de serviço. Além disso, liga-se frequentemente a atividades festivas promovidas pelo beneficiado ou, pelo menos, a distribuição de alimento — embora decaia dia a dia a ocorrência daquelas, e mesmo desta, sendo comum o "mutirão seco", em que cada um leva a sua comida.

Presenciei, na Baixada, ao que se promoveu para construir o ranchinho duma velha [ver fotos p. 90]. Durante quatro dias revezaram-se dez moradores de lá e três do Morro, havendo cada dia uns quatro ou cinco trabalhando, pois uns davam um, outros dois dias de serviço. Dos dez primeiros referidos, três eram vizinhos mais distantes, de fora das terras da fazenda, sendo um deles filho da beneficiária; dos sete restantes, um era genro, e dois, vizinhos à vista. Os outros, salvo um, foram mandados pelo fazendeiro, que lhes facultou optar entre a prestação gratuita e a remuneração pela fazenda.

Foi possível, neste caso, observar alguns traços que esclarecem a posição atual do mutirão na cultura caipira.

Em primeiro lugar, a atitude positiva dos mais velhos, contrastando com a negativa, ou reticente, dos moços; em segundo, a atitude positiva dos vizinhos imediatos e parentes; em terceiro, a atitude positiva de sitiantes e parceiros autônomos, contrastando com a atitude negativa de parceiros-empreiteiros e empreiteiros. Note-se, finalmente, que não houve sombra de festejo, mas o genro da beneficiária forneceu comida; entretanto, muitos levaram-na por conta própria, revelando assim uma incerteza que denota crise dos padrões, devida ao enfraquecimento do tipo de solidariedade própria ao mutirão.

Neste caso, avulta necessariamente a solidariedade de parentesco como fonte de cooperação. Os parentes próximos (filhos, irmãos, genros) obedecem, via de regra, ao sistema usual de compensações por trabalho prestado; mas representam auxílio certo não apenas nestas situações, como naquelas em que a boa vontade e o desinteresse (imediato) desempenham papel mais acentuado, como é o caso do mutirão.

Devemos salientar que o compadrio funciona no mesmo sentido, assimilando-se à consanguinidade e à afinidade. Tendo morrido (assassinado pelo sobrinho) um antigo morador do Morro, voltaram para este a mãe, a viúva e os filhos menores, buscando amparo no fazendeiro e num irmão do morto. Como a viúva se queixasse de nada ter para o gasto, um dos

Dois exemplos de construções rústicas: uma casa
de pedra e um paiol de pau a pique.

O fogão da casa de Nhô Roque é feito de barro e
tijolo sôbre um girau:

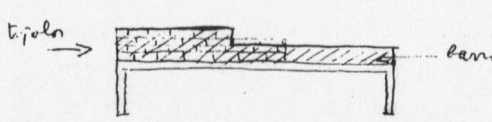

tijolo → .... barro

visto de
cima

moradores, seu compadre, e em atenção aos deveres inerentes, deu-lhe um pedaço do chão, que tinha *aforado*, já pronto para receber a semente.

9. A dieta

Dessa faina, o que resulta para o caipira? Coloquemos a questão no plano da subsistência (pois é nele que se inscrevem quase todos os atos e pensamentos de sua vida, sem margem para outras aplicações) e vejamos, sobretudo, como se alimenta.

Pela manhã toma café simples. A expressão é não raro eufêmica, pois grande número de parceiros bebe, sob esta designação, um pouco de pó fervido na garapa, que faz assim as vezes de água e açúcar. A quantidade de pó varia, conforme as posses de cada um, costumando-se, mesmo, beber garapa fervida sem ele. O café propriamente dito é, em muitas casas, reservado para visitas e ocasiões especiais. Nas festas é de rigor, e o homem da cidade nem sempre compreende como a sua ocorrência nelas pode, por si só, constituir atrativo.

Partindo para a roça, o trabalhador leva, numa panelinha de mais ou menos um litro de capacidade, com a colher amarrada sobre a tampa e envolta num embornal de algodão, a comida para almoço e merenda. Junto, uma garrafa de café, ou da referida infusão, que vai sendo bebida fria pelo dia fora.

Entre 8h30 e 9 horas tem lugar o almoço; às 12 horas, a merenda. Esta é quase sempre uma refeição feita com a sobra daquela, a que se junta às vezes um elemento novo. O jantar, realizado já em casa, compõe-se de comida quente que não viajou, e a sua composição não difere da do almoço. À noite, garapa fervida ou café; a maior parte das vezes, porém, nada. Em suma, três refeições de sal, as duas primeiras separadas por três e meia ou quatro horas; a última, tomada após cinco, seis ou mais horas.

14. I. 54

Nhô Quim:

P: Chove mai hoje?

R: É capai de dá uma garoinha ; mas si vié
uma trovoada ...

Parceiros preparando a terra para o plantio.

Vejamos o cardápio de uma família do Morro durante a primeira semana de fevereiro de 1954:

Segunda-feira	Manhã	Café
	Almoço	Arroz, feijão, farinha
	Merenda	Arroz, feijão, farinha
	Jantar	Arroz, feijão, farinha, frango
Terça-feira	Manhã	Café
	Almoço	Arroz, feijão, farinha
	Merenda	Arroz, feijão, farinha
	Jantar	Arroz, feijão, farinha, carne de porco
Quarta-feira	Manhã	Café
	Almoço	Arroz, feijão, farinha
	Merenda	Arroz, feijão, farinha
	Jantar	Arroz, feijão, farinha, frango
Quinta-feira	Manhã	Café
	Almoço	Arroz, feijão, farinha, carne-seca
	Merenda	Arroz, feijão, farinha
	Jantar	Arroz, feijão, farinha
Sexta-feira	Manhã	Café
	Almoço	Arroz, feijão, farinha
	Merenda	Arroz, feijão, farinha
	Jantar	Arroz, feijão, farinha
Sábado	Manhã	Café
	Almoço	Arroz, feijão, farinha, carne de porco
	Merenda	(Não pude colher a informação)
	Jantar	(Não pude colher a informação)
Domingo	Manhã	Café
	Almoço	Arroz, feijão, farinha, carne de quati
	Merenda	Arroz, feijão, farinha
	Jantar	Arroz, feijão, farinha, frango

A carne de frango, que aparece três vezes na semana, se explica por estar a mulher em "dieta de parto"; a carne de porco, que aparece duas vezes, foi oferta do pai, vizinho imediato do morador. Conserva-se em banha, por muitos dias, comendo-se primeiro as partes próximas do osso, mais corruptíveis. Aparece ainda, uma vez, carne de vaca, comprada na vila e secada em casa. A de quati provém de um que fora abatido no dia anterior pelo morador em questão. A farinha, sempre de milho, é obtida do seguinte modo: o agricultor leva o seu milho ao moinho da vila, onde troca um alqueire de grão por outro de farinha, além de pagar 20 a 25 cruzeiros, apesar do farinheiro já lucrar com a diferença devida à moagem, pela qual cada alqueire de grão (50 litros) chega a dar alqueire e meio de farinha (75 litros).

Restam o feijão e o arroz, produzidos pelo referido parceiro, que costuma comprar para o gasto, na vila, os alimentos e acessórios seguintes: macarrão e manjuba[32] poucas vezes; carne de vaca uma vez por mês; banha; café (100 litros por ano); açúcar (3 sacos por ano); sal (1 saco por ano); pinga para uso da casa (1 garrafa de quinze em quinze dias).

Vejamos agora o cardápio de uma família da Baixada, durante a última semana de janeiro de 1954:

Segunda-feira	Manhã	Café
	Almoço	Arroz, feijão, ovo frito
	Merenda	Café, bolinhos de farinha de trigo
	Jantar	Arroz, feijão, salada de couve
Terça-feira	Manhã	Café
	Almoço	Arroz, feijão, farinha
	Merenda	Arroz, feijão, farinha
	Jantar	Arroz, feijão, carne de porco
Quarta-feira	Manhã	Café
	Almoço	Arroz, feijão, farinha
	Merenda	Café, bolo de fubá
	Jantar	Arroz, feijão, batatinha

32 A manjuba, pequeno peixe da mesma família que as sardinhas, vende-se pelo interior, seco, em barris. É a *Anchovia olida*, denominada também vulgarmente *enchova*.

Quinta-feira	Manhã	Café
	Almoço	Arroz, feijão, farinha
	Merenda	Arroz, feijão, farinha
	Jantar	Arroz, feijão
Sexta-feira	Manhã	Café
	Almoço	Arroz, feijão, farinha, carne de porco
	Merenda	Arroz, feijão, farinha, carne de porco
	Jantar	Arroz, feijão
Sábado	Manhã	Café
	Almoço	Arroz, feijão, farinha, batatinha
	Merenda	(Não merendou)
	Jantar	Arroz, feijão, frango
Domingo	Manhã	Café, leite
	Almoço	Arroz, feijão, farinha, tomate
	Merenda	(Não pude colher a informação)
	Jantar	(Não pude colher a informação)

Todos os alimentos são de produção familiar, explicando-se a presença do leite pelo fato de, tendo um filhinho doentio, manter-se uma cabra para seu uso. O tomate aparece esporadicamente, tendo sido colhido na véspera, durante o mutirão de limpa das cercanias de uma casa desabitada, que se preparava para um cururu. Este parceiro costuma matar um porco de quatro em quatro meses. Na vila, compra macarrão, poucas vezes durante o ano; carne de vaca, menos de uma vez por mês; farinha de trigo, um quilo por mês.

A fim de registrar as variações de morador a morador, vejamos agora a composição do almoço de sete parceiros (numerados de I a VII), trabalhando em conjunto num conserto de estrada, descrevendo-se o conteúdo da panela-marmita de cada um:

I. Arroz, feijão, farinha virada com carne de tatuctê.
II. Arroz, feijão, farinha, carne-seca de vaca.

III. Arroz, feijão, farinha, linguiça.

IV. Macarrão, dois ovos fritos.

V. Arroz, feijão, farinha, batatinha.

VI. Arroz, feijão, farinha, ovo frito, fatia de pão frita
na gordura.

VII. Arroz, feijão, farinha, cebola frita.

Isto, pelas 10 horas. Às 13h30, na merenda, retomaram a marmita do almoço, menos IV, que comeu bolo de milho com café. Todos, nas duas refeições, tomaram café de garrafas trazidas de casa.

As panelinhas de litro se apresentam cheias pelos $4/5$. O arroz, predominando em proporção, toma a parte inferior, sobre a qual se espalha farinha; sobre esta o feijão; e sobre ele os outros alimentos.

Arroz e feijão (implicitamente, farinha, que raramente os larga) são, por excelência, a *comida*; o resto, se chama *mistura*, de modo significativo. Aquela permanece; esta falta muitas vezes, ou aparece em quantidade insignificante.

Entre o arroz e o feijão, este é mais reputado. Dizia-me certo parceiro que a falta de um ou outro é ruim; mas, a verificar-se, que falte o primeiro, pois "o feijão é o chefe da mesa". Ao contrário do segundo, "vai bem com todas as misturas" — carne, ovo ou erva.[33]

Chefe da mesa ele é sem dúvida, acolitado pelo arroz e o milho, com que forma o triângulo da alimentação caipira, a partir do século XIX.

Os pobres cardápios apresentados dão testemunho disto, pela constância da base e pela quantidade parcimoniosa das *misturas*, com as quais se ocupa sem cessar o desejo insatisfeito. Elas constituem elemento importante nas representações mentais do caipira, sendo sem dúvida um dos fermentos recalcados de inquietação. Sobretudo se considerarmos que,

33 O paladar do brasileiro das cidades diria antes o contrário.

nas condições atuais, o seu número aumenta teoricamente, diminuindo cada vez mais a possibilidade de adquiri-las.

Para todos, as *misturas* prediletas são o pão de trigo e a carne de vaca, ambos de raro consumo. Concordam que a de porco e a de galinha cansam, além da primeira ser menos saudável. Mas a de *gado* faz bem e, supõem, não enjoa; supõem, porque nunca fizeram na vida a experiência de comê-la seguidamente.

Sob este ponto de vista, é preciso assinalar a diminuição considerável na ração cárnea do caipira, que antes se provia pela caça; hoje, esta entrou em decadência como fonte de recursos alimentares, não sendo substituída pela aquisição proporcional da carne de vaca. Vimos, porém, nos cardápios apresentados, ocorrerem tatu e quati. Eles aparecem, na verdade, com certa frequência, sendo, como são, alvo duma perseguição mais ou menos sistemática, em defesa das roças de milho, nas quais causam prejuízos. Muitas vezes são mortos durante a faina da lavoura; outras, nas rondas dominicais, empreendidas sobretudo quando a sua presença foi anteriormente pressentida.

Mistura corrente são os ovos, devidos às galinhas que quase todos possuem, em quantidade variável. Varia também a estação dos ovos — se se pode dizer assim. Com efeito, as galinhas põem mais de maio a dezembro, culminando em julho e agosto, enquanto a sua produção rareia de dezembro a maio.

As verduras consumidas são quase unicamente couve e alface, sobretudo aquela; mas o seu uso não é geral nem constante. Na Baixada, a maioria das casas possuía a sua horta, ao contrário do Morro, onde havia apenas duas. Come-se ocasionalmente um pouco de repolho e, entre as ervas *nativas*, isto é, que se obtêm principalmente por coleta, alguma serralha e beldroega.[34]

---

34 Salvo o repolho, as demais hortaliças citadas se encontram aclimadas no Brasil desde o século XVI, sendo que as duas últimas se asselvajaram. Ver Hoehne, op. cit., pp. 189 e 192.

A essa altura é necessário indicar a influência dos imigrantes europeus, que não apenas introduziram macarrão e polenta, mas se distinguem por um maior consumo de hortaliças. A melhor horta da Baixada é de um filho de português, que aliás constitui exceção flagrante em todo o bairro, por comer carne de açougue quase todos os sábados; as rodelas de cebola frita mencionadas à página 170 pertenciam à marmita de um neto de italianos.

Come-se também galinha, com parcimônia, salvo as parturientes, como vimos, das quais é alimentação exclusiva. E assim podemos recapitular esta parte da descrição, afirmando que a alimentação do caipira estudado — representativo das demais zonas, com esta ou aquela variante — se compõe essencialmente de arroz, feijão e farinha. As *misturas* principais são: carne de porco, ovo, galinha, alface e couve; secundariamente, batata e carne de caça. Raramente, pão de trigo e carne de vaca, considerados a iguaria suprema.

É preciso todavia acrescentar o consumo amplo e generalizado de aguardente. Não se trata da aguardente destilada em boas condições, nos pequenos alambiques de sítios; mas o produto industrializado, ou semi-industrializado, que hoje se vende ao caipira, impuro e malsão. Toda casa tem a sua garrafa, para pequenos goles dos adultos, para fricções nas crianças, para cordiais de uns e outros, em caso de resfriado, friagem, doença. Além desse consumo doméstico — pelo qual se equipara de certo modo ao café e aos tônicos — há o consumo público nas festas e nas vendas. Todos passam mais ou menos do limite aos sábados, quando vão a elas, ou à vila, fazer compras. Os ébrios contumazes abundam, e as mulheres nem sempre dão exemplo de sobriedade. Há mesmo uma convicção local, manifestada com velado orgulho, de que nesse município se bebe mais do que em outro qualquer da redondeza. O visitante pode notar, aliás, a entrada constante de caminhões cheios de engradados de aguardente, sobretudo de Tietê e Piracicaba. Pelo que apurei — sem grande rigor — cada bar da vila vende uma média de 16 caixas, ou 192 garrafas, por semana. E pode-se verificar, aos sábados e domingos, não apenas que os lavradores voltam pela estrada bastante bebidos, mas que nas ruas da vila a partir das 20 ou 21 horas predominam as pessoas alcoolizadas.

Vejamos agora o caso interessante do leite e seus derivados, de uso muito restrito na massa dos lavradores pobres. Em 1948 não havia animais leiteiros entre os bens dos moradores. Em 1954, entre os da Baixada, apenas um morador possuía uma cabra, de cujo leite fazia uso o filhinho, adoentado, e, eventualmente, ele e a mulher. No Morro, havia outro, bem situado sob este ponto de vista, possuindo sete cabeças de gado, de que podia obter leite para uso próprio e da casa vizinha, de um filho casado. Os demais não o ingeriam por todo o ano, até que o fazendeiro decidiu fornecê-lo gratuitamente às crianças.

De maneira geral, ele não se inclui, pois, na dieta de assalariados, parceiros e pequenos sitiantes, por um poderoso impedimento de ordem econômica. Com efeito, para se ter leite o ano todo é preciso possuir cinco ou seis vacas; o morador há pouco mencionado possuía seis novilhas e vacas, das quais apenas uma parida, isto é, fornecendo leite. Ora, cada vaca requer meio alqueire de pasto, e, como antes do leite o agricultor necessita transporte, têm preferência no uso deste os animais de montaria, em cujo emprego se revezam os membros. Quem não tem cavalos não tem vacas; quem as tem possui também cavalos; e com menos de 10 ou 15 alqueires de terra é difícil ter esta combinação e mais as glebas de plantio. Compreende-se, pois, que parceiros e pequenos sitiantes não usem leite, e muito menos os seus subprodutos, ligados a tantos condicionantes.

Resta mencionar o preparo dos alimentos. O padrão culinário ideal implica abuso da banha de porco: como todavia a comercialização crescente do milho reduz consideravelmente a criação do porco (vendido aquele, fica este sem o mantimento principal, pois quase não se planta mandioca no município), esta vai se tornando pouco acessível, devendo cada vez mais ser comprada na vila. Na cozinha, vai sendo usada com parcimônia; o caldo do feijão é sempre ralo, e não tinge a massa do arroz. O sal é usado com medida, fazendo parecer insossa ao paladar do citadino a culinária do caipira pobre. O caso em que os recursos desta se mostram mais insuficientes é o da preparação da carne de vaca — tão rara e inusitada que as donas de casa estragam sistematicamente a que lhes cai nas mãos, pela imperícia na maneira de cortar e temperar.

A tradição, porém, leva a cometer certos desperdícios, como se pode ver pela maneira de preparar os ovos, que, depois de partidos, são literalmente mergulhados numa espessa camada de gordura quente. Aliás, o caipira gosta muito de frituras em geral, e a elas recorreria sem medida se as condições financeiras permitissem.

Apesar da forte condensação italiana da área, pouco se introduziu o uso e mormente o gosto do azeite, sendo de notar que o caipira em geral não gosta de comida preparada neste. Vemos pois que é necessário completar o clássico triângulo da sua dieta pelos condimentos — sal e banha de porco — não esquecendo a aguardente e o café coado na garapa.

Entrevista n° 14.
27.I.54. Das 16 às 16.30 "/m
Francisco Cordeiro de Campos
Bregantista
Idade presumível: 60 anos, ou menos
Em sua casa, vila de Bofete.

Na vila de Bofete, o historiador Edgard Carone,
que administrava a fazenda Bela Aliança, propriedade de sua família,
com o morador Francisco Cordeiro de Campos.

Nhô Roque mandou hoje um quarti haseiro de tatu
de presente. É uma carne raramente deliciosa, como
um frango mais tenro e mais saboroso; há uma parte
de carne escura, ~~como~~ ᵐᵃˢ a maioria de carne branca, mais
que a de frango.

Disse que é carne de tatu-êtê.

Perguntando se tatu-êtê é o mesmo que tatu galinha,
disse Cristino Bueno que êste é outro, menorzinho.

Um dos filhos de Nhô Quim exibe um quati caçado por ele,
cuja carne tradicionalmente é repartida com os vizinhos.

10. Obtenção dos alimentos

A atual situação alimentar do caipira paulista, apresentada através de uma pequena amostra, e cujo sentido no contexto mais amplo da mudança sociocultural será analisado no próximo capítulo, não deve ser encarada de um ponto de vista estático, nem simplesmente evolutivo. Comparada com a situação descrita na primeira parte deste livro, representa empobrecimento notório — que todavia não se veio processando regularmente. Ao contrário, tudo leva a crer que a dieta caipira haja passado por fases de acréscimo, nas quais se esboçava situação muito mais favorável, do ponto de vista dietético, do que a verificada hoje. Sem querer antecipar a matéria de um capítulo seguinte, digamos apenas que o teor médio das suas condições de vida tende hoje a estabilizar-se em nível equivalente aos padrões mais baixos do passado imediato.

A este propósito, é interessante mencionar (por enquanto apenas mencionar) as sucessivas perdas e aquisições no terreno da alimentação. Por exemplo, a desaparição, em toda a zona, da farinha de mandioca, outrora coexistindo com a de milho, e que hoje não se fabrica nem se consome; ou o quase desaparecimento da caça como meio de obter carne. Neste setor, esboçou-se uma compensação, com a entrada do consumo discreto da carne de vaca, que todavia decaiu depois, tornando-se raridade. Outra aquisição seguida de perda foi a da farinha de trigo, que se difundira no começo do século XX. Os caipiras compravam-na para usos vários, sobretudo para confeccionar, com mistura de fubá, broas que faziam as vezes de pão.

Ia-se definindo deste modo, nas manipulações culinárias, certa coexistência da farinha de milho com a de trigo; mas as novas condições de vida suprimiram esta última da dieta do caipira, que não a pode atualmente consumir sequer sob a forma mais barata do pão de padaria. Há, portanto, perda de hábitos alimentares tradicionais, sem a possibilidade de incorporar de maneira regular os novamente surgidos.

E aqui devemos indagar de que modo pode o caipira obter para consumo o alimento de que necessita, visto como já não vive no sistema de economia fechada, em que o referido consumo era o destino natural do que produzia com o trabalho agrícola.

Naturalmente, a vida do pequeno agricultor depende do equilíbrio que puder manter, de um lado, entre o volume da produção e os gastos em dinheiro; de outro, o consumo familiar e as vendas. Quanto ao parceiro, vimos que parte da colheita se destina a satisfazer os encargos da sociedade formada com o proprietário — 20%, no caso em apreço. Dos 80% restantes, não havendo outras obrigações pendentes, deve separar 50% (equivalentes a 40% do total) para o consumo doméstico e as sementes, podendo vender outro tanto. O produto da venda deverá cobrir a aquisição dos bens de consumo, incluindo artigos alimentares, roupas, utensílios, ferramentas etc. Tudo correndo bem, o parceiro consegue acabar o ano sem desequilíbrio essencial.

Todavia, esta situação média vale como padrão, mas não leva em conta as variáveis de toda sorte que interferem no decorrer do ano. O rendimento médio por alqueire, registrado à página 155, sofre na realidade uma série de restrições, que podem não só limitar como comprometer seriamente a produção. Na realidade, obtém-se o equilíbrio, menos por uma produção homogênea dos diversos gêneros, do que pelas compensações de vária espécie: malogra o arroz, mas prospera o milho, míngua o feijão, mas melhora o seu preço no mercado etc. Pelo que pude observar, é frequente o arroz bastar apenas para o gasto, ficando milho ou feijão para vender. O lavrador sexagenário mencionado à página 151 colheu, daquele plantio, 25 alqueires de arroz; colheria cerca de 45 pelo nosso cálculo médio, mas os fatos climáticos desfavoráveis reduziram o rendimento. Daquela quantidade, 20%, isto é, 5 alqueires, foram pagos de foro; os 20 restantes ficaram quase apenas para sementes e gasto da casa, que é de 8 alqueires anuais, mais ou menos.[35]

Em sua casa o consumo de feijão é menor (a mulher, doente, come quase só arroz), bastando-lhe mais ou menos 2 alqueires por ano; dos 10 ou 12 que colheu, pôde portanto vender a maior parte e compor, com o milho, o pequeno saldo favorável. No corrente ano, durante a minha estadia, uma tempestade com ventania fortíssima derrubou-lhe a terça parte dos 5 quartos de milho que plantara — mais de uma quarta e um celamim. Deste modo o jogo das mais variadas compensações vai permitindo o equilíbrio precário do parceiro — enquanto não o arrasta nalgum desastre maior.

Hoje em dia, porém, o fim do regime de autossuficiência econômica não permite ao pequeno agricultor prover por inteiro às próprias necessidades alimentares. Já vimos, a propósito do cardápio semanal de duas famílias, as que ele provê por meio de compra na vila: banha, aguardente, café, açúcar, sal, carne, trigo, macarrão, peixe seco. É preciso acrescentar que o arroz é também limpo na vila, onde se transforma o milho em farinha ou fubá. Resta pois considerar que, atualmente, apenas

---

35 Ano como o de 1953, em que chove pouco, o arroz é de má qualidade, pois grana mal, tem grande número de falhas, e perde peso. Separado o foro, o restante é levado para casa, secando-se no terreiro. As falhas, a secagem do grão, a retirada de poeira e palha determinam uma quebra de 10% a 15%, fazendo com que, no caso em estudo, vinte sacos fiquem reduzidos a dezoito, e às vezes menos.

Uma vez enceleirado, o arroz é levado por partes à máquina de benefício. Limpo, o grão caruncha depois de dois ou três meses, ao contrário do que se dá nas cidades maiores, onde é submetido a expurgo como parte do processo de sua industrialização. Para o lavrador, a casca serve, pois, de protetor natural, que vai removendo, segundo as necessidades de consumo.

o feijão, dentre os alimentos básicos, não depende de contatos comerciais, isto é, fora do âmbito do grupo.

É uma consideração realmente importante, se nos lembrarmos da vida anterior das populações caipiras, em que os elementos da dieta eram obtidos e manipulados em casa, com a única exceção do sal.

A este propósito, assinalemos a diferença das condições entre a primeira (1948) e segunda estadia (1954). Naquela data, quase cada casa possuía a sua prensa manual, havendo apenas uma de tração animal; havia alguns pilões de pé, pequenos monjolos secos, em que a queda da "mão" é dada por pressão muscular, e que são iguais aos utilizados no Oriente para pilar arroz: em 1954, tinham desaparecido por completo.

Isto significa que não se fabrica mais açúcar, nem se limpa arroz em casa. Como aconteceu com a farinha de milho, predomina o hábito de recorrer aos estabelecimentos de benefício da vila, onde se compram açúcar e banha. Trata-se, pois, de um acentuado incremento de dependência, que destrói a autonomia do grupo de vizinhança, incorporando-o ao sistema comercial das cidades. E, ao mesmo tempo, uma perda ou transferência de elementos culturais, que antes caracterizavam a sociedade caipira na sua adaptação ao meio. Desapareceram, ou estão desaparecendo: tipiti, prensa de mandioca, monjolo, moinho, engenhoca, pilão de pé, prensa manual, assim como as técnicas correspondentes. Não tardará o dia em que desapareçam também os pilões de mão, fornos de barro, peneiras, que ainda representam os restos do equipamento tradicional.

O homem rural depende, portanto, cada vez mais da vila e das cidades, não só para adquirir bens manufaturados, mas para adquirir e manipular os próprios alimentos.

Restam, porém, algumas outras modalidades de obtê-lo, quais sejam a caça, o empréstimo e a troca.

Da coleta, quase nada há a dizer. Além da serralha e da beldroega — já referidas — o atual caipira colhe uma ou outra fruta, cada vez mais escassa. Para uso doméstico, não alimentar, alguma planta medicinal, também destinada, por vezes, ao que resta de indústria caseira — como o pinhão-bravo (*Jatropha curcas* L.), euforbiácea cujas sementes oleosas esmagadas constituem a base do principal tipo de sabão usado.

Quanto à caça, ela se limita quase apenas à mencionada defesa das roças; mais raramente, visa pássaros e certas aves ocorrentes na área, como a saracura e o frango-d'água. Parece, todavia, que em todo o município apenas em certos bairros meridionais e menos povoados, como o da Lagoa, há ainda abundância de veados, codornas, perdizes e capivaras, atraindo anualmente expedições compostas na maior parte por descendentes de italianos.

No entanto, quase toda semana surge um tatu ou um quati na cozinha dos moradores, que os apreciam muito. Talvez apreciem ainda mais as pacas, de ocorrência mais rara e caça menos fácil. Os cachorros-do-mato e as iraras não são comidos, bem como o macaco, cuja carne é considerada saborosa, mas em torno do qual existem certas restrições. "É parecido demais com a gente" — e isto faz com que não apenas haja escrúpulo em comê-lo, mas até em matá-lo, apesar dos estragos causados nos milharais. Para justificar essa atitude, um velho parceiro contou a história da sua criação: provém de uma mulher metamorfoseada por ofensa a Jesus e, no fundo, é gente como nós.[36]

Registrei menções ao empréstimo alimentar, segundo o qual os vizinhos tomam emprestado este ou aquele gênero que lhes falta, repondo-o logo depois que o obtêm; mas não tive oportunidade de observá-lo e, portanto, de avaliar a sua intensidade.

36 Ver apêndice 10.

Mais importante e interessante é a oferta de alimentos entre vizinhos, na realidade um sistema amplo de troca sob a forma de presente, pois o ofertante adquire em relação ao beneficiado uma espécie de direito tácito a prestação equivalente.

Verifica-se sobretudo no tocante à carne de porco e caça de pelo, não compreendendo carne de vaca, galinha e caça de pena. Não apenas no bairro estudado, mas em toda a região e, segundo os velhos, desde sempre, é hábito — quase se diria instituição — a oferta daqueles tipos de carne aos vizinhos imediatos, que moram à vista ou constituem uma unidade vicinal.

Quando se mata um porco, ou uma caça (capivara, veado, paca, cutia, quati, tatu), envia-se um pedaço a cada vizinho. Segundo a boa tradição de cortesia deve-se mandar a todos; na prática, aos escolhidos, por proximidade ou preferência. Às vezes os vizinhos são tantos, ou o animal tão pequeno, que quase nada sobra ao ofertante. Conforme o padrão ideal, porém, ficaria malvisto quem se mostrasse parcimonioso em proveito próprio.

Em 1948 e em 1954, observei os dois casos: o de oferta geral e o de oferta restrita. No primeiro caso, por exemplo, vi um velho parceiro que matara um tatuetê, animal de pequeno porte, cuja carne é apreciadíssima, ficar sem nada em casa, no afã de distribuir um pedacinho a cada morador. No segundo, vi o mais próspero do grupo distribuir bons pedaços dos porcos que matava a determinados moradores, que retribuiriam, no futuro, individualmente.

Naquele caso, temos um sistema total de solidariedade, que se exprime e é reforçado por meio da oferta de carne; neste, a diferenciação de sistemas parciais, delimitando no grupo áreas restritas de sociabilidade. Insistamos, porém, no fato de que o primeiro tipo é considerado de acordo com os preceitos, enquanto o segundo é menos elegante, para a opinião geral.

Do ponto de vista alimentar, que nos interessa agora, notemos que essa prática funciona como uma espécie de regularização do abastecimento cárneo. Como cada um mata porco de tempos em tempos, ou nem sempre abate caça, no intervalo a carne oferecida pelos vizinhos garante uma certa regularidade, ou pelo menos diminuição do período em que deve passar sem ela. Poder-se-ia encontrar uma explicação complementar no fato desta prática evitar a perda de carne por corrupção; a carne oferecida seria como que depositada nos vizinhos, pois se perderia antes de consumida se fosse guardada em casa.

No entanto, a carne de porco frita e conservada em banha pode durar até trinta e mais dias, tempo suficiente para uma família consumir o mais gordo dos capados. De modo que, embora devamos considerar esta hipótese puramente utilitária de preservação pela garantia de retribuição, a primeira (regularidade do abastecimento) parece mais satisfatória. Dum ponto de vista propriamente sociológico, veremos noutro capítulo como se pode interpretá-la.

Em caráter vestigial, pratica-se, no dia de ano-bom, oferta de alimento, retribuída com outro, ou com dinheiro miúdo. No ano de 1954, por exemplo, um velho morador percorreu a vizinhança, oferecendo em cada casa uma cabeça pequena de repolho; quando voltou, cada um foi-lhe dando moedas e pequenos presentes.

Resta, finalmente, considerar a festa como oportunidade de consumo alimentar.

Uma das principais obrigações do festeiro é oferecer alimento; a qualidade e a quantidade deste é um dos critérios para avaliar a sua eficiência e definir o seu prestígio.

É preciso aqui distinguir as festas públicas das particulares. As primeiras têm lugar mensalmente nas capelas de bairro. Descontada a parte religiosa, consistem no leilão em benefício do santo, onde as prendas são, na maioria absoluta, alimentos:

frango assado, pedaços de leitoa, espigas de milho assadas, bolos de fubá, garrafas de aguardente ou cerveja. Arrematados, são consumidos imediatamente, quase sempre com o concurso de amigos, de maneira que mesmo os menos afortunados acabam por participar, generalizando-se o consumo de maneira a dar a esta prática um caráter de verdadeira refeição coletiva. Nela, definem-se, com base no alimento, relações de solidariedade que reforçam os vínculos de vizinhança, fortalecendo não apenas os que prendem moradores do mesmo grupo, mas os de grupo diferente, acorridos à festa. A sua manifestação principal é, como na oferta de carne, o estabelecimento de uma reciprocidade, que obriga moralmente o obsequiado. Do ponto de vista especificamente alimentar, estabelece-se a oportunidade periódica para consumo mais largo de comida, embora nas festas mensais esta se apresente em pequena quantidade e menor variedade.

As festas privadas são promovidas por particulares em suas casas, e a participação depende de convite. Na prática, há boa margem de tolerância, apresentando-se sempre pessoas não diretamente convidadas, mas *trazidas* por um conviva.

Muito frequentes noutros tempos, são hoje bastante limitadas, ocorrendo, todavia, ao menos uma por mês; as mais das vezes, casamento e reza para cumprimento de promessa, seguidos de baile.

Do ponto de vista alimentar, elas importam na distribuição de, no mínimo, café e pão, que são servidos uma ou, mais frequentemente, duas vezes. Quase sempre, serve-se também quentão, reservando-se a aguardente pura aos cantadores e dançadores, quando os há. Os convidados costumam levar consigo uma provisão desta, que deixam nos embornais, perto da casa, saindo periodicamente para se abastecer escondidos, pois os festeiros — ou, como se diz no caso, *donos* da festa — temem as consequências da embriaguez.

Antes da alta do custo de vida, isto é, da Segunda Guerra Mundial, as coisas se passavam de modo diferente; as festas eram mais numerosas e, nelas, mais abundante e variada a distribuição de comida. A última grande festa realizada por parceiro, no agrupamento estudado, e que ficou na memória dos moradores, foi em 1938 ou em 1939, quando um deles, ao casar a filha, comprou meio boi, matou alguns porcos e cabritos, mais de vinte galinhas gordas etc. Isto agora é impossível e quase inacreditável. Além do mais, como dizia certo morador, mesmo que pudesse ninguém mataria hoje um boi, porque a fama se espalhava e a caboclada do município todo viria sem convite, tal é o desejo de comer carne.

Mas apesar da modéstia atual, e talvez por causa dela, se a distribuição de alimento não é o maior atrativo, é pelo menos um incentivo para a participação nas festas. Note-se que elas importam, quanto ao consumo de álcool, uma espécie de suspensão das barreiras, criando um ambiente de tolerância para os excessos, até das pessoas sóbrias.

Isto posto, resta dizer alguma coisa sobre a maneira de comer, as restrições e a etiqueta alimentar.

O caipira come depressa, curvado sobre o prato, engolindo com rapidez depois de mastigação sumária. Diz Samuel Pessoa que o mau estado dos dentes — falhas, cáries, abscessos — leva a esta prática, de todo condenável do ponto de vista dietético.[37] Talvez se pudessem juntar a este ponderável motivo anátomo-patológico dois outros: um social, outro ligado à qualidade dos alimentos. O primeiro se refere ao fato de a maior parte das refeições serem feitas durante o trabalho; quanto mais rápidas forem, menor será o tempo subtraído a este e maior o pequeno repouso que as acompanha. O segundo se refere ao fato de a dieta ser constituída na

37 Samuel Barnsley Pessoa, *Problemas brasileiros de higiene rural*, 1949, p. 110.

maioria absoluta de alimentos vegetais, moles, que convidam à deglutição rápida.

As restrições alimentares incluem práticas como a dieta de parto, já mencionada (segundo a qual a mulher deve passar quarenta dias a caldo de galinha); a abstinência religiosa; os tabus referentes a misturas de alimentos etc.

A abstinência é observada apenas por famílias piedosas, não acarretando, na prática, modificação numa dieta já de si paupérrima em carne. Na infância dos quinquagenários de agora, a observância era ainda bastante severa. Durante toda a Quaresma, não apenas a carne de porco era proibida, como não se cozinhava com a sua gordura, usando-se apenas óleo de amendoim. Atualmente, os mais rigoristas afirmam ainda a necessidade de jejum, mas não o observam quando podem ter carne ao alcance. Em 1948, numa festa custeada pelo fazendeiro, recém-instalado, houve limitada distribuição de carne de vaca a certo número de convivas, nenhum dos quais hesitou em prová-la, apesar de ser sábado da Quaresma.[38]

Aliás, a rigorosa abstinência supracitada (que talvez exprima um padrão ideal, não a prática generalizada) constitui nítido arcaísmo, superado pelo moderno Direito Canônico.[39] Este conflito entre padrões enraizados numa cultura de corte tradicional, como a caipira, e a tendência mais liberal da Igreja pode motivar desconfiança em relação a esta, que vem a ser considerada menos pura nos princípios, podendo levar a verdadeiro conflito, como aconteceu entre a Missão capuchinha, e os sertanejos de Canudos:

---

38 Cân. 1252, § 2º — Deve-se observar a lei da abstinência bem como a do jejum na Quarta-Feira de Cinzas e nas sextas-feiras e nos sábados da Quaresma. *Codex Iuris Canonicis*, 1939.   **39** Cân. 1250 — A lei da abstinência proíbe alimentar-se de carne e de caldo de carne, não porém de ovos e de laticínios, e de quaisquer condimentos, mesmo de gordura animal. Ibid.

[...] praticando o pregador sobre o jejum, como meio de mortificar a matéria e refrear as paixões, pela sobriedade, sem entretanto exigir demoradas angústias, porque "podia-se jejuar muitas vezes comendo carne ao jantar e tomando, pela manhã, uma chávena de café", tolheu-lhe o sermão, irreverente e irônica contradita: — Ora! isto não é jejum, é comer a fartar![40]

As misturas de alimentos que despertam repulsa são mais ou menos as mesmas ocorrentes em toda a área caipira, e que ainda faz pouco permaneciam na própria mentalidade urbana, antes da moda dos *cocktails* de frutas.[41] Segundo Samuel Pessoa, constituem sério obstáculo à racionalização alimentar do homem rural:

A ignorância aliada às superstições populares concorre em grande parte para a subnutrição qualitativa, não só desviando dinheiro na aquisição de alimentos de fraco e deficiente poder nutritivo, como criando verdadeiros tabus alimentares. Assim verificamos em certas regiões do interior de São Paulo ser vedado aos doentes com úlceras leishmanióticas chuparem laranjas, na crendice de que estas frutas tão ricas em ácido ascórbico façam mal às feridas.[42]

Pude presenciar no Morro, em 1954, verdadeiro pânico de certa mulher, vendo que uma menina ia comer manga, pouco depois de ter comido pepino. A aguardente não deve ser misturada com doce, fruta ou qualquer outra bebida; e em geral as frutas se excluem mutuamente.

---

40 Euclides da Cunha, *Os sertões*, 1929, pp. 212-213.   **41** Cf. Josué de Castro, *Fisiologia dos tabus*, 1941, apêndice. Ver a pesquisa efetuada sob a orientação da Sociedade de Etnografia e Folclore de São Paulo, cujos resultados aparecem nos *Anais do Primeiro Congresso de Língua Nacional Cantada* sob forma cartográfica.   **42** Samuel Barnsley Pessoa, op. cit., p. 110.

Chegamos por fim à etiqueta. Não se pense que esse comedor apressado seja livre de formalismos; pelo contrário. A alimentação é não apenas elemento ponderável das relações, como dá lugar a uma série de comportamentos específicos, dos quais devem destacar-se o cerimonial do convite e da recusa.

Via de regra, a não ser o café ou garapa oferecidos aos visitantes e aceitos sem formalidade, não se oferecem alimentos, salvo em circunstâncias excepcionais (festa, hospedagem). No entanto, pode acontecer que em determinada casa chegue uma visita, ou esteja por perto alguma pessoa, em hora de refeição. Nestes casos, é de bom-tom oferecer a hospitalidade alimentar, que é categoricamente recusada; o ofertante insiste, e encontra nova recusa; a insistência vem então mais imperiosa, encontrando resistência equivalente. Se a ocasião não é de aceitar — como no caso do encontro casual —, as coisas param aí. Mas se é de aceitar — como no caso de visita coincidindo com a refeição, e já premeditando valer-se dela —, isto é apenas o preâmbulo de novos vaivéns, que terminam pelo assentimento do convidado. Mas as coisas não ficam nisso, pois, durante a refeição, cada porção de alimento oferecida dá lugar a novas disputas, nas quais o bom-tom exige ofertas multiplicadas de um lado e recusas correspondentes de outro.

De modo geral, pode-se dizer que, para o caipira, todo alimento deve ser oferecido, e nenhum aceito sem negativa prévia. Nada é mais impolido do que demonstrar cobiça por alimento alheio, ou não oferecer alimento a pessoa que de qualquer modo esteja informada, ou possa vir a saber que se vai consumir.

Parece que os homens obedecem mais fielmente a esses preceitos, pois não é raro as mulheres, fazendo-se de desentendidas, colocarem-se em situação de provocar oferta de comida — embora façam preceder a aceitação pelo mesmo dueto que o bom-tom exige.

Note-se que os escrúpulos são ainda mais acentuados no que toca às *misturas*. Numa refeição, o conviva tomará a liberdade de aceitar o oferecimento de uma nova dose de feijão ou arroz, mas oporá resistência maior à carne, ou o que mais houver. A raridade e valor da *mistura* incentivam as reticências, justamente porque o desejo de consumi-la é maior. Convidado a partilhar conosco, na barraca da festa, um frango arrematado, um caipira quase nos convenceu da sua disposição de realmente não aceitar, tal a firmeza polida com que recusava, e o ar de absoluta inapetência, até que, satisfeitos os seus escrúpulos e as boas maneiras, assim como provada a sinceridade da oferta, abancou-se e devorou a parte oferecida. Daí por diante, estacou e recomeçou por três vezes, com a alegação ritual usada em tais casos: "Pra mim chega" — até que consumiu uma boa metade da ave.

Compreende-se, pois, que o alimento seja motivo de grande suscetibilidade. A comida é sempre considerada indigna por quem oferece e de raro paladar por quem aceita; pouca, segundo o primeiro, abundantíssima, para o segundo. O hospedeiro lamenta sempre a parcimônia do conviva, que

No estudo prévio (prévio mesmo à C. Caipira), assinalar o problema do caipira como representação : o caipira visto pelo homem da cidade. Significado da roça, da esperteza ; ambivalência ; sent. de culpa ; sent. de superação - por-vonhasta. A velha dualidade do rústico e do citadino. E a sentimentalização. O Rádio

A impressão que dá o caipira, visto do ângulo da mudança social, não é a de se haver incorporado a uma outra cultura; mas de haver incorporado traços dela ao fundo permanente de sua, redefinindo-os para se ajustarem à sua constelação própria.

O caipira é um sedentário imperfeito. A sua cultura é uma sedentarização imperfeita do nomadismo bandeirante.

Dois parceiros capinando e Antonio Candido.

afirmará, pelo contrário, a fartura com que foi servido. Qualquer infração destes padrões acarreta ressentimentos profundos e duradouros.

11. Valor nutritivo da dieta

Devemos agora, baseados no exposto, fazer algumas considerações gerais sobre o valor da alimentação do caipira, para em seguida apreciar o teor geral da sua vida.

Para quem seguiu as minúcias certamente enfadonhas desta exposição — que para ser exata não pôde ser mais amena — é visível que o caipira do grupo estudado, que serve de amostra dos demais, come mal, embora muito melhor do que o homem rural de outras regiões do Brasil.

Os especialistas brasileiros em alimentação têm salientado favoravelmente a área que se poderia chamar Paulistânia, em comparação com as do Norte e Nordeste. Para Josué de Castro, ela e a do Sul

não são [...] áreas de fome no sentido rigorista da palavra, mas áreas de subnutrição, de desequilíbrio e de carências parciais, restritas a determinados grupos ou classes sociais.[43]

Rui Coutinho, cuja divisão em áreas é muito boa, e que mostra conhecer o significado superestadual do termo *paulista*, pondera:

O que imediatamente surpreende o pesquisador é o acentuado contraste entre esta região e as duas antecedentes. A dieta torna-se bem variada com o aparecimento frequente, e, portanto, maior consumo, de alimentos protetores — leite, manteiga,

43 Josué de Castro, *Geografia da fome*, 1946, p. 277.

Terça-feira, 2 de fevereiro

Manhã – Café
Almoço – Arroz, feijão
Merenda – Arroz, feijão
Jantar – Arroz, feijão, carne de porco (dada pelo pai, Não Deixa)

Quarta-feira, 3 de fevereiro

Manhã – Café
Almoço – Arroz, feijão
Merenda – Arroz, feijão
Jantar – Arroz, feijão, frango

Quinta-feira, 4 de fevereiro

Manhã – Café
Almoço – Arroz, feijão, carne de boi sêca (sêca em casa)
Merenda – Arroz, feijão
Jantar – Arroz, feijão.

legumes e verduras e frutas. Surgem também alimentos que não se encontram com a mesma frequência na dieta de outras regiões: os alimentos fritos — os pastéis, as batatas fritas, os croquetes e os bolinhos; as massas sob as mais diferentes formas; e o milho — não mais como angu, tradicional na dieta mineira, mas constituindo de preferência a polenta. Continua o abuso do feijão, diminuindo sensivelmente o consumo da farinha de mandioca em relação ao Norte e mesmo à Zona Central. O consumo de carne, excessivo.[44]

O quadro é válido num sentido quase estatístico, em que as características particulares se dissolvem na unanimidade das médias. Válido para uma mistura ideal de cidade e campo, zonas novas e velhas, classes altas e baixas, ricos e pobres. Ora, a estatística não tem consciência de classe; e não será esta a censura menor que o sociólogo tem para lhe fazer.

Na verdade, a descrição genérica de Rui Coutinho é válida para a comparação com as demais áreas do país; mas viola a realidade peculiar à área paulista. A descrição pormenorizada, feita neste capítulo, mostra que, num grupo característico das populações caboclas, são encontrados em proporção mínima os alimentos protetores, as frituras e a carne.

É que a enumeração genérica de alimentos ocorrentes numa zona tem grande significado antropológico, menor significado dietético, pouco significado sociológico. Para que este se configure, é mister levar em conta as diferentes maneiras por que os grupos deles participam, sobrelevando o papel da estratificação social. Dentro de cada categoria estatisticamente definida, há um sem-número de aspectos, cujo conhecimento é indispensável à inteligência real dos problemas.

44 Rui Coutinho, *O valor social da alimentação*, 1947, pp. 70-71.

Cada classe, cada nível, cada categoria econômica, dentro da mesma unidade geocultural, come, veste, habita de maneira específica.[45] Se não adotarmos esta precaução, chegaremos a visões demasiado negras, ou demasiado róseas, em todo o caso inadequadas, como é, por exemplo, esta que um grande conhecedor do caipira nos oferece da sua alimentação:

Logo ao se levantar, um café simples, enquanto se prepara o que comer. Minutos depois, café com leite, com bolo de frigideira de fubá, quando a mandioca cozida não substitui o pão [...]. Às 8h30 para 9 horas, o almoço; no meio do dia, isto é, às 11h30, café com mistura de alguma fruta; às 2h30, jantar; às 5 horas, merenda; às 7h30 para as 8 horas, ceia. Tudo em abundância, porque o pessoal tem sempre insaciável apetite!

Não sendo vadio, o roceiro tem sempre o que comer, além do indispensável feijão com angu, ou farinha de milho, os seus inseparáveis arroz e torresmo. Cria galinhas e porcos e além das cabras leiteiras, salvação das crianças, nada lhe custa ter uma vaca de leite ou duas, que se revezam, ajeitando a época do leite por meio de barganhas e empréstimos.

Que mais falta?

Pouco adiante da casa está o mandiocal, de mandioca-brava para raspas, farinha e tratamento de porcos; mais próximo, o mandiocal de mandioca-mansa, ou aipim. Não faltam as tumbas de batata-doce, branca ou roxa; de "cará", de "mangarito", de "batatinha". Na horta não faltam a couve, a alface, o repolho, o

45 "Em matéria de geografia da alimentação, dispunha-se até aqui de trabalhos parciais, empreendidos no geral por estudiosos muito especializados, que se ocuparam da alimentação de uma tribo, de um país ou de uma região geográfica, comparando o nível de vida de indivíduos correspondentes a categorias sociais nem sempre as mesmas, as normas dietéticas e padrões não idênticos." Cépède e Lengellé, *Économie alimentaire du globe*, 1953, pp. 33.

quiabo, o "cará de árvore", a ervilha, as favas, o "feijão-guandu", o "feijão de vara", a "taioba", a mostarda, e a aboboreira, para "cambuquira" e abobrinhas, morangos e mogangas, o chuchu, o alho e a cebola. [...]

Frutas em abundância só não tem o vagabundo. Elas sazonam nos quintais, nas roças, nos pastos e nas matas: laranjas, pêssegos, maracujás e amoras, mangas e abacaxis, jambos, bananas, mamão e marmelo; melancias e melões; araticuns e gabirobas, pitangas e goiabas; jaracatiás e jabuticabas saborosíssimas, além de outras gostosas frutas silvestres.

E os pratos caipiras? São variados. Só consome o caipira as carnes de porco e caça e raramente de vaca, em forma de charque de sal, de sol ou de vento.

Feijão com couve ralada, ou picada; "feijão-virado" com farinha de milho; linguiça; arroz com suã de porco, com frango ou aves selvagens, ou com entrecosto; couro "pururuca" de porco, torresmo, viradinho de milho-verde, viradinho de cebola, virado de couve ou lentilha, palmito, batatas e ensopados de cará, serralha com muito caldo, "cuscuz" de "lambari", fritada em forma de "tijeladas", bolos de fubá, "bananinhas" de farinha de trigo, além de outros pratos. A refeição salgada é encerrada com um bom caldo de couve ou "serralha", de palmito ou "cambuquira". Para a sobremesa basta o arroz-doce, o melado com cará, a canjica, o "curau", o milho-verde cozido ou assado; o doce de abóbora, de batata, de goiaba, de marmelo, ou o indefectível doce de cidra, furrundu, além dos variados doces de ovos e leite. As frutas são usadas durante o dia e a influência do italiano no estado de São Paulo, já faz com que o caipira possua a sua parreira. Durante a refeição usam roceiros de água. Pelo meio do dia, a cachaça, os refrescos de marmelo, as limonadas, a "água de açúcar", muito café, ou a jacuba empanzinadora, feita de água, açúcar mascavo e farinha de milho.[46]

46 Cornélio Pires, *Conversas ao pé do fogo*, 1921, pp. 131-135.

Esta rapsódia eufórica — verdadeira página de um Rocha Pita moderno — descreve os recursos *virtuais* do homem rural, sem considerar a sua classe nem as possibilidades de combinar e selecionar o cardápio compatível com o momento, a situação financeira, o lugar. Nela se englobam o fazendeiro, o sitiante, o parceiro, o salariado, cada um dos quais, todavia, participa a seu modo deste vasto acervo, que de maneira alguma representa a experiência alimentar cotidiana de qualquer um deles.

Bem pobre e minguada, como vimos, é a quota do agrupamento estudado. Não quero, nem poderia, efetuar uma análise da sua alimentação segundo a dietética moderna — tarefa para especialista, de cuja colaboração senti falta a cada instante da pesquisa, bem como do higienista e do agrônomo. No entanto, mesmo um leigo percebe desde logo o seu desequilíbrio.

Os princípios fundamentais da ciência da nutrição foram expressos do seguinte modo por Randoin:

I. A ração deve proporcionar diariamente ao organismo uma certa quantidade de energia necessária ao seu funcionamento.

II. A ração deve proporcionar diariamente ao organismo todos os princípios nutritivos não energéticos, especificamente indispensáveis à vida.

III. É necessário que os princípios nutritivos indispensáveis à vida existam nas rações em proporções convenientes, isto é, que seja efetuado certo equilíbrio entre os constituintes da ração.[47]

Trata-se do moderno requisito de ração proporcional, expresso de modo breve por Josué de Castro:

[...] na prescrição de um regime alimentar, deve-se ter em vista:
1º) fornecer em alimentos a quantidade energética suficiente;

---

47 Ver Lalanne, *L'Alimentation humaine*, 1947, pp. 42, 44 e 46.

2º) distribuir as várias substâncias alimentares de tal forma que não falte nenhum dos elementos indispensáveis qualitativamente.[48]

Reportando-nos aos princípios enunciados por Randoin, podemos ver que a quantidade de energia (número de calorias) não se encontra provavelmente satisfeita pela dieta em apreço; que os elementos não energéticos (vitaminas, sais minerais) se encontram nela muito mal representados; que as correlações entre os princípios nutritivos são insatisfatórias, marcando acentuado desequilíbrio nas rações.

A simples inspeção nos cardápios apresentados, mais as informações fornecidas em aditamento, revelam a sua composição uniforme até à monotonia. Dieta em que dominam os alimentos vegetais, constando em proporção avassaladora dois cereais e uma leguminosa — arroz, milho, feijão — que lhe dão franco desequilíbrio para o lado dos glúcides. Os prótides aparecem discretamente nos ovos e carnes consumidos em quantidade reduzida. Os lípides são fornecidos quase unicamente pela carne e gordura de porco. Quanto às vitaminas, faltam ou mal aparecem os alimentos em que ocorrem mais francamente: legumes verdes, tubérculos, frutas (vitamina C e provitamina A, vitaminas B); manteiga, leite, queijo (vitaminas A e D, vitamina B).

Devemos, é claro, considerar o teor completo de cada alimento, e não a sua substância predominante. Assim é que 100 g de feijão contêm em média 56-60 de glúcides, mas, também, 21-23 de prótides e 1,3-1,5 de lípides. Os cereais contêm, por 100 g, 73-75 de glúcides, 10-11 de prótides e 1,3-1,5 de lípides. A carne de porco encerra em cada 100 g 20-24 em média de lípides, e 18-20 de prótides. Os cereais não contêm vitamina C, mas são ricos em vitaminas B e E — sacrificadas em parte pelo

48 Josué de Castro, *Alimentação e raça*, 1936, p. 25.

beneficiamento, devendo-se notar que este, quando feito no pilão, deixa o arroz muito mais *sujo*, e portanto mais rico, sendo de lamentar o uso atual de beneficiá-lo nas máquinas da vila. O feijão, que deles se aproxima, do ponto de vista dietético, contém quantidade apreciável de sais minerais e vitaminas B.

Temos deste modo que a alimentação em apreço é de regular qualidade energética, compensando-se até certo ponto a míngua de lípides pela riqueza de glúcides; mas é de todo deficiente quanto às substâncias de proteção e, no conjunto, muito mal balanceada.[49]

Neste passo, convém mencionar as justas considerações de Cépède e Lengellé, baseados não apenas nas conclusões modernas da ciência da nutrição, mas no aspecto econômico do problema. Assim é que distinguem calorias de origem *nobre* e de origem *comum*; alimentos *caros*, ou *dos ricos*, e *pobres*, ou *dos pobres*.[50]

Até uma data relativamente recente, pensava-se que a melhoria quantitativa do regime alimentar não se dava segundo regras bem precisas, e que a elevação no nível de vida poder-se-ia efetuar de maneira absolutamente desordenada.

Um dos maiores méritos da ciência dietética foi sublinhar o interesse *sanitário* apresentado pela produção de certas matérias-primas nobres, ricas em alimentos azotados, ou suportes naturais das vitaminas indispensáveis à boa saúde do homem.

Os resultados dos recentes estudos econômicos sobre a alimentação humana mostram que *estes elementos andam juntos, isto é, que os regimes fracos em calorias compreendem também uma grande proporção de gêneros pobres: cereais, feculentos, legumes secos. Pelo*

49 Valho-me para esta análise superficial dos livros citados de Castro (1936 e 1939), Coutinho (1947) e Lalanne (1947). Este último traz muitas das tabelas estabelecidas por Lucie Randoin e sua equipe do Institut Supérieur d'Alimentation.   50 Cépède e Lengellé, op. cit., pp. 85 ss., 95-97.

contrário, as populações de nível de vida muito elevado tiram tam-
bém proporcionalmente o máximo de calorias de produtos caros: açú-
car, matérias gordas, carne, leite.[51]

Esta citação coloca admiravelmente o problema, correlacionando alimentação e nível geral de vida, e mostrando que uma dieta do tipo da caipira, mesmo quando suficiente para manter o rendimento muscular e o relativo equilíbrio orgânico, exprime condições insatisfatórias de existência. Adiante, os autores deixam ainda mais nítido este ponto de vista, ao estudarem as "substituições" — segundo as quais o homem procura ajustar-se às condições menos favoráveis, substituindo gêneros alimentícios mais caros e raros por outros mais acessíveis e pobres. A substituição pode dar-se entre grupos de produtos (por exemplo: hidratos de carbono ricos por hidratos de carbono pobres); entre produtos similares dentro do mesmo grupo (trigo por milho, por exemplo); entre produtos iguais dentro do mesmo grupo (como a do açúcar de cana pelo de beterraba).[52] Tais substituições exprimem sempre uma inferioridade da alimentação e das condições de vida em geral; e não é custoso ver que elas condicionam a situação estudada neste capítulo, onde vemos a hipertrofia dos glúcides como fonte de proteínas e matérias graxas.

De fato, a dieta mal equilibrada do caipira chama a atenção do observador menos prevenido. Os casos aqui mencionados representam a média, mas deixam entrever os extremos, nada raros. No Morro, tanto em 1948 quanto em 1954, pude verificar ou ao menos pressentir a presença da fome, ocorrente por vários motivos. O mau trabalhador, a viúva, o doente, o inepto são condenados preferenciais; mas muito lavrador disposto, acuado por circunstâncias desfavoráveis, sente não raro o seu

51 Cépède e Lengellé, op. cit., pp. 85-86.   **52** Ibid., pp. 98-111.

acicate, que é visível mesmo quando atenuado pelo amparo eventual de parentes, vizinhos ou protetores.

As mais das vezes, ela se apresenta de modo discreto. É o caso, por exemplo, do parceiro ou pequeno sitiante que foi obrigado a gastar mais semente do que esperava, e alimenta a família apenas de arroz, ou apenas de feijão, até que venha a colheita. É o caso, ainda, do parceiro que chegou atrasado para o início do ano agrícola e obtém colheita insuficiente. É o caso, também, do lavrador que tem muitos filhos pequenos e conta com pouco auxílio da mulher na lavoura, conseguindo dificilmente o necessário para rações mínimas e afinal insatisfatórias.

O comum das pessoas come quantidades regulares e o caso mais frequente é o do comedor disposto, que antes de ser hora da próxima refeição já sente o aguilhão da fome; talvez porque atualmente a comida — por medida de economia — é preparada com pouca banha, digerindo-se com relativa facilidade. O caipira se mostra mais contente quando as digestões são lentas, pois neste caso é sensível a ilusão do estômago cheio. Por este motivo, não se preza a refeição preparada com óleo, mormente os atuais, *ralos* e pobres na sua opinião, e em todo caso proporcionando digestão mais leve.

Mas ao lado desta fome, ou subnutrição, de caráter fisiológico, há o que se poderia chamar de *fome psíquica*, a saber — o desejo permanente das *misturas* queridas: carne; em segundo lugar pão; em terceiro, leite (este, bem menos que os outros). O fato é grave, quando lembramos que a desejabilidade do alimento constitui fator ponderável no seu aproveitamento orgânico; e que semelhante privação pode dar lugar a insatisfações psíquicas mais ou menos ponderáveis. Daí um recalque permanente que, juntando-se a outros, irrompe por vezes através da turbulência e da embriaguez.

É preciso agora acentuar que esta alimentação deficiente é elemento de uma situação mais ampla de carência, que atinge todos os setores da vida caipira. Para conseguir a estreita margem de lucro que lhe permite sobreviver, o pequeno sitiante e o parceiro se veem obrigados (seria mais correto dizer — cada vez mais obrigados) a reduzir drasticamente a satisfação das necessidades. Em consequência, as necessidades para ele são mínimas; a sua batalha de todos os dias é travada, estritamente, para não passar fome.

O triunfo consiste, na maioria absoluta dos casos, em poder guardar bastante semente para o plantio e para o mantimento suficiente da família, restando uma parte para vender. O produto da venda se destina, como vimos, à compra de alimentos e dos pouquíssimos bens de consumo.

Um jovem parceiro-empreiteiro, casado, com dois filhinhos, comprou na vila, no ano de 1953, o seguinte:

Sapatões	3 pares para ele e 2 para a mulher
Chapéu de feltro	1
Pano	4 cortes de calças para a roça
	8 cortes de camisas para a roça
	4 cortes de vestido para a mulher
	4 cortes de combinação para a mulher
	4 cortes de roupa para o filho
Caçarolas	1
Chaleira	1
Pratos	1 dúzia
Colheres	½ dúzia
Xícaras	1 dúzia
Bacia de pés	1
Bacia de pratos	1
(4 cuecas foram feitas de saco de açúcar)	

Trata-se de lavrador excepcional, saudável, disposto, reputado amante do conforto (não dispensa botinas...), que no ano de 1952-1953 empreitou 3 mil pés de café para a fazenda, plantando intercaladamente 1,5 alqueire de milho, 3 celamins de arroz, 1 celamim de feijão das águas, trabalhando ainda trinta dias como salariado, como carroceiro e roçador de pasto.

Aí temos o caso mais favorável possível, num moço com filhos pequenos, que não conta com auxílio da mulher. Este trabalho permite comer e satisfazer necessidades como as enumeradas. Além delas, uma ou outra extravagância, de raro em raro; e nada mais, ano após ano.

As mulheres andam todas descalças, e vão à própria vila assim. As poucas que calçam — Vicentina empregada, Nhá Marii — usam botinas de elástico, como os homens.

As mulheres observam o resguardo depois do parto, inclusive na dieta, que é rigorosamente de caldo de galinha.

A mãe, a filha, a casa e a galinha, presente em todos os quintais da região, e uma das bases da dieta caipira.

Entrevista nº 8 — Registada imediatas após
20·I·54. Das 13.30 às 16.30
(+) Nhô Roque, referido (68 anos); e Th. em p͟tͦ a mulher,
Local: na casa   [Nhá Maria.

=

P. Está guardando hoje?

R. Estou. É dia muito desastroso. A gente trabalha, acontece alguma coisa...

P. O que é dia desastroso?

R. É dia que não presta trabalhar porque acontece algum
desastre.

P. Dia desastroso é a mesma coisa que dia santo?

R. É. Tem os dias apartados, São Sebastião, São
Benedito, São Lourenço, São Paulo. Dia desastroso são
o que a folhinha marca com uma cruz. Feriado é
dia que o empregado do governo não trabalham. Dia
santo é o dia que nós não trabalhamos.

III.
Análise da mudança

Na primeira parte, a cultura caipira foi apresentada em função dos níveis mínimos, mas organicamente entrosados, de subsistência e vida social, exprimindo um tipo de economia semifechada. Esta foi caracterizada pela estrutura dos agrupamentos de vizinhança e o equilíbrio instável com o meio, obtido por técnica rudimentar.

Na segunda parte, descreveu-se uma situação que pode ser considerada de mudança em relação à anterior, podendo-se dizer que o agrupamento descrito revela passagem duma economia autossuficiente para o âmbito de economia capitalista, manifestando sintomas de crise social e cultural.

Em toda conjuntura de crise podem-se observar duas categorias principais de fatos: os de persistência e os de alteração. Os primeiros constituem aquela parte do equipamento cultural e das formas sociais que, oriundas de período anterior, perduram no presente, estabelecendo continuidade entre as sucessivas etapas dum processo total de transformação. Os segundos são formações novas, geradas no seio do grupo, ou nele incorporadas por difusão, para reajuste do seu funcionamento.

Todo equilíbrio social — essencialmente dinâmico — supõe estes dois aspectos. Diz-se todavia que há mudança quando, nas variações de equilíbrio, os fatores de alteração avultam, até motivarem recomposição de estrutura. A situação de crise define-se, do seu lado, por tensões ainda não resolvidas, ou resolvidas parcialmente, entre os fatores de persistência e os de alteração, podendo originar reorganização ou desorganização mais ou menos profundas da estrutura.

Na análise que segue, veremos em primeiro lugar os elementos que permitem considerar a situação presente do grupo como de crise nos meios de subsistência, nas formas de organização e nas concepções do mundo — em face das pressões exercidas pelo meio social circundante, sob o influxo da urbanização. Crise que condiciona a alteração dos padrões tradicionais, o seu desaparecimento ou a sua persistência.

Será exposto, em seguida, que esta permanência, ou persistência, não deve ser considerada apenas fenômeno de demora (*lag*), mas também recurso de ajuste à nova situação, que pode rejeitar as normas e práticas anteriores, ou incorporá-las, depois de redefini-las.

Como foi dito, a economia de subsistência, dominante a princípio na área estudada, coexistiu em seguida com a agricultura comercial, que não se arraigou de maneira a excluí-la, nem destruir o velho cerne da cultura caipira.

O mesmo não se dará no entanto, ao que tudo indica, na atual fase de expansão da economia capitalista, muito mais penetrante e de âmbito incomparavelmente mais amplo, de tal modo que as áreas segregadas se veem jungidas às necessidades agrícolas, comerciais e industriais da região, do estado, do país, que nelas repercutem a cada passo. A vida tradicional sobreviveu até aqui em muitas áreas, embora mais ou menos alterada. Parece difícil que possa, daqui por diante, resistir à expansão capitalista, como fórmula de ajustamento do grupo ao meio em função da subsistência, com base no círculo fechado

Diz Nhô Roque que Deus quando desce o seu chicote não escolhe: pega o culpado e o inocente. É estranho, mas assim é. Não é como o pai, que escolhe o filho que deve apanhar. Pega todos. Assim o que o seu milho quebra.

Mas em compensação, o arroz estava secando pela falta de chuva, e agora está uma beleza. Assim Deus compensa tudo.

Parceiros, a casa, a criação e o meio de condução.

dos agrupamentos de vizinhança, cuja autonomia ecológica é hoje uma sobrevivência.

A consequência geral é a incorporação progressiva desta área, e de outras áreas parecidas, à esfera da economia moderna; processo que repercute fundo em toda a organização da vida social, com rupturas de equilíbrio que podemos verificar nos planos ecológico, econômico, cultural, social e psíquico — inter-relacionados e solidários, mas separados aqui para comodidade da exposição.

12. Relações de trabalho e comércio

Comecemos pelo plano econômico; na atual conjuntura ele é a chave dos demais e se manifesta principalmente através das flutuações do mercado. Tornadas excepcionalmente intensas na atual fase de desenvolvimento, elas são, para o caipira, um fator de desnorteio — na produção, na compra e na venda.

6 . Economia

    6. Caso de Bela Aliança:

    o aforante escolhe a parcela, que é medida pelo aforador a corda ou a olho; opta entre:

    a) pagar antecipadas o preço por alq.

    b) pagar em produto no fim da colheita, de 22 a 25%.

A marcha da urbanização em São Paulo está ligada ao progresso industrial e consequente abertura de mercados; daí a penetração, em áreas rurais, de bens de consumo até então menos conhecidos ou, na maioria, desconhecidos. Surgem assim, para o caipira, necessidades novas, que contribuem para criar ou intensificar os vínculos com a vida das cidades, destruindo a sua autonomia e ligando-o estreitamente ao ritmo da economia *geral*, isto é, da região, do estado e do país, em contraste com a economia *particular*, centralizada pela vida de bairro e baseada na subsistência. Doravante, ele compra cada vez mais, desde a roupa e os utensílios até alimentos e bugigangas de vário tipo; em consequência, precisa vender cada vez mais. Estabelece-se, desse modo, uma balança onde avultam receita e despesa (embora virtuais) — elementos que inexistiam na sua vida passada. Por outras palavras, surgem relações compatíveis com a economia moderna, que o vai incorporando à sua esfera.

Decorre então que a alta de preços nos artigos comerciais se liga funcionalmente às variações de preço obtido pelos seus produtos agrícolas, para determinar o equilíbrio da economia doméstica. Ora, o mais frequente em nossos dias é que a subida permanente dos primeiros é contrastada por altos e baixos nos segundos; altos e baixos tanto mais frequentes quanto a produção agrícola varia em volume de ano para ano, não apenas em virtude dos fatores econômico-sociais como, supondo que estes permaneçam estáveis, das modificações climáticas.

Verifica-se, pois, para o caipira, uma primeira discrepância entre a regularidade das condições de compra e a irregularidade das condições de venda. Segunda discrepância se registra entre as condições gerais do mercado de produtos agrícolas e as condições especiais da vila, cidade ou região, sobretudo no que diz respeito aos gêneros produzidos pelo pequeno lavrador. A formação de preços dos gêneros produzidos em pequena escala pelos parceiros e sitiantes depende não apenas das condições gerais do mercado num dado momento, mas da oferta frequentemente arbitrária dos compradores locais — motivada pela saturação progressiva do mercado regional, as possibilidades de exportação, o jogo de intermediários e especuladores, sobretudo aqueles, que visam o lucro obtido pelo afastamento máximo entre o preço de compra e o preço de venda em lugares diferentes. Junte-se a isto o fato do pequeno agricultor não ter informação sobre o preço real do seu produto nas grandes cidades consumidoras, e precisar vendê-lo rapidamente para solver compromissos com o comerciante, que é, nas vilas, ao mesmo tempo, quem lhe vende e quem lhe compra.

De tudo resulta que a formação de preços para os produtos agrícolas produzidos em pequena escala obedece a fatores diferentes, e muito mais variáveis (na presente conjuntura) do que os fatores mais constantes que regem a formação de preço dos produtos industriais.

Segue-se um desnorteio para o caipira, que, vivendo graças a limitada margem de lucro, não consegue mais equilibrar a balança, já referida. O parceiro aplica parte geralmente alta da sua produção em pagamento de terras, muitas vezes fatigadas, requerendo esforço no trato, e que a sua técnica rudimentar não sabe valorizar. Trata-se portanto de uma pequena margem de lucro, que depende estreitamente das condições climáticas e de certo equilíbrio do mercado, isto é, de uma certa equivalência entre os preços de compra e os preços de venda. Isto quase nunca sucede, e ele vive precariamente, apertado entre os compromissos assumidos e as necessidades domésticas, de um lado; e, de outro, as possibilidades de equilibrar-se entre as condições gerais do mercado, as suas condições locais, e as vicissitudes normais do agricultor.

Se o preço da enxada e do remédio for x em São Paulo, será em Bofete x, ou $x + 1$, nunca $x - 1$; no entanto, o preço do feijão pode ser $x + 1$ em São Paulo e $x - 1$ em Bofete.

Em 1947, o saco de amendoim alcançou até 110 cruzeiros na vila. Os comerciantes (que são compradores de produtos agrícolas para venda e revenda aos intermediários) passaram a incentivar a sua plantação junto aos caipiras, garantindo-lhes, no mínimo, de 75 a 80 cruzeiros por saca. Muitos, sob estímulo do lucro acenado, plantaram, comprando sementes a 80 e até 90 cruzeiros a saca. Trabalharam arduamente, tomando tempo e terreno às plantações de subsistência; na colheita, porém, os comerciantes alegaram baixa do produto e recusaram-se a pagar mais de 45 cruzeiros. Quando os visitei, em fevereiro de 1948, o amendoim jazia ensacado; e eles, hesitando quanto ao que fazer.

A alta do amendoim, em 1947, quando atingiu preço igual aos melhores de hoje (isto é, 1954), era devida à baixa produção em todo o estado no ano 1945-1946. A subida de preço foi seguida pelo aumento notável da produção triplicada no ano seguinte, e, logo após, pela maior safra colhida em São Paulo — o que explica a situação descrita. Comparem-se os dados:

Anos	Sacas de 25 kg
1942-1943	2 192 495
1943-1944	1 225 320
1944-1945	736 280
1945-1946	537 000
1946-1947	1 539 000
1947-1948	7 795 000
1948-1949	5 700 571
1949-1950	5 161 500
1950-1951	7 764 506
1951-1952	5 562 023
1952-1953	5 035 085
1953-1954	7 492 408

Fonte: *O Estado de S. Paulo*, 19 set. 1954.

Naquele ano, o feijão havia subido muito, e os plantadores puderam vendê-lo bem, repetindo-se o mesmo em 1949. Isto animou a todos, e no ano seguinte a produção foi tal que os preços baixaram. Os que colheram cedo puderam ainda vender o seu, mas a saturação do mercado geral, repercutindo no mercado local, suspendeu a atividade dos compradores; muitos parceiros e sitiantes não conseguiram preço para o seu produto, não podendo reaver nem o custo da produção, em cujo cálculo muito vago (convém notar) não incluem o trabalho.

Em 1951 houve, no município, pouca plantação de feijão, em consonância com o que se verificava no estado. Consequentemente, registrou-se alta espetacular dos preços, que em 1952 atingiram 800 cruzeiros por saca. Seguiu-se estímulo para o plantio, e em 1953 o preço caiu para 100 cruzeiros.

Estes casos mostram como o parceiro e o sitiante estão submetidos agora às vicissitudes da economia geral do estado e do país, com a qual se põem indiretamente em contato por meio do comerciante, que lhes abre crédito e funciona como comprador dos seus produtos, revendendo-os em seguida aos compradores vindos dos centros distribuidores de produtos agrícolas e pecuários: Conchas, Pereiras, Botucatu, principalmente. Situando-se entre os pequenos agricultores e o mercado impessoal, o comerciante das vilas e cidadezinhas age como intermediário e regulador, ao seu modo, contribuindo não raro para acentuar as condições de instabilidade e insegurança.

Tal situação — apenas esboçada — provoca uma reorganização da vida familiar e grupal, a fim de enfrentar as necessidades comerciais de compra e venda, que constituem novidade, sob os seus aspectos atuais e mais absorventes. Os bens de consumo são agora na maior parte obtidos por compra: os que se produziam no âmbito doméstico cedem lugar a substitutos proporcionados pelo comércio.

Surge daí uma situação inédita: a construção necessária dum orçamento, ainda que virtual, como base da economia doméstica. A uma fase em que o dinheiro é quase ausente desta, sucede outra, em que ele assume vulto cada vez mais poderoso, pelo incremento da compra e da venda. O consumo de bens produzidos in loco; a troca de bens e serviços; todo o ritmo tradicional de vida, em suma, condicionavam um comportamento econômico por assim dizer *instintivo*, onde o cálculo, no sentido estrito, inexistia praticamente. A situação atual impõe um mínimo de racionalidade, manifestada pela previsão, a ordenação (por embrionária que seja) duma receita e duma despesa, pois a avaliação monetária se estende a setores cada vez mais numerosos.

Outro aspecto de tal processo de reajuste (aspecto por assim dizer básico do ponto de vista organizatório) é a profunda alteração do ritmo de trabalho, a cujo propósito pode-se falar de uma verdadeira redefinição.

Atualmente, com efeito, se quiser "emendar as duas pontas do ano" o parceiro ou sitiante é obrigado a labutar de sol a sol, todos os dias, ressalvados os domingos e alguma circunstância excepcional. Ora, a sua vida anterior comportava ritmo diverso, que não era estritamente determinado, como agora, pelas necessidades econômicas mais elementares, de que depende a própria sobrevivência. A par do trabalho agrícola, ocupava-se também com a vida comemorativa, a vida mágico-religiosa, a caça, a pesca, a coleta, as práticas de solidariedade vicinal. Vimos que a autonomia econômica, bem como o sistema de posses e a mobilidade espacial, originavam um conjunto de circunstâncias em que o esforço físico exigido era menos intenso: desnecessidade do dinheiro, nível vital mínimo, terras férteis de amanho fácil e produtividade normalmente exuberante. E este conjunto de circunstâncias favorecia tanto o melhor ajustamento ecológico possível a uma situação alimentar medíocre, quanto a integração social mais plena.

De fato, o rendimento muscular de que é capaz o malnutrido (por dieta quantitativa ou qualitativamente insuficiente) era mais compatível com o antigo do que com o atual teor de vida. Por outro lado, as práticas de solidariedade vicinal possibilitavam o reforço do trabalho da família e do indivíduo. Já ficou dito de que maneira devemos compreender a falada *indolência* do caipira — recurso de adaptação a um nível biótico precário, no qual as carências de dieta e higidez impediam atividade mais intensa, mas que se ajustavam ao ritmo econômico e eram corrigidas em parte pela organização social.

Hoje, a dimensão econômica avultou até desequilibrar a situação antiga. A expansão do mercado capitalista não apenas força o caipira a multiplicar o esforço físico, mas tende a atrofiar as formas coletivas de organização do trabalho (mormente ajuda mútua), cortando as possibilidades de uma sociabilidade mais viva e de uma cultura harmônica. Entregue cada vez mais a si mesmo, o trabalhador é projetado do âmbito comunitário para a esfera de influência da economia regional, individualizando-se. Condição de eficácia e, portanto, sobrevivência, é a renúncia aos padrões anteriores e a aceitação plena do trabalho integral, isto é, trabalho com exclusão das atividades outrora florescentes e necessárias à integração adequada. Quem não faz assim deve abandonar o campo pela cidade, ou mergulhar nas etapas mais acentuadas de desorganização, que conduzem à anomia. Isto se torna claro ao estudarmos a situação de cada membro do grupo em apreço, patenteando-se a interdependência do ritmo de trabalho, vida cultural e equilíbrio econômico.

Tomemos para exemplo alguns indivíduos, típicos, distinguindo três modalidades: 1. o caipira que procura enquadrar-se ao máximo nas novas condições; 2. o que se apega à vida tradicional, procurando conciliá-la com as exigências presentes; 3. o que é totalmente incapaz de ajustar-se a estas.

1. O lavrador mais eficiente do grupo era Nhô Quim, chefe dum *bloco familiar*.[1] Ébrio regenerado (ao que parece, por influência de catequese evangélica em seu bairro de origem), residia ali desde 1940, tendo eu podido conviver com ele em 1948 e em 1954. Não guarda dia santo, não bebe, não passeia, não costuma ir a festas, não participa de quaisquer práticas religiosas. Trabalha rijo com auxílio dos seus e possui a melhor situação entre os parceiros, podendo, além do plantio para subsistência, dedicar-se a culturas lucrativas: amendoim, algodão, mais tarde formação de cafeeiros.

2. Em casas vizinhas moravam Nhô Bicudo e seu filho Vico. Trabalhadores aplicados, são contudo muito piedosos (o pai é o *capelão* da redondeza), praticando a vida religiosa com o fervor dos velhos tempos. Observam rigorosamente domingos e dias santificados, estes de acordo com a definição tradicional, que abrange um elenco maior que atualmente prescrito pela Igreja (são os *dias desastrosos*, já referidos). Além disto, velam defuntos, o pai atende a pedidos para rezar em bairros próximos, participam das festas mensais da capela do Socorro (já mencionada), a cerca de uma légua.

Este apego à tradição os faz perder um tempo precioso, que redunda em prejuízo, dadas as circunstâncias atuais. Não lhes vale a decisão com que trabalham, nos dias em que o fazem: vivem constantemente apertados.

Coisa parecida acontece com Nhô Roque, cuja mulher é benzedeira e muito ligada à tradição mágico-religiosa — enquanto Nhô Bicudo representa a religião litúrgica. A esta circunstância, que cria encargos, junta-se a de serem, marido e

---

[1] Ver adiante o significado desta expressão.

mulher, observadores igualmente escrupulosos dos dias de trabalho interdito, e muito afeitos à etiqueta tradicional das conversas e visitas. Apesar de ótimo trabalhador, este parceiro não conseguia, igualmente, equilibrar-se.

3. Caso extremo é o dos irmãos Gázio, Maximiano e Joveliano, filhos de um casal muito *atrasado*. O pai (morto havia poucos anos no início da pesquisa) era caipira de velho corte, andejo, caçador infatigável, perfeito conhecedor do meio físico circundante, familiarizado com os cantos mais recônditos do campo ou da mata. Os filhos perderam a atividade venatória, mas guardaram certo amor pela coleta e a incapacidade para trabalho sistemático. Plantam uma rocinha mínima de feijão e milho, que daria para se equilibrarem nas condições antigas, quando não se requeria excedente de consumo para a construção do orçamento familiar. Obrigados a ter um mínimo de dinheiro para necessidades de vestuário e complementação da dieta (sal, açúcar, café), sacrificam parte da colheita, vendem bananas na vila, trocam alguns ovos no bairro — e vivem na mais completa miséria.

Típico da sua inadaptação é o caso das bananas, que o mais velho levava nas costas para vender na vila a 5 cruzeiros o cento. Como não consegue transportar mais de dois centos por vez, pesadamente carregado, légua e meia de ida e outro tanto de volta, cada viagem serra abaixo rendia-lhe no máximo 10 cruzeiros.[2] Ora, o tempo e o trabalho despendidos renderiam mais, aplicados à lavoura; renderia igualmente mais o salário que perceberiam como *camaradas* de fazenda. No entanto, ambos (o mais moço, aliás, doentio, pouco pode trabalhar) são inadaptáveis às situações que requerem um mínimo de disciplina e racionalização da atividade. São remanescentes duma etapa vencida, condenados à miséria.

2 Dados referentes ao início da pesquisa (1948).

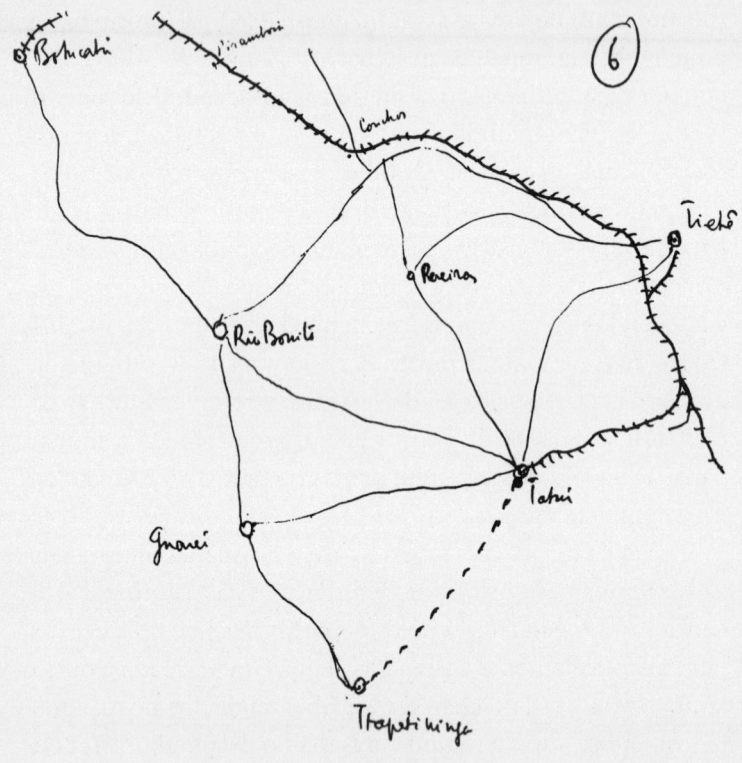

Mapa parcial do estado de São Paulo e Minas Gerais
com a indicação de todas as estradas de ferro.
Org. de Artur H. O'Leary, engenheiro do Serviço Geográfico
e Geológico do Estado de São Paulo, 1893.
Escala 1:600 000.

Como sugerem os exemplos, a situação se afirma sem alternativas para o parceiro caipira. Ou renuncia ao estilo tradicional de vida e se absorve de todo nas tarefas econômicas, seja como indivíduo, seja com a família, para poder deste modo manter um equilíbrio ecológico mínimo e preparar a integração em um novo sistema social, aberto e amplo; ou deverá renunciar ao mínimo de autonomia que a situação de parceria lhe assegura, passando ao salariado rural e urbano, se não à fome, pura e simples.

13. Ajuste ecológico

Semelhante alteração do ritmo de trabalho, e outros fatores que serão apontados agora, provocaram alterações sensíveis no conhecimento e aproveitamento dos recursos naturais. Isto é, interferiram no equilíbrio ecológico, modificando as relações do grupo com o meio.

Para sugerir este processo, vamos recorrer a uma simplificação da realidade, afirmando que, dantes, o ajustamento dos grupos caipiras se dava em relação a um *meio total*, em que se absorviam de certo modo, formando com ele uma espécie de continuidade. Enquanto, atualmente, o ajuste se dá, não em relação a este meio global e imediato, mas a vários, imediatos e mediatos, devido à fragmentação daquele, e ao estabelecimento de novas relações com o mundo externo.

A princípio, o meio representava para o grupo uma totalidade, cujos limites coincidiam com os limites da atividade e da mobilidade grupais. Havia entre as atividades do caipira uma correlação estreita, e todas elas representavam, no conjunto, síntese adaptativa da vida econômico-social. Assim é que o trabalho agrícola, a caça, a pesca e a coleta não eram práticas separadas, e de significado diverso — mas complementares, significando cada uma per si, e todas no conjunto, os diferentes

Bica d'água.

21. I. 54 (25)

Vida amorosa:

1)

A Didi, perguntada pela M'Helena se tinha namorado, respondeu afirmativas: namora o Nardo do Nhô Artur.

P. Já falou com êle?

R. Não!!!

P. Como namora, então?

R. "Com o óió"!

momentos dum mesmo processo de utilização do meio imediato. A roça, as águas, os matos e campos encerravam-se numa continuidade geográfica, delimitando esse complexo de atividades solidárias — de tal forma que as atividades do grupo e o meio em que elas se inseriam formavam por sua vez uma continuidade geossocial, um interajuste ecológico, onde cultura e natureza apareciam, a bem dizer, como dois polos de uma só realidade.

Poder-se-á objetar, por exemplo, que não é possível fundir no mesmo ciclo de atividade humana o labor agrícola, penoso por sua natureza, e a caça, que é pelo menos em parte recreativa. Deve-se ponderar, todavia, em primeiro lugar, que nos agrupamentos que, para subsistir, dependem de modo mais ou menos direto do meio imediato, não há diferença qualitativa tão marcada entre ambos, pois neles a caça, como ficou dito, é elemento ponderável na construção da dieta. Em segundo lugar, não esqueçamos que a agricultura se baseava, em boa parte, nos trabalhos de ajuda mútua, mais ou menos amplos, cujo cunho festivo, e portanto recreativo, já foi assinalado. Assim, temos de um lado uma atenuação da pena inerente ao trabalho, e de outro lado uma redução do prazer desportivo da caça, desde que esta visa, em primeiro lugar, a obter carne para a dieta e, longe de ser eventual, é atividade permanente e monótona. Seria o caso de afrontar o paradoxo e dizer que caipiras como o que serviu de guia a Saint-Hilaire na região de Ibitipoca, em Minas, e saía a caçar com o filho, enquanto a mulher cuidava da casa, complementando com carne de gato ou porco-do-mato a dieta de farinha, queijo ou banana[3] — que tais caipiras estão porventura mais próximos do índio caçador que do agricultor moderno.

3 Saint-Hilaire, *Segunda viagem do Rio de Janeiro a Minas Gerais e a São Paulo*, 1932, pp. 63-64.

O espetáculo presenciado mais de uma vez por Lévi-Strauss entre os nambiquaras — o marido voltando da caça cotidiana de mãos vazias e a família se nutrindo da coleta insuficiente da mulher — deve ser meditado pelos que, etnocentricamente, tendem a considerar na caça sobretudo o seu aspecto recreativo.[4] Sem querer equiparar a esta a situação do caipira, salientemos todavia a função diversa do meio imediato, tomado na sua totalidade, para os agrupamentos que a ele estão estritamente vinculados.

Vimos no capítulo 10 que, no grupo estudado, vários vizinhos costumam caçar, vez por outra; e ainda consomem com prazer carne de quati, tatu, paca. No entanto, apesar deste consumo, não há comparação entre a caça atual e a de antes. A absorção na faina agrícola reduziu-a de fato a atividade esporádica, qualitativamente diversa. Caça é sobretudo defesa das roças e divertimento praticado nas horas vagas; acessoriamente, complemento da dieta. A nova escala de valores, pautada pelo contato com os padrões urbanos, dissociou-a do trabalho.

Estas reflexões parecerão gratuitas a quem conhece apenas a caça praticada por sitiantes abastados, fazendeiros ou gente de cidade. Nela, o caipira aparece como cachorreiro, rastreador, piador de macuco etc., dando a impressão de que há o caipira caçador e o caipira lavrador como tipos mutuamente exclusivos. Ora, não devemos confundir os casos de profissionalização, ou extremada paixão venatória, com a caça individual, modesta, praticada como rotina, ligada à coleta, que se define como elemento normal de construção da dieta. É ela que caracteriza o roceiro comum e, portanto, interessa na presente discussão. Desejo aqui sugerir que o

<hr/>

4 Claude Lévi-Strauss, "La Vie familiale et sociale des indiens nambikwara", op. cit., pp. 54-55.

caipira-básico — por assim dizer — passava normalmente da enxada e do machado para o anzol ou a espingarda; da foice para o visgo, a arapuca, a *zagaia*, o mundéu, como quem circula na mesma atmosfera contínua de luta pela vida.

Compreenderemos esse estado de coisas se considerarmos a estreita ligação das suas representações religiosas com a vida agrícola, a caça, a pesca e a coleta, e de ambas com a literatura oral. Basta focalizar, neste sentido, o mecanismo das promessas e dos esconjuros, através do qual veremos uma religião eminentemente propiciatória, ligada a práticas de magia simpática, para obter êxito na colheita e na caça, para afastar ou curar males — numa mistura estreita de reza, mezinha, talismã, onde a erva do campo se associa ao pelo de bicho e à jaculatória, onde o bentinho se prende ao mesmo fio que o dente de quati ou a unha-de-gato.

Magia, medicina simpática, invocação divina, exploração da fauna e da flora, conhecimentos agrícolas fundem-se deste modo num sistema que abrange, na mesma continuidade, o campo, a mata, a semente, o ar, o bicho, a água e o próprio céu. Dobrado sobre si mesmo pela economia de subsistência, encerrado no quadro dos agrupamentos vicinais, o homem aparece ele próprio como segmento de um vasto meio, ao mesmo tempo natural, social e sobrenatural.

No citado ensaio sobre a influência da herança indígena na adaptação do colonizador à terra do Novo Mundo, Sérgio Buarque de Holanda aponta elementos capitais para avaliar a extensão desse, mais que ajustamento, verdadeiro comensalismo do paulista com o meio físico. Comensalismo em que ele se despojou não raro da iniciativa civilizadora para, na parcimônia do seu equipamento tecnológico, regredir ao antepassado índio e, deste modo, penetrar mais fundo no mundo natural. Veja-se, a este propósito, um exemplo realmente simbólico no livro de Hércules Florence:

O ajudante do guia [...] matou dois veados brancos [...]. Quando o caçador via um veado, tirava logo a roupa e, nu em pelo, marchava quase de rastos quanto possível, até dar alcance à espingarda.[5]

Esta familiaridade do homem com a natureza vai sendo atenuada, à medida que os recursos técnicos se interpõem entre ambos, e que a subsistência não depende mais de maneira exclusiva do meio circundante. O meio artificial, elaborado pela cultura, cumulativo por excelência, destrói as afinidades entre homem e animal, entre homem e vegetal. Em compensação, dá lugar à iniciativa criadora e a formas associativas mais ricas, abrindo caminho à civilização, que é humanização. Daí as consequências negativas de uma adaptação integral do homem ao meio, em condições tecnicamente rudimentares — na medida em que limita a sociabilidade e torna desnecessárias as atitudes mais francamente operativas na construção de um equilíbrio ecológico, que integre de modo permanente novas técnicas de viver, e realce, mais nitidamente, a supremacia criadora da cultura sobre a natureza. Por isso, Gordon Childe considera os estádios primitivos como de simbiose em relação à natureza; e Cuvier já os havia fortemente caracterizado como sociedade de que o homem é apenas um membro, cuja única supremacia é das suas faculdades.[6]

Como quer que seja, havia-se estabelecido entre o grupo caipira e o meio um equilíbrio fundado na utilização integral deste, representado como um todo contínuo pelo homem e o grupo. Todo contínuo que se fragmentou sob a influência de duas ordens de fatos: primeiro, modificações do meio, devidas

5 Hércules Florence, *Viagem fluvial do Tietê ao Amazonas de 1825 a 1829*, 1948, p. 41.   6 Apud Max Sorre, op. cit., p. 129. Consulte-se essa parte do livro sobre as relações íntimas entre homem e natureza, que estão na base da domesticação das plantas e dos animais.

à fixação dos grupos; segundo, transformações na organização econômica e social, já referida parcialmente.

O equilíbrio ecológico e social do caipira se estabeleceu em função do que poderíamos qualificar de condições primitivas do meio: terra virgem de fácil amanho, abundância de caça, pesca e coleta, fraca densidade demográfica, limitando a concorrência vital. Quando, apesar disto, um determinado meio se exauria (relativamente aos seus precários recursos técnicos, é claro, não em absoluto), ele corrigia a situação pela mobilidade. A mobilidade recria o meio, permitindo encontrar as condições desejadas; e deste modo garante o equilíbrio.

Quando, no entanto, as alterações do ambiente circundante não podem ser compensadas por esta forma, surgem as condições de desequilíbrio e crise. Foi o que descrevemos, procurando sugerir de que maneira as mudanças na estrutura econômica e social geral acarretam outras tantas na organização dos grupos rústicos de vizinhança. A mobilidade é limitada pelo sistema de propriedade — agora legal — e pela densidade demográfica. A dependência crescente em relação ao mercado junge o homem rústico a outras esferas de influência; o incremento do trabalho agrícola reduz ao máximo a margem de tempo disponível para as atividades de coleta, caça, pesca e exploração.

Neste passo retomamos a simplificação proposta acima, para exprimir a diferença entre o antigo e o atual estado de coisas: o caipira desprende-se do meio, considerado integração total dos elementos naturais, reajustando-se a *meios parciais*, desarticulados, e não mais fundidos na unidade ecológica dantes característica do seu equilíbrio. A um ajustamento total, sucede uma pluralidade de ajustamentos.

De fato, a roça pertence agora a uma ordem de atividades e representações diversas da mata. Significa um conjunto de atos e interesses mais ligados ao comércio da vila do que à caça; mais ligados ao imposto ou ao pagamento do foro que às promessas propiciatórias e seus cumprimentos festivos. Em lugar do meio contínuo e íntegro, base da subsistência, da recreação, da magia, da comemoração, da lenda, surgem meios desarticulados e em certa medida autônomos, definindo um dilaceramento na atividade do homem rústico, todo concentrado agora na preservação do mínimo ecológico por meio da agricultura comercializada.

Na verdade, esta pluralidade de meios corresponde a uma terceira etapa em andamento, na qual se observa, e se observará cada vez mais, a formação de um meio novo, amplo, caracterizado pela reintegração dos atuais. Desta vez, porém, não será uma integração ao espaço contínuo, teatro da economia de subsistência; mas à vida da região e do estado, em cujo âmbito se situam os novos focos de interesse.

Já podemos, com efeito, observar atualmente a formação de novos sistemas de dependência ecológica, por meio dos quais a vida do grupo de vizinhança, perdendo a sua autonomia, passa a depender de novas esferas de relações, conforme o setor de vida considerado. Enquanto certas atividades, como o trabalho agrícola, requerem o estabelecimento de relações intragrupais, já a vida religiosa leva ao contato entre bairros. A obtenção de bens de consumo amplia o campo interativo, que então é centralizado pela vila. Nos casos de compra de objetos menos corriqueiros — espingarda ou relógio — o âmbito é ainda mais amplo, criando dependências várias em relação aos centros regionais, de raio menor, como Conchas, e de raio maior, como Tatuí ou Botucatu. E por eles se estabelece o contato indireto com os centros distribuidores de produtos manufaturados, consumidores de produtos regionais: Sorocaba e São Paulo.

O desenvolvimento das relações comerciais ilustra claramente a mudança da dependência ecológica. Dantes, os raros bens propriamente comerciais (armarinho, bugigangas, tecidos, utensílios) adquiriam-se de mascates. O centro urbano, seu equipamento e usos, como que se deslocava, por meio do vendedor ambulante, até às fazendas, sítios e casebres, imobilizados pela fixação ao meio imediato.

Mais tarde, além do comércio nas vilas, surgiram vendas de bairro, que eram também um pouco lojas, onde se podiam encontrar não apenas secos e molhados, mas algumas fazendas, armarinhos e ferragens. Nesta etapa, formava-se uma mobilização parcial nas relações comerciais dos grupos de vizinhança, que tomavam como ponto de apoio os referidos estabelecimentos. No bairro que estudei mais de perto — Roseira — houve uma; houve outra no bairro limítrofe, do Morro Grande. Hoje, elas se encontram apenas nos bairros onde há pequeno esboço de povoado, como São Roque Novo e São João, ou que se situam ao longo de estradas de tráfego intenso, como São Roque Velho. Com efeito, a dependência em relação à vila acentuou-se de tal modo que as atividades comerciais são agora centralizadas por ela. Mas não é raro encontrarmos comerciantes sírios que, passando pelas três etapas, foram mascates a princípio; vendeiros de bairro em seguida; lojistas da vila depois e, finalmente, comerciantes nalguma cidade maior da zona, espelhando na sua vida a revolução ecológica e cultural.

2a) P. Quais são o pão que têm mai noi?
R. Um simples (ou) que é a mandioca, outo doce que é a cana. 169.

2)— P. Qual é o homem que tem um bom braço, bõa munheca, bastante dedo e não pode trabalhar?
R. Bananeira

227

Nhô Roque pergunta durante o trabalho de reparos na estrada
— Quem é que entra na mão pra ver o pai?
não sabem, e João Jerofim exclama: ~~Sei~~ "Dalei
pra lá!" (= não sei; quem escapar desta dificuldade
R = não, quando entramos na Igreja, pra ver a Mãe,
pra ver Deus, pra ver o Pai.

A capela do bairro de São Roque Novo.

14. Técnicas, usos e crenças

A situação presente se caracteriza, pois, pelo desligamento relativo em face do meio natural imediato, a aceleração do ritmo de trabalho, a maior dependência em relação aos centros urbanos. Este estado de coisas não poderia deixar de repercutir na esfera da cultura, onde podemos notar reelaboração de técnicas, práticas e conceitos.

Já se mencionou, na segunda parte e no início desta, a diminuição da indústria doméstica; atualmente, restam apenas vestígios da autossuficiência referida na primeira parte. Se considerarmos, por exemplo, o equipamento caseiro, não veremos mais as gamelas de raiz de figueira, as vasilhas de porunga, os potes de barro, as colheres de pau, feitas in loco. A folha de flandres, o ferro, a ágata, o alumínio e a louça começaram a lhes fazer concorrência, até as expulsarem de todo. Até os chapéus e as peneiras de palha, tão fáceis de fabricar, são agora comprados.

No domínio da manipulação dos gêneros, é espantosa a rapidez com que vão desaparecendo os recursos locais. Os monjolos d'água são excepcionais; rareiam as prensas e pilões de pé; desapareceu completamente o fabrico da farinha de mandioca e todo o equipamento correspondente, corriqueiro há meio século e, hoje, desconhecido pela maioria dos caipiras na área estudada. Os velhos descrevem como coisa de outra era, não apenas o tipiti (*tapichi*), o sistema de alavanca interpotente constituído pelo cocho e a tábua de prensa, mas a própria mandioca amarga, ou, como dizem, de Pernambuco, atualmente desaparecida.[7]

Aliás, o momento atual se presta, muito bem, para observar como vai minguando determinado equipamento, em

---

7 Ver apêndice 8.

face de um estádio mais avançado da técnica e dos hábitos criados pela dependência econômica. Em 1948, eram frequentes as prensas de cana, já desaparecidas em 1954. Naquele ano, ninguém mais fazia farinha de milho, mas muitos ainda limpavam arroz em casa — prática hoje em dia desaparecida.

Neste passo, convém assinalar que a atuação da influência urbana, mesmo remota, introduz novos hábitos, que contribuem para transformar o panorama tecnológico. Desde que, por exemplo, se instalaram máquinas de beneficiar arroz na vila, e os caipiras passaram a depender mais dos recursos desta, o esforço requerido para descascá-lo no pilão vai-se tornando mal suportado pelas mulheres. Acontece, então, que elas recalcitram e o chefe da casa cede; tanto mais quanto, para todos, o novo ritmo de trabalho obriga a concentrar um esforço cada vez maior nas tarefas essenciais da produção agrícola.

Vemos, assim, que as novas necessidades têm grande importância na configuração da mudança de cultura, pois esta se apresenta, sob certos aspectos, como restrição, ampliação ou redefinição de necessidades. Uma importante necessidade alimentar, como a carne, sofre severa restrição, pois a diminuição da caça não é compensada por um abastecimento regular de carne de vaca. O resultado duplamente restritivo é a atrofia da tecnologia venatória e, no plano nutritivo, de um elemento fundamental da dieta.

Na alteração das necessidades, todavia, devem-se encarar o aspecto econômico e o psíquico, sugeridos implicitamente no exemplo acima. Assim, o aumento das horas de trabalho leva à queda da indústria e manipulação domésticas e, consequentemente, à necessidade de comprar o que antes se produzia. Mas a dependência em relação à manufatura e à tecnologia dos centros de população importa, de outro lado, certa liberação do esforço pessoal, requerido em grau mais elevado pelo novo ritmo de trabalho — e no limite os dois processos se equilibram teoricamente. Isto é: se de um lado o caipira se desprende das técnicas e conhecimentos que constituíam o seu acervo cultural próprio, por outro ele encontra técnicas e conhecimentos novos que, num universo diferente, compensarão a atrofia da sua cultura, pela sua incorporação a uma cultura nova.

Teoricamente, o que lhe é requerido a mais em trabalho agrícola, regular e constante, é devolvido em auxílio técnico, sob a forma de bens de consumo feitos ou transformados, que obtém a troco de dinheiro. Na prática, a compensação nem sempre funciona, devido à desproporção existente entre as suas possibilidades totais de lucro e o preço que paga para satisfazer as necessidades complementares, sempre multiplicadas.

Esta multiplicação é tanto mais poderosa quanto, conforme sugeri, envolve uma dimensão psíquica que a enraíza no terreno dos hábitos. A mulher que vê a possibilidade de escapar ao esforço penoso de pilar arroz começa a achar insuportável esta tarefa e a se sentir diminuída quando a executa, enquanto nas formas retrógradas de vida caipira este e outros esforços mais duros são aceitos sem discussão, visto como não há alternativas. É o caso, por exemplo, do fabrico doméstico de rapaduras em pequena escala, com a engenhoca de tração animal puxada pelas mulheres da casa.

Note-se, finalmente, a importância do prestígio associado às práticas e usos de caráter urbano; a tal ponto que a pessoa se sente diminuída quando é obrigada a manter os que se vão tornando, comparativamente, desprezados. A posse de um relógio despertador, a de um canivete de várias peças, um vestido de estamparia original, um quadro etc. são elementos de realce da posição individual. Um exemplo concreto talvez esclareça melhor: o do fumo, que antigamente era cultivado com frequência na horta. Colhido, secavam-se as folhas em jiraus, tiravam-se os talos, enrolava-se e guardava-se para o gasto. A restrição geral imposta às atividades não comercializáveis atingiu esta prática e poderia servir para explicar o seu desaparecimento. Mas, na verdade, é preciso levar também em conta um fator psíquico. Com efeito, mesmo nos casos em que sabe que poderia obter fumo desta forma, vemos com frequência o caipira não apenas deixar de prepará-lo, como desprezar o que se vende nas lojas, preferindo cigarros de fábrica. Temos aí substituição do traço anterior, não apenas pela mudança no ritmo de trabalho e perda de habilitação técnica, mas, também, por influxo da relativa importância conferida pela adoção do novo traço. E podemos realmente concluir: todas as vezes que surge, por difusão da cultura urbana, a possibilidade de adotar os seus traços, o caipira tende a aceitá-los, como elemento de prestígio. Este, agora, não é mais definido em função da estrutura fechada do grupo de vizinhança; mas da estrutura geral da sociedade, que leva à superação da vida comunitária inicial.

Estas considerações parecem válidas sobretudo para a cultura material, pois no terreno das crenças e dos sentimentos o processo é mais complexo e não se deixa assim esquematizar.

Podemos todavia, como ilustração, lembrar o que ocorreu e ocorre no domínio misto da terapêutica, onde se nota invasão progressiva do comportamento racional, sem contudo desaparecerem as suas bases mágico-religiosas.

Atualmente, vão-se tornando raros os conhecedores da flora medicinal, cuja utilização tende a restringir-se às receitas correntes da medicina caseira. No grupo estudado, talvez por imperícia, não consegui obter mais que as seguintes:

1. Sedativo da tosse: xarope de flor de abacate (*Laurus persea* L.);
2. Antiofídico: pimenta-cumari (*Capsicum baccatum* L.);

3. Purgativo: raiz-preta (*Chiococca anguifuga* Mart.);
4. Cólicas, fraqueza do estômago: casca-de-anta (*Drimys winteri* Forst.);
5. Feridas, hemorragias: barbatimão (*Styphnodendron barbatiman* Mart.);
6. Asma, ataques: perobinha (*Sweethia elegans* Benth.).

Apesar da desconfiança dos tradicionalistas, prevalece o remédio de farmácia. O velho casal de quem obtive a lista supra observou que, antes, conheciam-se as virtudes das raízes curativas, tendo este conhecimento vindo do princípio do mundo através dos bugres; os remédios atuais de farmácia são também tirados delas, mas a sua substância vem muito diluída em gotas, e quando há um bom *curador* os médicos mandam pô-lo na cadeia.

A terapêutica está representada em quatro níveis, que coincidem de certo modo com os âmbitos em que se fragmentou e ampliou a dependência ecológica. No primeiro, os *benzedores* e *benzedeiras*, práticos de remédios vegetais, de que deve haver vários no município; no grupo estudado, há a mulher do referido casal. As rezas que fazem não se dirigem apenas à saúde, mas aos vários problemas da vida. Assim, na Baixada, durante a minha estadia, um empreiteiro de roçada, cuja casa estava a pique de ruir, fez uma reza para impedir que chovesse à sua volta; mas a reza foi tão forte que parou a chuva em geral... Foi grande o aborrecimento de todos, mas ninguém ousava tomar medidas contrárias, até que um rapaz do Morro assumiu a iniciativa do ritual propiciatório — constante de um terço para provocar a chuva, que caiu realmente em abundância...

Neste primeiro nível, portanto, o indivíduo ainda não exerce uma função definida; bastam certo pendor religioso e certa ciência elementar da flora.

Os *curadores*, porém, já pertencem a outra esfera. Na parte ocidental do município — que me é mais familiar — tenho conhecimento de pelo menos dois: um branco e um preto. Ambos têm fama de infalíveis, aquele mais do que este, enumerando-se por dezenas as suas curas milagrosas, feitas com rezas e água benta do rio. Não aceitam dinheiro, alegando trabalhar para o bem dos outros; mas aceitam presentes em espécie, das pessoas que os procuram em boa quantidade.

Na sede do município o representante local da medicina é o farmacêutico, que, à falta de médico, atende a chamados, indica remédios, aplica injeções e, conforme o caso, encaminha para Conchas ou Botucatu, cuja Santa Casa é a quarta e última instância terapêutica.

No entanto, na prática, não há separação rigorosa de esferas, e a mesma pessoa recorrerá sucessiva ou simultaneamente às quatro, combinando as crenças tradicionais com os aspectos racionais da conduta, recentemente estabelecidos. Certo parceiro da Baixada, por exemplo, tem um filhinho que andou muito doente, inclusive de três pneumonias, acarretando-lhe gasto de 2 mil e poucos cruzeiros (1948). Tratou primeiro com o farmacêutico da vila, sem resultado; o de Pardinho, no alto da Serra, deu mais certo; mas quem resolveu foi o médico de Botucatu. No entanto, ao mesmo tempo submeteu-o às benzeduras e fez promessa de levar fotografias do menino à capela do Socorro e a Pirapora. E, na fase final do tratamento, já estando ele bom, recorreu ao *curador* branco acima referido. Levou-lhe uma camisolinha do convalescente, e este benzeu, fazendo grande efeito...

Como se vê, há interpenetração de planos, em que o passado e o presente, o mágico e o racional se combinam normalmente, sancionando em conjunto, por assim dizer, a validade do ato. Ao contrário do que ocorre na cultura material, a substituição não se dá tão claramente.

Mesmo no terreno material, porém, a mudança se opera em função das alterações no plano econômico, e como estas não romperam ainda de todo muitos elementos da vida tradicional, nele também vemos a alternativa de permanência e transformação. O fato, por exemplo, da maior parte da produção de feijão e cereais destinar-se ao consumo do produtor, ou à circulação dentro do município e municípios vizinhos, faz com que haja, nos critérios de medição, persistência de padrões absolutamente incompatíveis com a vida comercial moderna.

Em Bofete, com efeito, domina o velho processo do cesto cheio de *milho de conta* como padrão — medida arbitrária, pautada pelas espigas selecionadas, favorável ao vendedor e justificável pela persistência do consumo local. Nos municípios vizinhos mais comercializados, vemos predominar processos métricos normais, à base do litro e do quilograma, significando a sua incorporação mais decidida à esfera da economia moderna. Eles vão se aproximando, todavia, e dentro de alguns anos passarão com certeza a predominar também em Bofete, assinalando a marcha da racionalização.[8]

3) – P – O que é que Deus nunca viu e nas há de ver?
R – Outro acima dele.

4) – P – O que é duas bolinhas pequenas que ninguém pode carregar?
R – E braza de fogo

8 Ver apêndice 9.

P. Quanto alqueires um homem pode tocar.

R. Varia. Tenta saude, até 5 alqueires. "Roça" (milho) pode plantar bastante, mas "cereal mai miudo", como feijão e arroz, menos, porque "roça" não carece limpar.

Edgard Carone e habitantes das imediações da fazenda Bela Aliança.

Voltando à esfera não material, podemos lembrar a já assinalada diminuição e decadência das festas — não apenas as religiosas, como as mais acentuadamente recreativas. Pela informação de todos, havia antes muita dança de São Gonçalo, fandango e samba; a primeira é hoje pouco frequente, embora se realize em cumprimento de promessas propiciatórias de boa colheita; as segundas quase desapareceram, cedendo lugar ao *baile*, isto é, às danças de par enlaçado. Vez por outra, ainda se ouve falar numa quadrilha.[9]

Antigamente, a dimensão lúdica era uma das vigas da cultura caipira, favorecida pelo lazer e a vida social fechada. Hoje, ela vai sendo obliterada pelo ritmo de trabalho, a apertura de uma economia dependente e a diminuição dos incentivos de outrora.

15. Posição e relações sociais

Se considerarmos a posição e o papel dos indivíduos e as suas relações uns com os outros, notaremos no caipira atual sintomas de acentuada mudança.

Nas fases iniciais da sua formação como tipo humano, havia relativa indiferenciação de papéis e, por conseguinte, limitação dos critérios para definir posição social. A incorporação à economia capitalista altera as posições na estrutura tradicional e possibilita a definição de outras, fora dela.

Este último processo se prende aos novos tipos de mobilidade. Como foi assinalado mais de uma vez, esta representou sempre, na sociedade caipira, um mecanismo de reajustamento do seu equilíbrio instável. Mas a mobilidade de outrora levava à multiplicação constante de agrupamentos do mesmo

9 O *fandango*, como se sabe, é o *cateretê*, ou *bate-pé*, a principal das danças caipiras, via de regra exclusivamente masculina. O *samba* não se confunde com a dança urbana conhecida por este nome. Nela os pares evoluem em frente um do outro sapateando, rodeando etc., sem se tocar.

tipo — conduzindo em movimentos inversos da estrutura de bairro ao isolamento para-anômico, ou pré-anômico, e deste a novas estruturas de bairro.

Deste modo, recriava os mínimos de sociabilidade em torno dos mínimos de subsistência, promovendo, pela conjugação de ambos, a reorganização das condições próprias aos agrupamentos de vizinhança.

Ao contrário, a mobilidade de hoje conduz muitas vezes ao abandono completo dos gêneros tradicionais de vida, quer levando o caipira ao trabalho em zonas de agricultura moderna, onde se incorpora aos novos padrões, quer, sobretudo, incorporando-o ao proletariado urbano. O pessoal das indústrias, dos transportes rodoviários e ferroviários, da construção civil, das obras públicas, é, em grande parte, recrutado no seu meio. Da mesma maneira, nele se recrutam as empregadas domésticas e os empregados em toda sorte de atividades, qualificadas ou não, requeridas pelos centros urbanos.

Uma pesquisa recente mostra que 48,92% das famílias vindas para a capital provêm de áreas rurais, e que a sua ocupação principal tornou-se o trabalho na indústria. Dentre 6692 pais de alunos dos grupos escolares da cidade de São Paulo, 39,20% se ocupavam de agricultura antes da migração; e destes 93,82% "mudaram de atividade, passando a exercer as mais variadas funções, mas, principalmente, as de operário industrial, pedreiro, comerciante, carpinteiro, motorista, funcionário público, mascate, comerciário, mecânico e tintureiro. Dos que se dedicavam à atividade agrícola 34,65% tornaram-se operários industriais; 10,56% tornaram-se pedreiros; 4,46%, comerciantes; 2,82%, carpinteiros; e 2,66%, motoristas".[10]

10 Vicente Unzer de Almeida e Otávio Teixeira Mendes Sobrinho, *Migração rural-urbana*, 1951, pp. 64 e 67.

Neste capítulo, porém, interessam sobretudo as mudanças de posição social e de papel entre os lavradores que não abandonaram a agricultura, nem a sua área de origem.

Vimos que na sociedade tradicional reinava certa indiferenciação social, ao lado da homogeneidade de cultura, e que ela se alterou principalmente pela emergência econômica e ecológica do fazendeiro rico ou abastado. Nela, proprietários e posseiros formavam o grosso da população mais ou menos estável, permeada ou marginada de elementos flutuantes — agregados e aventureiros.

As condições subsequentes não apenas acentuaram a estratificação (definindo novos estilos de vida para o fazendeiro e formando, no outro polo do universo social, a camada dependente dos escravos), como a diferenciação propriamente dita, dando lugar à formação de novos tipos humanos no nível do proprietário modesto e do posseiro.[11]

É o caso do colono nas zonas de café. Na que ora nos ocupa, é principalmente o da parceria, que representa nela certa persistência da economia caipira tradicional, vistas as coisas do ponto de vista do parceiro. Já agora, porém, em condições inferiores às proporcionadas pela propriedade ou a simples posse, se nos colocarmos do ângulo da sua coesão interna.

A parceria, no Brasil, representa as mais das vezes situação de compromisso entre o grande ou médio proprietário que não tem meios de explorar diretamente as suas terras e o trabalhador rural que não deseja tornar-se assalariado. Para ambos, é nitidamente uma situação de transição; daí ocorrer de preferência nas zonas chamadas velhas, e estabelecer-se nas fases de menor prosperidade ou decadência agrícola. Ela não

11 Reservando o termo *estratificação* para a diferenciação de camadas e posições, poderíamos reservar a de *diferenciação* para o aparecimento de novos grupos e tipos, independente de sua superposição.

permite ao fazendeiro a agricultura moderna e em larga escala; nem permite ao trabalhador a prosperidade mínima, que se traduz em estabilidade por meio da aquisição de terras. Por isso, tantas vezes, denota a coexistência do proprietário financeiramente insuficiente e do ex-proprietário, obrigado a lavrar chão alheio. Em nenhum lugar, mais do que em zonas velhas como a que percorri e estudei, verifica-se, a seu respeito, a justeza do conceito de Drouyn de Lhuys: é a "associação, sobre um solo *pobre*, do trabalho *lento* e do capital *tímido*".[12]

No estado de São Paulo, ela se desenvolveu principalmente no século XX; antes, *dava-se* terra para morar ao agregado — e isto bem mostra a diferença de duas etapas da vida econômica.

No capítulo 7 já se apontaram as diversas modalidades de parceria, bem como a sua diferença em relação ao arrendamento. Este, como salienta Carlos Borges Schmidt, é fenômeno posterior, ligado sobretudo ao cultivo do algodão, cuja margem compensadora de lucro permite ao pequeno lavrador enfrentar o ônus de pagamento fixo em dinheiro.[13]

Para o interesse do fazendeiro, a modalidade ideal é a meação, ou parceria a 50%. A sua ocorrência denota, porém, certa folga financeira, que permite arcar com as despesas de preparo da terra e fornecimento de sementes. As modalidades de 20%, 25% e 30% exprimem quase sempre ausência desta folga — e são as preferidas pelo trabalhador, devido não só à margem mais compensadora, como à maior liberdade que significam. Na meação, o fazendeiro é um sócio que inverteu capital apreciável, e portanto intervém na empresa comum a fim de garantir-lhe o êxito. Nas outras formas, todavia, dispôs apenas da terra, cabendo ao parceiro a quota maior de capital, sob a forma de instrumentos, sementes e benefício. Se nos pusermos no ângulo

12 Apud Castro Caldas, *Formas de exploração da propriedade rústica*, 1947, p. 264. **13** Ver apêndice 6.

patronal, concluiremos que a meação é a modalidade mais proveitosa ao rendimento agrícola e à exploração racional da terra; do ângulo do trabalhador, as outras modalidades são as que lhe asseguram equilíbrio mais satisfatório na vida econômica e mais plena integração social.[14]

Num caso e noutro, e em sentido aproximativo — pois devem-se ressalvar exceções de toda sorte —, é possível dizer que o incremento extraordinário da parceria pode significar verdadeira capitulação do latifúndio, que permite refazerem-se no seu território agrupamentos de lavradores em condições parecidas, muitas vezes, com as de pequenos sitiantes integrados em bairro, praticando, em pequena escala, agricultura de subsistência. A ponto de um conhecedor dos nossos problemas agrários ter podido afirmar recentemente, em exposição oral, que a pequena propriedade tende praticamente a predominar sob a forma de parceria, faltando apenas medidas governamentais de reforma para ver assegurada a sua vitória sobre o latifúndio impotente.[15]

Mesmo que não se chegue a tal conclusão, o fato é que o observador de um núcleo de *aforantes* percebe claramente que está em face de trabalhadores semi-independentes, que podem fazer tudo para preservar esta qualidade. E assim chegamos à sua caracterização sociológica, que deve ser feita não só no plano econômico, mas no da cultura e da sociabilidade.

Sob estes aspectos, o parceiro caipira, o *aforante*, e não o meeiro, é um proprietário incompleto, em cuja vida aparecem condições que favorecem a manutenção das crenças, práticas e valores característicos do caipira tradicional. Embora não vá nisto sentimento definido de superioridade, ele se reputa

14 Carlos Borges Schmidt, *O meio rural*, 1946, pp. 76-78. Cf. também Lynn Smith, *Brazil*, 1946, pp. 473-482, sobre as formas de ocupação da terra em São Paulo.   15 Fúlvio Abramo, numa exposição feita no Partido Socialista Brasileiro sobre a situação econômica do país.

diferente do camarada e do colono, equiparando-se de preferência ao pequeno sitiante. É verdade que o padrão de vida e mesmo a posição social de todos eles é mais ou menos equivalente; mas ele possui, mais do que o camarada e o colono, menos que o sitiante, certa margem de autodeterminação que lhe permite manter o respeito de si mesmo. Apesar da pressão eventual do fazendeiro, é teoricamente livre; e de fato o vemos interromper o trabalho quando quer, ou ir à vila sempre que tiver vontade. Ouvi de vários parceiros (mais em 1948 do que em 1954) expressões acerbas sobre o colonato, julgado contrário à dignidade, devido ao controle patronal e às humilhações que acarreta, inclusive a do sino, cujo repique determina o ritmo da vida, penetrando na de cada um como verdadeiro dobre de autonomia perdida. Alguns costumam dizer que "sino é para italiano" e, deste modo, procuram dar expressão étnica a duas tradições culturais diversas: a do imigrante europeu, formado secularmente nos padrões de dependência senhorial; a do caipira, herdeiro da aventura de desbravamento e posse franca dos sertões.

Podemos dizer que a parceria representa um ponto de precária estabilidade no processo de mudança ora em andamento, colocando o caipira entre a posição de proprietário, ou posseiro, e a de salariado agrícola; e aparecendo, muitas vezes, como única solução possível para a sua permanência no campo. É uma forma de proletarização rural (se for possível usar tal frase sem contradição nos termos) que retarda ou evita não apenas as suas formas extremas (salariado), mas ainda a proletarização urbana imposta pelo êxodo.

No entanto, a revalorização das terras *velhas* tenderá a alterar a situação, recriando condições para o latifúndio produtivo diretamente administrado, ou recompondo a distribuição fundiária, com possibilidades maiores para o pequeno proprietário. A concentração de propriedade, devida ao café, tem hoje uma expressão por vezes meramente estatística, não correspondendo a formas adequadas de exploração e encobrindo uma relativa divisão de fato, por meio da parceria; mas poderá tornar-se outra vez realidade, como é nas zonas prósperas, sobretudo nas lavouras de cana. Num caso e noutro, poderemos com certeza verificar o caráter transitório da parceria como solução agroeconômica, e do parceiro como tipo humano.

Os moradores do grupo estudado reforçam, pelo seu passado, o que acaba de ser exposto. Com efeito, todos eles são antigos proprietários ou, na maior parte, descendentes de sitiantes e fazendeiros, donos de engenhocas e moinhos, de carros e de gado. Originaram-se, pois, das camadas estáveis da velha sociedade caipira, e são como portadores das suas tradições mais típicas que vivem a aventura da degradação econômica motivada pela subdivisão da herança, a impossibilidade de provar legalmente os direitos territoriais, a concentração do latifúndio que, na ascensão do café, interferiu por bem e por mal na economia dos sítios e na estrutura dos bairros.

Alguns, interrogados, lembram que as terras passaram a outras mãos de modo pouco claro; que, provavelmente, se demandassem ainda teriam glebas a reivindicar; que venderam o sítio para comprar outro, e acabaram ficando sem nada; que herdaram parcelas muito pequenas e preferiram vendê-las. Lembram que o avô teve sítio grande, e até escravos; que o pai perdeu o que tinha, nada deixando. Uns poucos são capazes de indicar parentes graúdos, noutros municípios, com fazenda e prestígio. Excepcionalmente encontrei pessoas que não tivessem antepassados possuidores de terra.[16]

Doutra parte, é desprezível o número dos que, tendo sido parceiros, adquirem terra e se tornam proprietários. Mas acontece com frequência donos de sítios muito pequenos *aforarem* terra, pois a sua não basta para as necessidades da subsistência, como

16 Ver apêndices 3 e 4.

já se indicou em capítulo anterior. Por ocasião da minha segunda viagem, havia, na Baixada, quatro nestas condições. Acontece, também, tais sitiantes venderem o que têm e se tornarem *aforantes*, o que era o caso de cinco, por ocasião da minha primeira estadia, e pelo menos três, na segunda. Estes fatos mostram o sentido em que se dá a mudança na condição econômica: sempre da propriedade para a parceria, e quase nunca o contrário. Mostram, ainda, como na atual conjuntura há paridade de posição social entre parceiros e pequenos sitiantes — herdeiros da mesma tradição de cultura, igualmente atingidos pela crise de incorporação à economia moderna, nivelados na luta pela subsistência imediata.

É necessário todavia salientar que esta paridade não é absoluta, se passarmos das relações de uns e outros para a análise mais pormenorizada dos traços de mudança social e cultural. Aí, veremos que há no sitiante maior capacidade, não apenas de preservação da cultura, como de ajustamento mais harmonioso à situação de crise.

No município em estudo, este fato se comprova pela comparação do bairro da Lagoa com o de São Roque Novo, e de ambos com o grupo de parceiros mais especialmente observado.

O primeiro é, por assim dizer, o repositório da tradição. Isolado, sem estradas, pouco percorrido, com população quase exclusivamente *brasileira* e rarefeita, constituído de sítios e fazendas de tipo sítio (com exceção de umas poucas para o lado de Itatinga e para ela voltadas), lembra por alguns traços o quadro da vida antiga. As mulheres e crianças fogem ante qualquer cavaleiro, trancando-se em casa; os contatos com a vila são poucos; há produção de porcos e mantimentos, quase apenas para consumo doméstico; subsistem em sua pureza as práticas de solidariedade vicinal; dançam-se o *fandango* e a dança de São Gonçalo; os homens são arredios, vestidos à antiga, com calças muito curtas e estreitas, camisa de fraldas ao vento — lembrando a indumentária das descrições citadas noutra parte.

Em São Roque o panorama é oposto. Lá também há quase apenas *brasileiros* e sitiantes; mas fica à beira da estrada de Conchas, devassado por todos os quadrantes, numa baixada fértil e amena do Rio do Peixe, comunicando-se facilmente com a redondeza, graças ao ônibus da vila, que passa nos seus limites. A vida econômica repousa nos *mantimentos* e na criação de porcos, vendidos em boa parte a compradores do município de Pereiras. Os seus moradores são tratáveis e desembaraçados, amigos dos divertimentos e da famosa festa do Padroeiro. De *fandango* não há mais notícia, salvo quando alguém resolve promovê-lo por curiosidade: predomina o *baile*. No entanto, preservam-se em São Roque aspectos importantes da estrutura tradicional, sobretudo a organização da festa.

Parece, pois, que os sitiantes estruturados em bairro mantêm condições de equilíbrio do grupo — tanto nos casos em que o isolamento conduz ao conservantismo, quanto naqueles em que a participação na vida moderna provoca a mudança. O bairro, como *federação* de proprietários que resolveram os problemas da subsistência imediata, torna possível, numa e noutra circunstância, certo equilíbrio social. Tais conclusões, baseadas na observação direta, confirmam a de Alice Canabrava, que, infelizmente, deve ser posta no condicional: "é bem possível que entre os sitiantes dos bairros se esteja formando a geração dos nossos homens da terra, apegados à gleba, onde são ao mesmo tempo fixadores de tradições e da paisagem rural".[17]

No parceiro, encontramos tanto a menor capacidade de preservar quanto a de se ajustar harmoniosamente. Na sua

17 Alice Piffer Canabrava, *A região de Piracicaba*, p. 681, apud N. L. Müller, op. cit., p. 176.

vida meio ambígua de autonomia sem estabilidade, e autodeterminação sem garantias, a crise cultural e social se manifesta com mais intensidade, colocando-o, de fato, entre o sitiante e o assalariado, e dando lugar a uma coexistência mais perceptível da tradição e da mudança.

Onde podemos claramente avaliar esta última, em relações sociais ligadas à obtenção dos recursos, é no que se poderia chamar de *comercialização da cooperação*.

Mostrou-se no capítulo 8 que os parceiros estudados não podem dar conta das tarefas sem auxílio vicinal, que continua, assim, elemento integrante da sua sociabilidade e da sua economia. Verificou-se, no entanto, acentuada substituição das formas desinteressadas pelas que envolvem retribuição, computada rigorosamente — fazendo com que as instituições tradicionais do *terno* e do *mutirão* cedam lugar às diversas modalidades de troca de serviço, individual ou coletivo.

5) – P. O que é:

Campos brancos
Flor pretas
Cinco chaves
E uma chaveta.

R. Papel, as letras de tinta, os 5 dedos e a caneta.

6) – P. O que são 4 potes de boca bem cheia, virados para baixo sem derramar?
R. Ubre da vaca.

Os lavradores de mentalidade mais econômica refugam aquelas, que continuam vigorando para os conservadores ou os que lhe estão quase naturalmente sujeitos pelos vínculos de parentesco. Os problemas de mão de obra se solucionam pois, para eles, num compromisso entre velhas práticas, baseadas na solidariedade tradicional de vizinhança, e necessidades novas, que propiciam mentalidade mais ajustada ao ritmo atual do trabalho e à influência do dinheiro como aferidor das coisas e dos atos.

Note-se, finalmente (recordando o que foi dito no início desta terceira parte), a relativa explosão da sociabilidade concentrada dos velhos grupos vicinais, dando lugar a relações constantes com outros bairros, com a vila, não raro com as cidades, e, portanto, a formas novas e mais amplas de interação e experiência social.

16. Representações mentais

A esta nova condição econômica, definindo posição diferente na estrutura social, devem por certo corresponder traços de mentalidade e afetividade. Seria o caso, para averiguá-los convenientemente, de submeter grupos caipiras em mudança aos modernos testes projetivos, que têm permitido compreender melhor certos grupos primitivos e tradicionais, antes estudados do ângulo exclusivamente social, ou por meio de avaliações psicológicas bastante grosseiras. Não tendo competência no terreno, foi infelizmente a estas que precisei recorrer, entendendo que é melhor pouco do que nada.

Dado o processo de urbanização, que inter-relaciona todas as áreas do estado, os problemas econômicos têm agora — e cada vez mais — ressonância nos cantos mais isolados, embora não atingindo a todos igualmente. É portanto compreensível que o caipira manifeste a seu modo sintomas de inquietação

O namoro é primeiro de "z'óio"; depois vêm as visitas, mas via de regra nesta segunda fase pouco se falam os namorados e não se tocam.

Uma família, a casa e o cavalo.

8) – P: Dantes eu fui filha
Hoje eu sou mãe
Criando família alheia
E marido da minha mãe.

e apreensão, gerais em toda a população, embora ocorrentes de modo diverso conforme o lugar, a integração social, o nível cultural e econômico.

A condição do parceiro torna-o vulnerável ao impacto dos problemas econômicos, provocando certos comportamentos de reação e de adaptação, por meio dos quais ele procura definir e manifestar o seu juízo sobre as ocorrências que lhe vão transformando a vida.

Em primeiro lugar, observamos o que se poderia qualificar de saudosismo transfigurador — uma verdadeira utopia retrospectiva, se coubesse a expressão contraditória. Ele se manifesta, é claro, sobretudo nos mais velhos, que ainda tiveram contato com a vida tradicional e podem compará-la com o presente; mas ocorre também nos moços, em parte por influência daqueles. Consiste em comparar, a todo propósito, as atuais condições de vida com as antigas; as modernas relações humanas com as do passado. As primeiras, que interessam diretamente a este trabalho, referem-se principalmente a três tópicos: abundância, solidariedade, sabedoria.

É claro que a fertilidade das terras decaiu, e as modernas condições econômicas levam a trabalhar para o mercado. Nas palavras do caipira, todavia, o "tempo de dante", ou "dos antigo", era o próprio reino da fartura. Conforme um deles, no tempo do avô de seu pai, a medida para semear não era o alqueire, mas o dedal... Um dedal cheio de arroz dava produção abundante, pois era imensa a força da terra. As colheitas eram tão grandes que nem se colhia tudo; deixava-se milho no pé para os porcos comerem, e muitas vezes era preciso jogar mantimento no pasto, para dar lugar ao novo nos paióis — que não eram *paiolinhos*, como hoje, mas *paiolões*. Todos se ajudavam por amor de Deus e ninguém passava aperto; aliás, o povo trabalhava metade do ano e passava a outra metade caçando pelo mato.

Ninguém trabalhava alugado, porque para isto havia os cativos; não havia *aforante* nem *colônio*: era o "tempo das posse" e todos tinham a sua terra. Era só chegar, tomar conta e pedir para o governo, que concedia áreas medindo uma légua de frente por três de fundo. Mas depois vieram os fazendeiros ricos e, como a caboclada era ignorante, foram comprando barato de uns, tomando à força de outros. Tinha gente que chegava e ia expulsando os "cuitadinho" a pau e tiro.

Sabia-se muita coisa. Havia gente que começava a contar *causos* de manhã cedo e ainda não tinha parado à hora do almoço. Eram casos de santos, de bichos, de milagres, do Pedro Malasarte, e instruíam muito, porque explicavam as coisas como eram. Por isso havia respeito e temor: os filhos obedeciam aos pais, os moços aos velhos, os afilhados aos padrinhos e todos à Lei de Deus — pois era o tempo dos padres santos, que andavam pelo sertão ensinando a rezar, pregando, batizando e casando. Batizavam e casavam de graça, ou muito barato (600 réis e 400 réis respectivamente), ao contrário dos padres de agora, gananciosos, que "fazem roça" da Igreja.

Hoje, estuda-se muito, e os filhos já sabem ver as letras; mas há três assuntos a que ninguém *dá volta*: primeiro, fazer gente velha ficar moça; segundo, fazer o tempo voltar para trás; terceiro, dar força nova à terra, que cada vez é mais fraca.

Resumindo, na frase dum velho parceiro — "o estudo anda para diante, mas a terra e os homens andam para trás".

Esta valorização do passado é constante. A cada conversa sobre as dificuldades presentes surge uma referência a ele, ora discreta e fugidia, ora tornando-se tema de exposição. Os caipiras sabem que essa é uma imagem ideal, e na verdade havia mais mortes e violências, a maleita "abria faia (falha) no povo", ocorriam anos de míngua e fome. Sabem, por outro lado, que não havia recursos como agora, nem os bens de consumo que lhes dão prazer quando obtidos. No entanto, é a sua maneira de criar uma idade de ouro para o tempo onde funcionavam normalmente as instituições fundamentais da sua cultura, cuja crise lhes aparece vagamente como fim da era onde tinham razão de ser como tipos humanos.

Este senso confuso de estarem *passando*, de não caberem no universo do homem da cidade, repercute mais nos casos de instabilidade econômica e, portanto, mais no parceiro, ou no sitiante-parceiro, do que no sitiante. E pode, em certos casos, dar nascimento, como mecanismo de compensação, a verdadeiras miragens econômicas e sociais, causadas pela insatisfação e o desejo de fuga, que os levam a buscar zonas novas, ou a cidade, mesmo sem premência excepcional das dificuldades correntes. No primeiro caso, são miragens por assim dizer de recuperação baseadas na esperança de tornarem-se proprietários e recriarem as condições de vida acenadas nas utopias retrospectivas, já agora no Paraná, na Alta Sorocabana, até em Mato Grosso. As segundas são miragens de superação, nas quais a maneira de resolver o problema parece ser a adesão definitiva ao mundo estranho do homem da cidade, abandonando os meios tradicionais de vida.

Noutro capítulo ficou mencionado que a privação dos alimentos mais prezados — carne, pão, leite —, dando lugar a uma espécie de *fome psíquica*, constitui fator de insegurança, interferindo no equilíbrio geral da personalidade. Num conto profundamente compreensivo quanto aos efeitos da monotonia alimentar, narra Silone a história de um camponês tão desesperado pelo gosto inexorável da polenta de milho, alimento cotidiano em sua terra, que lhe vinha até no beijo das mulheres, que decidiu fugir para Paris (a grande Miragem), oculto num vagão de carga. Todavia, ficou trancado nele, e veio dar de volta, sem ter visto mais do que as quatro paredes da sua jaula rolante, à aldeia, ao trabalho do campo, à polenta de milho.

O valor simbólico desta obra literária faz compreender de que maneira a perspectiva de novos tipos de vida cria desajustes nas situações econômicas, que até então haviam parecido a própria lei das coisas e que, depois de comparadas, exibem as suas limitações. No caso dos parceiros aqui estudados, a míngua de caça e a raridade da carne de açougue dão lugar a um sentimento parecido com o que Silone analisou no seu personagem, e contribuem para a formação das miragens acima referidas.

De fato, nas histórias contadas pelos caipiras aparece frequentemente o tema da alimentação cárnea: na referência a banquetes de reis; em casos simbólicos sobre animais; na escolha das aventuras de Pedro Malasarte; nos desafios do *cururu* em certos temas apocalípticos incorporados às narrativas.

Sob este aspecto, seria interessante registrar as mudanças ou interpolações efetuadas para adaptar contos, lendas, tradições, à expressão dos problemas e angústias presentes. É o que se pode verificar na seguinte narração visionária do velho Nhô Roque Lameu, parceiro do Morro:

Quando eu era menino pequeno o meu avô me dizia: "Meu netinho, agora mantimento não vale nada e a gente carece de jogar ele fora do paiol para recolher a colheita nova. Mas há de chegar o tempo que vai se ver isto: todo sal, açúcar e mantimento vai ser racionado; o povo do sítio há de vestir seda e o povo da cidade pano grosso; os filhos dos pobres hão de brincar com bola de ouro e os filhos dos ricos com merda. Aí, vai aparecer o Anticristo, que há de fazer estes milagres: as montanhas mudar de lugar, as casas virar para o nascente. Depois do Anticristo há de vir um chifrudo. A obra dele vai ser que os filhos hão de matar os pais, e os pais hão de matar os filhos; as filhas hão de matar as mães, e as mães hão de matar as filhas. Para fazer isto, todos vão pegar no pau-de-fogo. Dizem que Deus há de mandar fogo para acabar com o mundo; mas o estrago vai ser aqui mesmo, uns matando os outros". (E isto que o meu avô dizia é certo; prova são as bombas que o povo estrangeiro está fazendo, que pegando uma em Conchas estraga até aqui.) "Aí há de descer um anjo do céu, e um boi assado vai correr a terra, de casa em casa, com um garfo e uma colher fincados. Cada um come um pedacinho dele, mas os que forem de outra religião prestam obediência e vão embora sem comer."

Trata-se de um mito escatológico extremamente complexo, não sei até que ponto adaptado pelo narrador, mas formado sem dúvida pela sedimentação de traços provindos de várias origens. Nota-se inicialmente uma caracterização ideal do passado, frequente entre os caipiras. Em seguida, uma atualização que traduz as próprias expressões de antanho em termos da situação presente. Assim, o racionamento da última guerra é usado para definir a penúria que opõe passado e presente; mais adiante, o elemento cataclísmico é interpretado segundo vagas noções sobre a bomba atômica.

O tema central é uma notória transposição sincrética do *Apocalipse*, sobretudo capítulo 13, versículos 11 e seguintes, que falam da segunda besta, portadora de "dois chifres parecidos com os de um carneiro". Aqui ela é tresdobrada em avatares de significado diverso, aparecendo sucessivamente como o Anticristo, "um chifrudo" e um estranho boi assado.

O Anticristo faz milagres, como a besta, que representa um princípio demoníaco de oposição. (O diabo é igualmente milagroso num conto narrado pelo mesmo Nhô Roque, no qual o trabalho agrícola é associado de modo impressionante à ideia de punição. Ver apêndice 10.) A ele sucede, por desdobramento analógico, o chifrudo, nome do diabo em nosso populário e outra manifestação da besta, cuja função é desencadear a guerra escatológica. A essa altura desce do céu um anjo, que no profetismo tradicional marca o início das catástrofes derradeiras. Com efeito, opera-se imediatamente o julgamento dos bons e dos maus, isto é, os que podem ou não comer a carne do boi, terceira aparição apocalíptica. Este tem uma natureza ambígua. Formalmente, continua a linha dos animais de cornos (conotação demoníaca), mas a sua função é redentora — o que compreenderíamos melhor se fosse um cordeiro, inclusive pelo elemento de comunhão dos justos, simbolizada na ingestão ritual da sua carne. Talvez a explicação seja que, ao evocar a ideia de um animal de chifre, a imaginação foi contaminada pelo sentido próprio de boi, animal cuja carne se aprecia — e aí a visão assumiu o significado real de mito da fome.

Com efeito, para o problema que nos interessa, deve-se destacar neste contexto a originalíssima circunstância de o boi ser assado, apesar de vivo, e trazer no lombo um par de talheres, como se fosse uma portentosa iguaria ambulante que corre o mundo. As considerações feitas sobre a importância social do alimento e o seu valor simbólico, bem como sobre a escassez dos alimentos prediletos na atual situação de crise social, permitem interpretar este mito como sacralização de emoções ligadas à subsistência, e como verdadeira projeção da "fome psíquica" — com tudo que ela comporta de interferência na personalidade e na visão do mundo.

O fim deste aparece marcado por uma subversão de valores que destrói a ordem natural, inverte a estrutura social, oblitera os laços afetivos. O aspecto redentor desta catástrofe é a eleição dos justos, que primeiro parece ser a exaltação dos pobres sobre a degradação dos ricos, bem como a dos campesinos sobre o homem da cidade; e que se revela afinal, na sua forma suprema, como fruição de um bem incomparável: matar a fome com a comida predileta e rara, enquanto, inversamente, a punição dos réprobos é o jejum.

17. As formas de persistência

A análise precedente tentou mostrar certas consequências da incorporação progressiva dos agrupamentos rurais à esfera de influência da economia capitalista. Selecionando alguns aspectos, considerados significativos, nos diferentes planos em que ela se dá, verificou-se, inicialmente, que o aumento de dependência econômica condiciona um novo ritmo de trabalho; ambos condicionam uma reorganização ecológica, que transforma as relações com o meio e abre caminho para novos ajustes; este fato provoca alteração no equipamento material e no sistema de crenças e valores, antes condicionados pela manipulação do meio físico imediato e pelo apego às normas tradicionais. Tais condições dão lugar a modificações estruturais, com aparecimento de novos papéis e de novas posições sociais, bem como de uma nova ordenação das relações, tendo sido apontados no primeiro caso a configuração do parceiro como categoria econômica e tipo humano, e, no segundo, a comercialização da cooperação vicinal. De tudo, finalmente, resultam traços novos da personalidade, de que apenas se destacaram (pela falta de elementos adequados à análise) certos comportamentos e representações denotadores de tensão psíquica.

Encarando em conjunto a situação estudada, podemos defini-la como resultante da coexistência dos fatores de persistência e dos fatores de transformação. É a ação de ambos que de fato a caracteriza, emprestando ao seu panorama certa alternância de equilíbrio e uma incessante mobilidade, onde se veem predominar ora uns, ora outros, mas onde ambos se encontram sempre presentes. Devemos, pois, agora, à luz desta hipótese, esboçar a sua caracterização final.

Convém lembrar, previamente, que são chamados fatores de persistência, ou permanência, os que contribuem para a continuidade dos modos tradicionais de vida; e de transformação, os que representam a incorporação aos padrões modernos.

Pelo que ficou exposto, poder-se-ia ter a impressão de que os segundos predominam de modo absoluto. No entanto, a realidade é mais complexa (como sugere a própria formulação da hipótese há pouco apresentada), não permitindo ver na influência da urbanização um processo evolutivo simples e unívoco. Na verdade, os fatores tradicionais exercem ação reguladora, não raro envolvendo os outros, combinando-se a eles, integrando-os de certo modo no seu sistema. Assim, para dar expressão mais completa ao que se vem procurando sugerir, podemos dizer que a situação estudada não é de substituição mecânica dos padrões; mas de redefinição dos incentivos tradicionais, por meio do ajustamento dos velhos padrões ao novo contexto social. O que houver de aparentemente palavroso neste período será, espero, justificado e esclarecido no curso da discussão.

Todas as vezes que os indivíduos e os grupos se encontram em presença de novos valores, propostos ao seu comportamento e à sua concepção do mundo, podem teoricamente ocorrer três soluções: os valores são rejeitados, e os antigos mantidos na íntegra; os valores são aceitos em bloco, e os antigos rejeitados; os valores antigos se combinam aos novos em proporções variáveis. É o que se observa nos contatos culturais, decorrendo, na mesma ordem, as seguintes consequências: enquistamento; desorganização; aculturação.

A orientação do processo depende duma série de fatores: tamanho do grupo; duração e intensidade dos contatos; *utilidade* dos traços propostos. De qualquer modo, é certo que a passagem dum tipo de cultura a outro depende em grande parte, para o seu êxito, do ritmo com que se dá a incorporação dos traços. Park mostrou, para o caso do imigrante americano, e Adams comprovou a teoria no caso da miscigenação havaiana, que aquele êxito depende muito da velocidade do processo aculturativo: lento demais, acarreta resistência aos padrões; rápido demais, desorganização dos padrões anteriores, antes de haver possibilidade de integrar os novos.[18]

Não podemos falar em aculturação no nosso caso, onde se observa um processo de mudança envolvendo duas etapas da mesma cultura. Mas as diferenças entre estas são bastante acentuadas para se configurarem os problemas de aceitação ou rejeição de padrões, com tudo que envolvem de opção e de reorganização do comportamento.

Neste sentido, os conceitos acima podem ser invocados pelo menos em caráter ilustrativo, para mostrar que a acomo-dação do caipira aos padrões urbanos se faz conforme possa ou não encontrar condições satisfatórias de substituição dos seus próprios. E que neste processo há graus variáveis, se-gundo a maneira e o ritmo por que uns e outros entram em contato e se combinam. Lembrando exemplos citados neste capítulo, podemos indicar a situação sociocultural no bairro da Lagoa como um caso de ritmo lento, com tendência ao en-quistamento; a do bairro de São Roque Novo como caso de ritmo ótimo, com ajustamento progressivo, dentro das pos-sibilidades regionais. Os nossos parceiros da Roseira estão de permeio, facultando ao observador um espetáculo de con-servantismo, ante a pressão parcialmente aceita dos fatores de mudança.

---

18 Romanzo Adams, *Interracial Marriage in Hawaii*, 1937, cap. 19: "Social disorganization and personality". Ver Park e Burgess, *Introduction to the Science of Sociology*, 1936, caps. 10 e 11: "Accommodation" e "Assimilation". Para um ponto de vista mais moderno, cf. Herskovits, "The Process of Cultu-ral Change"; e Hallowell, "Sociopsychological Aspects of Acculturation", em Ralph Linton (Org.), *The Science of Man in the World Crisis*, 1945, pp. 143-200.

De modo bastante esquemático, poderíamos dizer que nos indivíduos e grupos, que migram para cidades e áreas urbanas, predomina o efeito destes últimos; mas nos que permanecem, predominam os de conservação. Trata-se, então, de saber como se configuram estes na presente conjuntura; como agem e que função exercem no equilíbrio dos agrupamentos em mudança.

Não esqueçamos o que ficou dito a respeito da parceria: os sítios reunidos em bairro asseguram muito melhor do que ela a preservação das estruturas e valores tradicionais. Por isso mesmo, vemos desenvolverem-se nos agrupamentos de parceiros certos comportamentos aos quais, por simplificação didática, podemos atribuir a função unilateral de defesa da sua integridade. Esta formulação é possível porque eles aparecem ao observador como preservação ou redefinição de comportamentos tradicionais, que asseguram ao grupo condições de existência e permitem aos seus membros definir uma atitude, em face da atual situação de mudança. Esta atitude exprime, quase sempre, defesa dos padrões tradicionais e, deste modo, fornece a moldura para enquadrar os padrões novos. Antecipando a conclusão, diremos que estes fatores de preservação permitem resistir ao impacto da mudança e atenuar os seus efeitos desorganizadores.

Deixando ao leitor a tarefa de interpretar neste sentido as sugestões feitas anteriormente — inclusive a nostalgia do passado —, mencionemos apenas cinco traços, diretamente ligados ao aspecto econômico, que interessa a esta discussão sobre meios de vida.

1. Em primeiro lugar, o apego do caipira às formas de parceria que se poderiam chamar *compensadoras*, e que, na verdade, representam uma tentativa de prolongar ou recriar a posição social de sitiante, ao qual o parceiro se equipara, não apenas no seu próprio juízo, mas na aferição muito mais objetiva do

comerciante. Como se sabe, este abre créditos de duração variável aos lavradores. Regra geral, parceiros e pequenos sitiantes têm prazo de um ano para saldar compromissos, que se regulam deste modo pelo ano agrícola (situação observada até 1954). Caso este não lhes permita regularizá-los, podem prorrogá-los, desta vez por meio de promissória. O mesmo nem sempre acontece com salariados e colonos, aos quais dificilmente se concede prazo maior do que o correspondente aos pagamentos do empregador (respectivamente dois meses e um mês, via de regra).

Vimos que o parceiro reluta quase sempre ante estas duas últimas categorias, que de fato representam etapa mais avançada na perda da sua autonomia e, portanto, da sua integração nos valores tradicionais. O caminho é: sitiante/parceiro/colono ou camarada.

Podemos agora apontar uma derradeira causa desta relutância: os dois últimos, dependendo de patrão, são forçados a adotar o ritmo que ele impõe e que, tanto social quanto ecologicamente, acarreta interferência desorganizadora no sistema tradicional de vida. Apegar-se à parceria significa, para quem não pode mais ser sitiante, preservar o próprio respeito, o conceito social e a possibilidade de manter a tradição da cultura — isto é, preservar os elementos que equilibram o grupo.

2. Em segundo lugar, vamos encontrar ainda uma vez a mobilidade no espaço, cuja função ambivalente já ficou apontada para as etapas antigas.

Não considerando a migração rumo a outras áreas, veremos que há, na área estudada, um movimento permanente de vaivém dos caipiras; mais no que se refere aos camaradas, colonos e parceiros; menos no que toca aos sitiantes. Há passagem de fazenda a fazenda, de redondeza a redondeza, de município a município; via de regra, predomina o sentido geral leste-oeste.

Pode-se mesmo verificar, pela reconstituição da história das famílias, que numa geração aparecem sitiantes em Guareí, Tatuí ou Itapetininga; noutra, parceiros em Bofete; na terceira, camaradas e colonos em Itatinga ou Botucatu. Na geração de parceiros, todavia, a mobilidade se acentua, e no curso da sua vida, os indivíduos moram em quatro ou cinco bairros, e em número dobrado de fazendas.

Como ficou dito, o principal fator deste tipo de mobilidade é a insegurança da ocupação da terra; no caso, a perda de posse ou propriedade, e a instabilidade trazida pela dependência à vontade do fazendeiro. No entanto, vista do ângulo sociológico, ela funciona como preservação de cultura e de autonomia. Com efeito, a possibilidade de deixar a fazenda no fim do ano agrícola acarreta ônus e prejuízos ao parceiro; mas, em compensação, lhe permite subtrair-se parcialmente a imposições eventuais dos fazendeiros, buscando noutra parte condições mais compatíveis com o seu desejo de independência. Ela aparece, aí, como fator de integração social e, consequentemente, de preservação da cultura. Não se esqueça, finalmente, que ela permite um deslocamento dentro da região, que satisfaz aos imperativos da instabilidade, mas conserva o caipira no universo propício à continuidade da tradição.

Observemos que, à força de mover-se, o caipira vai adquirindo certa instabilidade, que o leva a abandonar situações por vezes vantajosas e mudar de lugar ou de casa, com uma frequência nem sempre justificada pelas circunstâncias. No entanto, as condições favoráveis da "parceria compensadora" podem favorecer a sua estabilidade.[19]

19 Para os problemas de mobilidade, consultem-se os apêndices 2 e 3, nos quais se baseia esta discussão.

3. Em terceiro lugar, devemos abordar a concentração de vizinhança efetuada pela fazenda. Esta, com efeito, reúne os parceiros em agrupamentos condensados, embora não ordenados em linha contínua, como as "colônias". Numa dada superfície, as casas são construídas mais ou menos livremente, constituindo não raro propriedade do *aforante*, que pode vendê-la ao mudar. De qualquer modo, a proximidade entre vizinhos é geralmente maior que nos bairros de sitiantes.

Ora, tal proximidade funciona como corretivo às tendências individualizadoras de situação presente, mantendo uma coesão que, nos agrupamentos mais dispersos, é muitas vezes ameaçada pela influência dos centros urbanos, ou semiurbanos, que promovem uma reorganização dos vínculos de dependência.

Mas como mesmo nas fazendas pouco centralizadoras e autoritárias (é frequentemente o caso do município estudado) existem atrofia da vida lúdico-religiosa e comercialização da cooperação vicinal, a antiga sociabilidade de bairro só permanece em parte, surgindo no seu lugar algumas formações sociais novas — muitas vezes alterações de outras, que já existiam de maneira embrionária.

Entre estas formações, mencionemos o significado novo adquirido pelos "blocos familiares", isto é, a vizinhança imediata de membros da mesma família, formando, dentro do grupo, um subgrupo coeso e mais disposto à solidariedade vicinal. É claro que isto sempre existiu e vimos, mesmo, que os bairros se originavam muitas vezes da multiplicação de uma família nuclear, ou da justaposição de parentes. No entanto, a sua função não é a mesma, num caso e noutro.

Antes, com efeito, o "bloco familiar" era um prolongamento da família nuclear, mergulhando ambos no sistema mais inclusivo do bairro, que determinava as relações básicas. Atualmente, porém, a *abertura* do bairro e, mais ainda, do grupo de parceiros faz com que as famílias fiquem na dependência mais direta, e muito mais ampla, da influência urbana. Pode-se dizer que a estrutura do grupo de vizinhança enfraqueceu. Em compensação, fortaleceu-se a dos "blocos familiares", que agora se destacam como o apoio mais certo dos indivíduos e das famílias nucleares.

No correr do presente estudo, já vimos um ou outro indício deste fato. É o caso do mutirão, por exemplo, no qual a disposição de ajudar desinteressadamente coincide, não raro, com o laço de parentesco. É ainda o caso da alimentação, a propósito da qual vimos que as duas únicas casas do Morro em que há consumo de leite são a do parceiro mais próspero e a do seu filho, a quem manda uma quota diária. Seria preciso acrescentar o parentesco convencional do compadrio, que, embora não tenha a mesma força de antigamente, ainda pode dar lugar a relações de vizinhança equiparáveis, em alguns casos, às de um "bloco familiar", como foi o caso referido da assistência prestada por um compadre à viúva desamparada (ver p. 163). Em todos estes exemplos, notamos a solidez e a capacidade de resistência das relações de vizinhança quando reforçadas pelo parentesco, tornando-a uma espécie de estrutura de solidariedade que compensa em parte o enfraquecimento da vizinhança meramente geográfica do bairro.

Não espanta, pois, que a mobilidade dos parceiros seja devida, muitas vezes, ao desejo, ou apenas tendência, de aproximar-se dos parentes, como podemos verificar pela análise dos apêndices 2 e 5, que ilustram tanto o caso do deslocamento dentro da área, quanto o caso do deslocamento de uma casa para outra, dentro do grupo.

Por ocasião da minha primeira estadia (1948), havia no Morro 13 casas, das quais 11 compunham quatro "blocos familiares" plenamente configurados e dois em esboço. Portanto, apenas dois lares eram isolados sob este aspecto. Esquematizando a distribuição das casas no espaço e atribuindo um número a cada uma delas, teremos o seguinte:

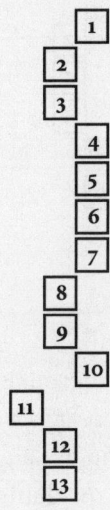

Os "blocos" eram constituídos do seguinte modo:

1º Pelas casas n. 2 (filho) e 3 (pai);

2º Pelas casas n. 4 (filho), 5 (pai) e 7 (sobrinho);

3º Pelas casas n. 6 (filho) e 8 (pai);

4º Pelas casas n. 12 (filho) e 13 (pai).

Os "blocos" imperfeitos, ou em esboço, eram constituídos pela casa n. 1, que abrigava durante alguns dias da semana o pai e o irmão do morador, residentes na vila, mas *aforantes* no bairro, de sociedade com ele; e pela casa n. 10, cujo morador abrigava o futuro genro, que trabalhava com ele e em seguida casou, estabelecendo-se noutra casa e configurando plenamente o "bloco". Inteiramente isoladas, sob este ponto de vista, apenas as casas 9 e 11.

Por ocasião da segunda estadia (1954), o grosso dos parceiros se concentrava na Baixada, havendo no Morro apenas seis
casas agrupadas socialmente em três "blocos familiares":

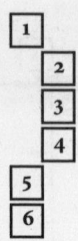

"Blocos":
1º   Casas n. 1 (filho) e 2 (pai);
2º   Casas n. 3 (filho) e 5 (pai);
3º   Casas n. 4 (genro) e 6 (sogro).

Na Baixada a configuração era algo diversa, pois os "blocos" abrangiam famílias não residentes no grupo, o que mostra a sua capacidade de integração. Eis um esquema da distribuição espacial, seguido da indicação dos "blocos":

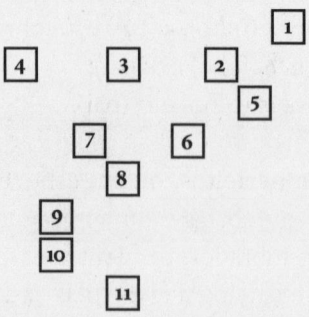

"Blocos":
1º   Casas n. 2 (mãe) e 3 (filho);
2º   Casas n. 4 (genro), 5 (sogro) e 8 (irmão deste);

3º Casas n. 6 (sogro), 7 (genro) e mais a casa, fora do grupo, de um filho, sitiante vizinho;

4º Casa n. 11, articulada com a casa do pai do morador, sitiante vizinho, mas *aforante* na Baixada de sociedade com ele, e pensando em transferir a moradia para o seu lado.
Isolados:
Casa n. 1, ligada ao núcleo de sitiantes em torno à capela do Socorro; casas n. 9 e 10.

As considerações feitas, e reforçadas agora pelos exemplos, permitem compreender a função atual dos referidos subgrupos, diversa da função que desempenhavam, quando era mais sólida a estrutura dos grupos amplos de vizinhança.

4. Podemos mencionar em quarto lugar as práticas da solidariedade de vizinhança, que promovem a interdependência das famílias, e, portanto, contribuem para integrá-las no grupo. Como já estudamos a assistência mútua no trabalho e suas modalidades, tomemos um caso apenas: o da oferta de alimentos, que exprime os diversos aspectos econômico-sociais organizados em torno da obtenção dos recursos de sobrevivência, situando-se deste modo no centro das preocupações deste estudo.

No capítulo 10, já foram descritas e rapidamente analisadas do ponto de vista alimentar. Exponhamos apenas o caso importante da oferta de carne de porco, ampliando o que ficou sugerido.[20]

A distribuição da carne de porco é oportunidade apreciável para remediar a dificuldade crescente de obter ração cárnea, mantendo a dieta mais completa e saborosa. Sob este primeiro aspecto, podemos interpretá-la mediante duas hipóteses: 1.

---

20 A análise seguinte foi em parte estimulada pelas considerações feitas noutro sentido, por Lévi-Strauss, em *Les Structures élémentaires de la parenté*, 1949, desenvolvendo as ideias clássicas de Mauss sobre o assunto.

uma vez que se baseia na reciprocidade, esta *oferta* é de fato uma *troca* de carne, fazendo com que esta apareça mais ou menos regularmente na alimentação, graças à retribuição eventual; 2. dá curso a um bem de consumo cuja importância (dado o nível de vida do grupo) é de tal ordem que não pode restringir-se à família, requerendo participação. Este aspecto do alimento se evidencia ainda mais na festa, de que uma das bases é a distribuição de alimentos raros, isto é: pão nos casos mais modestos, carne de vaca, nos que se podem considerar verdadeiros festins.

Sob um outro aspecto, observa-se que a troca, pelo seu caráter bilateral, intervém na formação e desenvolvimento dos laços de solidariedade, o que também podemos interpretar por meio de duas hipóteses.

Primeiro, define a posição social dentro do grupo, fazendo-a depender da possibilidade de retribuir. Vê-se isto nos casos-limites da oferta sem possibilidade de retribuição, em que a troca deixa de configurar-se para dar lugar à assistência. Durante a minha primeira estadia, observei que um morador do Morro, extremamente pobre (é o vendedor de bananas referido no capítulo 12), recebia vez por outra pedaços de carne que não poderia retribuir. Os ofertantes sabiam disso, e explicavam a atitude pela pena do "cuitado", assinalando desta maneira a sua posição inferior e por assim dizer marginal ao grupo. No entanto, casos semelhantes são raros, constituindo exceção à regra geral, baseada na reciprocidade.

Esta permite exprimir a segunda hipótese, a saber: a troca delimita, no grupo, blocos de solidariedade interfamiliar que reforçam a integração.

Como vimos, o padrão ideal pressupõe oferecimento a *todos* os vizinhos. Acontece, porém, que ele se definiu no passado, quando a vizinhança era de bairro, isto é, baseada em moradias menos contíguas que as dos agrupamentos concentrados de parceiros. Isto fazia com que, na prática, a oferta atingisse na maioria das vezes certo número de casas mais próximas. O critério era a iniciativa da oferta por parte de alguém, de maneira que a variação no número de beneficiários era sempre para mais, porque, salvo quando havia mudança de residência, a retribuição dava lugar ao estabelecimento de vínculos que não poderiam ser interrompidos sem quebra das boas maneiras.

A proximidade atual, porém, veio reforçar teoricamente o padrão ideal, pela dificuldade de excluir este ou aquele vizinho, num grupo em que tudo se torna desde logo sabido de todos. Daí vermos duas atitudes diversas: os caipiras mais conservadores obedecem à norma, generalizando a distribuição; os mais práticos selecionam os beneficiários da oferta. O critério para a seleção pode ser o parentesco (e isto nos traz de volta aos "blocos familiares", de cuja solidariedade a oferta se torna um elemento) ou quaisquer outras afinidades. No segundo caso, temos a referida delimitação de um sistema de solidariedade mais amplo que os "blocos", mas menos amplo que o grupo.

Por ocasião da minha primeira estadia, pude verificar, no Morro, que os moradores das casas 3 e 10, por exemplo, praticavam sistematicamente a norma prescrita; o da casa 1, reputado *muxiba* pelo da 10, oferecia carne apenas às casas 5, 8, 9 e 10 — com os quais formava, neste caso, uma espécie de "bloco" — e, excepcionalmente, como ato de caridade, ao da casa 12, pelo fato, explicava sua mulher, de ser este "muito leal".[21]

O morador 8 variava um pouco o método, ora enviando a todos, ora, quando o porco era pequeno, aos das seguintes casas: 1, 6 (seu filho) e 9, seu vizinho. Isto mostra que, além da solidariedade geral do grupo, há dentro dele formações mais restritas, estruturando sistemas também mais restritos, que,

21 A numeração equivale à estabelecida anteriormente para as casas do grupo em 1948.

no seu conjunto e entrecruzamento, reforçam a estrutura geral. E assim vemos de que maneira as velhas práticas cooperativas se ajustam à situação presente, assegurando a sobrevivência dos grupos e a preservação de traços de cultura.

5. Em último lugar, poderíamos lembrar o caráter complementar dos bairros, referido noutro passo.

Na fase atual, os traços tradicionais, que se vão perdendo, são muitas vezes mantidos graças a certa cooperação interbairros, na qual cada um fornece elementos para a preservação das práticas. No agrupamento estudado, por exemplo, morava o *capelão* mais afamado da redondeza; no Morro Grande, o melhor cantador. O primeiro funcionava nas rezas do Morro Grande e nas festas da capela do Socorro, que conjugam moradores dos bairros da Roseira, Morro Grande, Três Pedras. O segundo era convocado noutros lugares, para cantorias e cururus. Um sitiante da Roseira aplica injeções aos moradores dos demais. No mesmo bairro há o famoso *curador* mencionado noutra parte, e um dos últimos *farinheiros* que não foram absorvidos pelo moinho da vila.

Deste modo, preservam-se relações e práticas no âmbito da vizinhança, num sentido agora ampliado, o que não só permite conservá-las, como escapar parcialmente à centralização ecológica determinada pela dominância do centro urbano.

Assim, neste como nos demais pontos mencionados, podemos ver fatores de preservação cultural, que são ao mesmo tempo fatores de preservação grupal, na medida em que permitem aos grupos rurais de vizinhança — agrupamentos de sitiantes ou de parceiros — resistir, enquanto estrutura, ao impacto da mudança causada pela urbanização. Neste sentido, funcionam como regulador da mudança, permitindo tender àquele ritmo satisfatório em que ela encontra melhores condições para se processar, podendo ser considerados verdadeiros mecanismos de sobrevivência social e cultural.

3.2.54

Nhá Maria quiz retirar-se cedo da festa, mas veviu dizer
que havia um vulto branco no caminho, e não quis ousou.
Esperon até amanhecer

P: O que é um bairro?

R: "Bairro é uma espécie de naçãozinha"; o povo vive por perto um do outro, e antigas tomava êle lugar o nome do mais velho, ou o dono das terras: era um bairro

P: Tanto faz se casa junta como povoado, ou apartada, é a mesma coisa?

R.- É: tudo é bairro

P: Fazenda é bairro?

R: Não.

O povo antigo vivia sempre no mesmo lugar, sem sair, trabalhando para viver ali mesmo, e não conhecia outra terra.

P. Todos tinham terra antigas?

R. Tinha. Todos tinham um pouquinho que fôsse. Era o tempo que a gente pedia ao governo e podia ficar com um pedaço de terra de graça, sem escritura nem imposto. Não se pagava imposto. Gente que podia, pedia um espaço grande, até de 1 légua por três: eram as sesmarias.

Cada um trabalhava no que era seu.

Conclusão

48

Apresentamos o caip. como nômade: depoi, acentuamos os formas em que se establizon. Onde ficamos? Ambos: aspecto dialético de realid?. Dialético do bairro e da capuava. Em ponto o seu cultura.

Bairro de São Roque Novo.

O caipira em face da civilização urbana

Do ponto de vista do ajuste ao meio, e correspondente organização da sociabilidade, a vida tradicional do caipira paulista apresentava as suas soluções mais características no plano do bairro agrícola, onde sitiantes — proprietários ou posseiros — mantinham relativa estabilidade. No entanto, as condições de instabilidade sempre atuavam de modo sensível, por motivos já expostos, criando grande número de miseráveis moradores isolados, ou de agregados vivendo à sombra dos sitiantes prósperos, quando não inteiramente na sua dependência, sem despender esforço produtivo, definindo o tipo clássico do *mumbava*.[1] Na história da sociedade rural de São Paulo, há deslocamento constante de indivíduos e famílias, não só no espaço geográfico, como na pirâmide social. Da vida de bairro, desprendiam-se por ascensão (passando à esfera do fazendeiro) ou por descida (engrossando o número dos desqualificados); mas a cada momento os seus descendentes se reintegram nela, por decadência, ou acesso.

Deixando de lado os que alcançavam níveis superiores da sociedade, podemos dizer que, no universo da sua vida tradicional, o caipira oscilava entre a casa isolada e o grupo de vizinhança, entre a condição de agregado e a de sitiante, entre a sociabilidade familiar e a sociabilidade de bairro, entre a

---

1 "*Mumbava*, s. m. ou f. — indivíduo que vive em casa alheia; agregado, parasito. Do tupi 'mimbava'." Amadeu Amaral, *O dialeto caipira*, 1920, p. 173.

instabilidade e a relativa estabilidade. Isto, num movimento contínuo do ponto de vista das famílias, cujos membros se distribuíam, num dado momento, pelos diversos graus que separavam o *mumbava*, ou o morador solitário, do proprietário fixado em sua herança. O sistema de relações nos agrupamentos vicinais funcionava como membrana de tensão superficial, mantendo em equilíbrio uma população rala e fluida, rompendo-se a cada passo para dar saída aos que iam integrar-se noutro sistema, ou correr o risco da anomia no isolamento das posses distantes. Tal sistema representava, com efeito, um ajustamento mínimo do ponto de vista biológico e social, de maneira que os que se subtraíam à sua esfera passavam a costear as situações anômicas e a penúria — reduzidos ao trabalho familiar ou individual com técnica rudimentar, à atrofia das crenças, à própria subversão dos padrões morais. Elas se manifestavam em traços como o desinteresse, muito frequente entre caipiras, pela legalização, ou mesmo sanção religiosa da união dos sexos; ou, ainda, os casos de incesto, de que se tem notícia com relativa insistência; para não falar, no terreno econômico, da regressão da produtividade, favorecida pelo ritmo de trabalho já estudado que frequentemente levava à indolência pura e simples, caracterizando os pobres farrapos humanos, a que se atêm com frequência os escritores regionalistas e contribuem para a visão deformada, indevidamente generalizadora, do homem da cidade.

Tudo isto leva a compreender a função estabilizadora da estrutura de vizinhança e da posse da terra, como elemento característico da vida caipira, de cuja cultura e sociabilidade representam as condições normais.

Agora, porém, trata-se de definir um fenômeno da maior importância, analisado na terceira parte, que altera a perspectiva segundo a qual estudamos a vida caipira: a sua incorporação progressiva à esfera da cultura urbana. A marcha deste processo culminou na ação já anteriormente exercida por outros fatores, como o aumento da densidade demográfica, a preponderância da vida econômica e social das fazendas, a diminuição das terras disponíveis. De maneira que, hoje, quando estudamos a vida caipira, não podemos mais reportar-nos ao seu universo por assim dizer fechado, mas à sua posição no conjunto da vida do estado e do país.

Para começar, rompe-se, na paisagem social e econômica, a referida alternância entre o bairro e a moradia segregada, entre o sitiante e o agregado ou aventureiro. Os desajustes se resolvem, cada vez mais, pela migração urbana, com abandono das atividades agrícolas e passagem a outro universo de cultura.

No tocante aos *mínimos*, a sua natureza muda de todo, visto como agora eles não se definem mais com referência às condições historicamente estabelecidas, mas em comparação com os níveis, normas e padrões definidos pela vida urbana.

Um grupo que se sentia equilibrado e provido do necessário à vida, quando se equiparava aos demais grupos de mesmo teor, sente-se bruscamente desajustado, mal aquinhoado, quando se equipara ao morador das cidades, cujos bens de consumo e equipamento material penetram hoje no recesso da sua vida, pela facilidade das comunicações, a multiplicidade dos contatos, a penetração dos novos estilos de viver. Em consequência muda, para o estudioso, o problema dos seus níveis de vida, que passam em nossos dias por uma crise aguda, já referida, em que a ampliação das necessidades não é compensada pelo aumento do poder aquisitivo. Colocado em face desta situação, o caipira reage de duas maneiras principais; rejeita em bloco as suas condições de vida e emigra, proletarizando-se; ou procura permanecer na lavoura, ajustando-se como possível. Vimos que tal ajuste é mais satisfatório no sitiante médio, precário no parceiro, mais ainda no colono e no camarada, podendo dar lugar à decadência e à plena miséria.

Em todos eles, porém, vimos que pode dar-se: 1. aceitação total, 2. rejeição total ou 3. aceitação parcial dos traços introduzidos pela nova situação — sendo a última hipótese mais comum e normal nos que permanecem no campo. Entre os que emigram, o ajustamento à situação urbana, dadas certas condições econômicas mínimas, é quase sempre mais fácil do que poderia parecer, e se deve ao fato de, mesmo no ritmo atual de incorporação rápida, o afastamento cultural entre os agrupamentos rurais e os centros urbanos ser menos abrupto do que supomos. Com efeito, há uma série de gradações que se interpõem entre os respectivos tipos extremos, dando lugar a uma continuidade, ao longo da qual encontramos estádios progressivos de civilização. Estes ligamentos sempre permitiram a incorporação lenta, mas perceptível, de traços urbanos às culturas rústicas, que os vão progressivamente (ou regressivamente) redefinindo ao longo da gradação. Como assinalam os estudiosos para o caso da música, da poesia e dos contos, muito do que reputamos específico das culturas rústicas é, na verdade, fruto duma lenta incorporação de padrões eruditos. Processo que se poderia com justeza chamar de degradação cultural, se fosse possível dar à expressão o sentido etimológico, despindo-a de qualquer significado pejorativo.

Graças a tais conexões compreende-se que o caipira consiga frequentemente, no espaço de alguns anos, se não assimilar-se, ao menos acomodar-se satisfatoriamente nos padrões *propostos* pela civilização urbana. E aqui podemos indicar que o processo de urbanização — civilizador, se o encararmos do ponto de vista da cidade — se apresenta ao homem rústico *propondo* ou *impondo* certos traços de cultura material e não material. *Impõe*, por exemplo, novo ritmo de trabalho, novas relações ecológicas, certos bens manufaturados; *propõe* a racionalização do orçamento, o abandono das crenças tradicionais, a individualização do trabalho, a passagem à vida urbana.

Formulando novamente o que ficou dito, podemos verificar no caipira paulista três reações adaptativas em face de tal processo: 1. aceitação dos traços *impostos* e *propostos*; 2. aceitação apenas dos traços *impostos*; 3. rejeição de *ambos*.

É claro que a formulação supõe três tipos ideais de caipira, movendo-se num espaço sociocultural homogêneo, e optando livre e conscientemente. A realidade é diversa; e se podemos reter os três tipos básicos, é forçoso acentuar que a sua conduta não é livre e depende duma série de fatores. Assim, a proximidade dos centros urbanos, a sua penetração nas zonas rurais, o tipo de atividade econômica, a qualidade da terra, o sistema de trabalho e de propriedade são alguns elementos que, combinados de modo diverso, condicionam a reação adaptativa.

O segundo caso é o que mais interessa ao presente trabalho. Ele é, com efeito, o dos pequenos lavradores, sitiantes ou parceiros, que, embora arrastados cada vez mais para o âmbito da economia capitalista, e para a esfera de influência das cidades, procuram ajustar-se ao que se poderia chamar de mínimo inevitável de civilização, procurando doutro lado preservar o máximo possível das formas tradicionais de equilíbrio. Daí qualificá-los como grupos que aceitam, da cultura urbana, os padrões impostos — aquilo que não poderiam recusar sem comprometer a sua sobrevivência — mas rejeitam os *propostos*, os que não se apresentam com força incoercível, deixando margem mais larga à opção. Neste processo, há um fator cujo peso é notório e, para o sociólogo, interessa mais do que os outros: a integração grupal. Com efeito, a pesquisa leva à hipótese de que, em condições semelhantes, os *grupos* rústicos dotados de alguma força integrativa reagem preferencialmente conforme o segundo tipo discriminado. O primeiro e o terceiro casos correspondem, em tese, ao *indivíduo*, ou à *família*, que enfrentam como tais a situação nova: seja porque se desligaram do grupo, seja porque este se desintegrou, ou está em vias de desintegração. O segundo corresponde à situação enfrentada em grupo, e, se cabe a expressão, pelo grupo. Aplicadas aos dados expostos nos capítulos precedentes, estas considerações permitem ver em que medida muitos deles representam verdadeiras técnicas sociais, por cujo intermédio o agrupamento estudado procura sobreviver enquanto tal, indicando a maneira por que os agrupamentos rústicos de vizinhança, em plena crise de equilíbrio biótico e social, tentam preservar a sua identidade, apegando-se a um mínimo de fórmulas tradicionais de ajustamento ao meio e de sociabilidade, entre as que se vão extinguindo, e as novas, que emergem rapidamente.

A conservação de traços aparece pois como fator de defesa grupal e cultural, representando o aspecto de permanência. A incorporação dos novos traços representa a mudança. A situação de crise no agrupamento pesquisado deriva do fato de não se observar nele estabilização, ou perspectiva de estabilização imediata dos dois processos, verificando-se uma perda de traços, relativamente maior do que a aquisição compensadora de outros. Assim, por exemplo, a solidariedade vicinal decai e se comercializa — mas a situação do parceiro e do pequeno sitiante não lhes permite dispensá-la. A indústria doméstica se atrofia — mas o poder aquisitivo não comporta a sua substituição satisfatória pelos produtos manufaturados. Os velhos utensílios e instrumentos são desprezados — mas os novos não se tornam acessíveis. Os grupos e os indivíduos vão se desprendendo da absorção do meio imediato — mas não têm elementos para promover de maneira adequada o reajuste a novos meios. A caça e a pesca se reduzem a quase nada como recurso de abastecimento — mas não podem ser substituídas pela alimentação cárnea do comércio.

Poderíamos — recapitulando o que ficou dito anteriormente — prolongar à vontade esta linha de contrastes, que sugerem desequilíbrio, ou situação instável entre traços que vão sendo abandonados e outros que não podem ser satisfatoriamente incorporados. Em semelhante conjuntura, o apego a certas formas tradicionais de vida, como recurso de sobrevivência grupal e cultural, manifesta-se de maneira dúbia, exprimindo crise. É o caso, já referido, da parceria, vista não como atividade econômica, mas como situação social, na qual o antigo sitiante, ou filho e neto de antigos sitiantes (proprietários ou posseiros), vê um regime mais parecido com o anterior do que o colonato, ou o salariado. Daí notarmos (como se viu para o município de Bofete) uma certa combinação formada pelo latifúndio decadente, a parceria e o caipira atual. Este, empurrado para a periferia ou os interstícios pela fazenda produtiva, volta lentamente quando esta decai, recriando formas já agora incompletas de vida tradicional, num processo de cicatrização que é decadência do ponto de vista da economia de mercado, mas, justamente por isto, preservação dos padrões de vida do ponto de vista do homem rústico.

Daí dizer-se, na terceira parte deste estudo, que a parceria representa para o caipira uma etapa de transição, marcando um degrau no processo de mudança da sua cultura e da sua posição social. Ou cai na condição de colono e assalariado, à medida que o latifúndio se refaz como unidade produtiva, superando o parcelamento virtual da parceria e do arrendamento; ou migra para as cidades; ou consegue tornar-se proprietário, por recuperação da iniciativa econômica, o que é difícil nas condições atuais.

Nesta etapa transitória, notamos não apenas conservação relativa de traços, mas verdadeiras regressões, que mostram a vitalidade da cultura tradicional, que parecia estar hibernando e reaparece como fórmula de ajustamento mínimo às condições do meio e da vida social.

Devemos, aliás, notar que não só ela era caracterizada por padrões mínimos mas que estes muitas vezes se estabeleciam graças a verdadeira regressão adaptativa, do ponto de vista da cultura dominante (portuguesa), o que se dava tanto pela perda de traços desta quanto pela aquisição de traços das culturas primitivas do aborígine.

No primeiro caso, temos o abandono da vida comunitária de tipo aldeão, que não chegou a transmitir-se ao neoportuguês da América nas suas formas íntegras, e que enquadrava a sociabilidade numa tradição já multissecular. Temos ainda, no campo especialmente visado por este estudo, o abandono de elementos básicos da dieta, notadamente o trigo e o vinho. Esta perda não se deu sem resistência, pois sabemos que não apenas em São Vicente, mas por todo o Brasil, os primeiros colonos tentaram arraigar o plantio das respectivas plantas, a fim de prolongar na América longínqua, o mais possível, as condições normais da sua vida. E como aconteceu com o arroz e a cana, em São Vicente a vinha e o trigo escassearam desde logo, para nunca mais entrar de modo seguro na dieta do homem pobre dos campos. Seriam condições climáticas adversas? Os testemunhos documentais são todos no sentido contrário, e a moderna indústria vinícola do estado — concentrada sobretudo em São Roque e Jundiaí, isto é, zonas desde cedo povoadas — vem confirmá-los. As causas devem ter sido principalmente sociais, prendendo-se à necessidade, já ressaltada na primeira parte, de organizar, para a maioria da população, uma dieta compatível com a mobilidade e a economia predatória.

Estas mesmas economia e vida social, tão fundamente marcadas pela instabilidade da aventura, condicionaram a incorporação dos traços de culturas aborígines como recurso necessário de ajustamento e sobrevivência, analisada para a cultura material com tanta argúcia e erudição no citado estudo de Sérgio Buarque de Holanda.

De um e outro processo resultou, portanto, a vida baseada em mínimos vitais e sociais, aos quais vemos atualmente retornar em muitos casos o caipira em crise de ajustamento às condições de urbanização. Os mínimos tradicionais permanecem em grande parte, como vimos, mais ou menos alterados. Mas mesmo quando for possível superá-los, a situação de crise traz de novo a eles o homem rústico, como a um nível realmente mínimo, abaixo do qual entra nos domínios da fome e da anomia. A única alternativa é a proletarização urbana, ou seja, a busca de novos mínimos. No setor alimentar, vimos um exemplo disso na aquisição do uso de trigo e na tendência a adquirir também o uso de carne de vaca, logo abandonados pela penúria econômica, caindo o caipira de volta nos seus velhos companheiros — feijão, farinha de milho, arroz.

No setor da organização social, pudemos verificar a tendência da família tornar-se a unidade mínima de sociabilidade, por meio dos "blocos familiais". Ora, por todo este estudo ficou sugerido que a redução da sociabilidade à esfera familiar liga-se, na vida tradicional do caipira, a situações de isolamento, de perda da sociabilidade de bairro, significando não raro estado pré-anômico ou para-anômico. A situação atual representa, portanto, não apenas a desorganização mais ou menos acentuada dos agrupamentos vicinais, que já foi indicada, mas, ainda, uma regressão a tipos de sociabilidade incompatíveis com a vida cultural plena. Esta só será possível se o caipira e sua família, deixando de amparar-se ecologicamente no meio imediato, e socialmente nas relações de vizinhança, puderem integrar-se compensadoramente num sistema mais largo de relações, no plano da vida municipal. Na situação de crise e transição que foi aqui analisada — em que tal processo se apresenta de modo dúbio e insatisfatório — só podemos concluir que a emergência da vida familiar como unidade social representa uma regressão adaptativa, uma defesa dos padrões culturais pela redução às formas mais instáveis de convivência. Uma volta a estados que tradicionalmente se associam ao perigo de anomia.

Finalmente, a urbanização veio propiciar ao caipira, no plano ecológico, novas manifestações da sua velha e já aqui muito comentada tendência para o nomadismo. Não se trata mais agora da agricultura itinerante, nem da busca de novas terras para substituir as que se tornam inóspitas por cansaço ou expulsão. Trata-se, como vimos na terceira parte, da mobilidade como fuga à sujeição econômica total — seja mudando de lugar na mesma área, seja buscando zonas pioneiras, seja rompendo com o passado e migrando para a cidade. A instabilidade de outrora se renova hoje por novos motivos, e no contexto da presente análise pode ser considerada (esta é a sua última encarnação num estudo em que foi invocada tantas vezes e sob tantos aspectos) como outra forma de regressão adaptativa.

Vemos, portanto, que há na tradição cultural do caipira certas técnicas, hábitos, usos, normas, valores, que, por formarem um complexo de padrões que podem ser considerados mínimos sociais e vitais, tendem a ser superados à medida que se vão abrindo formas mais satisfatórias de ajustamento social e ecológico. Mas dada justamente esta sua qualidade de elementos duma situação construída em torno de mínimos, são verdadeiros nec plus ultra, a que os grupos recorrem, quando colocados em situação crítica. Trata-se de uma regressão, por meio da qual o grupo tenta preservar-se e adaptar-se melhor. Ela revela uma verdadeira latência social e cultural, que manifesta a vitalidade da tradição caipira, com toda a rusticidade elementar de um modo de vida formado pela perda de padrões europeus e a adoção de padrões das sociedades primitivas.

No entanto, tais fenômenos não podem ser encarados "em si", como expressões de uma cultura vivendo fases do seu desenvolvimento. Já se mostrou que devem ser referidos à cultura das cidades, que vai absorvendo as variedades culturais rústicas e desempenha cada vez mais o papel de cultura dominante, impondo as suas técnicas, padrões e valores.

Sob este ponto de vista, o homem rústico vive uma aventura frequentemente dramática, em que os padrões mínimos tradicionalmente estabelecidos se tornam padrões de miséria, pois agora são confrontados aos que a civilização pode teoricamente proporcionar. Se encararmos a miséria do ângulo sociológico, como privação extrema dos bens considerados necessários a cada cultura, veremos, com efeito, que ela existe por comparação.

Ora, o caipira não vive mais como antes em equilíbrio precário, segundo os recursos do meio imediato e de uma sociabilidade de grupos segregados; vive em franco desequilíbrio econômico, em face dos recursos que a técnica moderna possibilita. Antes, o atraso técnico e a economia de subsistência condicionavam, em São Paulo, uma sociedade global muito mais homogênea, não havendo discrepâncias essenciais de cultura entre o campo e a cidade. O desenvolvimento da economia baseada na exportação dos gêneros tropicais acentuou a diferenciação dos níveis econômicos, que foram aos poucos gerando fortes distinções de classe e cultura. Quando esse processo avultou, o caipira ficou humanamente separado do homem da cidade, vivendo cada um o seu tipo de vida.

Mas, em seguida, a industrialização, a diferenciação agrícola, a extensão do crédito, a abertura do mercado interno ocasionaram uma nova e mais profunda revolução na estrutura social de São Paulo. Graças aos recursos modernos de comunicação, ao aumento da densidade demográfica e à generalização das necessidades complementares, acham-se agora frente a frente homens do campo e da cidade, sitiantes e fazendeiros, assalariados agrícolas e operários — bruscamente reaproximados no espaço geográfico e social, participando de um universo que desvenda dolorosamente as discrepâncias econômicas e culturais. Nesse diálogo, em que se empenham todas as vozes, a mais fraca e menos ouvida é certamente a do caipira que permanece no seu torrão.

O nosso estudo procurou mostrar o seu baixo nível de vida, baseado em mínimos definidos historicamente para uma situação de seminomadismo e ocupação primitiva de um solo vasto. Atualmente, eles não se justificam, dadas as possibilidades tecnológicas e sociais, sobretudo a possibilidade de distribuir com mais equilíbrio as oportunidades e os bens. Ao seu lado desenvolveram-se outros níveis, que agora contrastam fortemente com eles, tornando-os moralmente inaceitáveis. De fato, a situação atual é a do caipira entregue aos seus miseráveis recursos, adaptando-se penosamente a uma situação nova e vertiginosa de mudança, por meio de técnicas materiais e sociais que tinham sido elaboradas para uma situação geral desaparecida. Encarada deste ponto de vista, dentro do processo de urbanização e industrialização, a regressão adaptativa, possibilitada pela latência cultural, exprime uma situação da mais revoltante iniquidade.

Aqui chegando, o sociólogo, que analisou a realidade com os recursos metódicos de quem visa resultados objetivos, cede forçosamente a palavra ao político, ao administrador, e mesmo ao reformador social que jaz latente em todo verdadeiro estudioso das sociedades modernas — voltando-se para soluções que limpem o horizonte carregado do homem rústico.

Se este livro conseguiu traçar uma imagem coerente da sua situação atual, pôde-se ver que os elementos de que dispõe a sua cultura tradicional são insuficientes para garantir-lhe a integração satisfatória à nova ordem de coisas, e que ela é algo a ser superado, se quisermos que ele se incorpore em boas condições à vida moderna. Vimos porém que esta incorporação se dá de modo diverso conforme o ritmo da mudança, e que este por sua vez depende de vários fatores sociais e econômicos, como o regime de propriedade e de trabalho, e o status social, sendo que o sitiante, por exemplo, apresenta melhor índice integrativo que o parceiro, o colono ou o camarada. Não é portanto indiferente a situação social e econômica em que a urbanização vai colher o homem rústico; se ela for a mais satisfatória para cada caso considerado, esta se dará nas melhores condições possíveis. Talvez isto nem sempre interesse ao industrial, empenhado em obter mão de obra barata, e cujos lucros são suficientes para indenizar acidentes de trabalho do operário tecnicamente mal preparado; mas corresponde certamente aos interesses gerais do país, não falando dos imperativos elementares de justiça.

Conclui-se de tudo que, passando do plano propriamente sociológico para o da política e da administração (que o prolongam pelo vínculo da sociologia aplicada), a situação estudada neste livro leva a cogitar no problema da reforma agrária. Sem planejamento racional, a urbanização do campo se processará cada vez mais como um vasto traumatismo cultural e social, em que a fome e a anomia continuarão a rondar o seu velho conhecido.

Para ficarmos no caso analisado, podemos ver que a situação do parceiro rural — transitória e instável — exprime, de um lado, a miséria do trabalhador sem terra própria para lavrar, e sem condições para dirigir o próprio destino; de outro, a incapacidade econômica, técnica ou administrativa do latifundiário. E um caso típico em que o latifúndio não se justifica pela utilidade pública (pois a sua produtividade é mínima) nem privada (pois não proporciona ao proprietário senão pequena parcela do que poderia render). De outro lado, priva da posse da terra os seus cultivadores, que graças a ela poderiam adquirir estabilidade.

Parece pois fora de dúvida que, nas zonas relativamente populosas, como São Paulo, o latifúndio improdutivo e o latifúndio sem plano de produção e sem iniciativa adequada do proprietário, constituem obstáculos ao progresso econômico e à estabilização da população rural em condições compatíveis com as necessidades atuais.

No estudo da vida social do caipira, devem-se justamente levar em conta estas necessidades, desenvolvidas, como vimos, em virtude do rompimento da estrutura tradicional e do aparecimento de novos incentivos, tudo devido à passagem da economia fechada de bairro à economia aberta, dependente dos centros urbanos e suas flutuações econômicas. Não se trata evidentemente de permitir ao caipira recriar as condições de relativo equilíbrio da sua vida pregressa, isto é, ajudá-lo a voltar ao passado. Trata-se de não favorecer a destruição irremediável das suas instituições básicas, sem lhe dar a possibilidade de ajustar-se a outras. O caipira é condenado à urbanização, e todo o esforço de uma política rural baseada cientificamente (isto é, atenta aos estudos e pesquisas da geografia, da economia rural, da agronomia e da sociologia) deve ser justamente no sentido de urbanizá-lo, o que, note-se bem, é diferente de trazê-lo para a cidade. No estado atual, a migração rumo a esta é uma fuga do pior para o menos mau, e não poderá ser racionalmente orientada se não se partir do pressuposto de que as conquistas fundamentais da técnica, da higiene, da divulgação intelectual e artística devem convergir para criar novos mínimos vitais e sociais, diferentes dos que analisamos neste trabalho.

J.-L. Lebret fala com razão que os "bens incompressíveis" não são apenas os que se reputam essenciais à estrita sobrevivência do indivíduo, mas todos aqueles que permitem ao homem tornar-se verdadeiramente humano. Sob este ponto de vista, são incompressíveis a participação na beleza, a euforia da recreação, o prazer dos supérfluos.

Ora, encarando o passado da sociedade caipira, vemos que os bens para ela incompressíveis permitiam definir tipos humanos mais ou menos plenos, dentro dos seus padrões e das suas possibilidades de vida econômica, social, religiosa, artística. No entanto, como hoje o homem rústico se incorpora cada vez mais à esfera das cidades, à medida que isto se dá aqueles usos, práticas, costumes se tornam, em boa parte, sobrevivências, a que os grupos se apegam como defesa. Daí ser preciso facultar-lhes a opção entre eles e os que, dentro das condições atuais, consideramos compatíveis com a realização da personalidade, ainda que em níveis modestos.

Em momentos como o nosso, quando vemos as possibilidades de ação sobre a Natureza e a Sociedade aumentarem em número e eficiência, podemos realmente compreender, segundo as expressões centenárias de Marx, que a "cidade resulta da concentração de população, dos instrumentos de produção, do capital, dos gozos, das necessidades, enquanto o campo mostra justamente o caso contrário, o isolamento e a separação. A oposição entre campo e cidade só pode existir no quadro da propriedade privada. É a expressão mais grosseira da subordinação do indivíduo à divisão do trabalho e a uma determinada atividade que lhe é imposta. Subordinação que faz de um, um animal limitado da cidade; de outro, um animal limitado do campo, reproduzindo cada dia o conflito dos seus interesses".[2]

2 Karl Marx, *Idéologie allemande*, Œuvres Philosophiques, v. VI, p. 202.

(IV) 1) □ Nhô Roque, a mulher, o filho moço — a filha pequena

♂ O₁ genro, ^{outro} ex-residente na vila, incluido no lar como trabalhador, etc.

(V) 1) □ Maximiano Gazio, a mulher.
2) ⊟ Joveliano Gazio, a mãe

Amparo mútuo: mudou Maximiano, Joveliano seguiu.

(VI) 1) □ Joaquim Oliveira, mulher — filhos pequenos

(VII) 1) □ Zé Preto, mulher, filha.

Parte complementar

1) ☐ Bicudo, a filha solteira
2) ☐ Bicudo Jr., a mulher — filhos pequenos

Trabalho de cfum e em comum; preservação em comum das habitações religiosas

Vico Bicudo, filho do capelão do bairro, Nhô Bicudo, com mulher e os filhos.

A vida familiar do caipira*

A expressão "família caipira" indica uma modalidade de organização familiar que entronca diretamente no tipo chamado *patriarcal*, desenvolvido no Brasil no tempo da Colônia. Os estudiosos são levados quase insensivelmente a focalizar a estrutura, os costumes e a história das famílias situadas na classe dominante, pois o seu relevo é aparente nos registros da nossa formação social. Pretendo aqui, todavia, apontar características dos grupos familiais do lavrador humilde, como aparecem hoje ao pesquisador e como podem ser reconstituídos.

Neles encontramos mais persistência dos comportamentos tradicionais do que em famílias abastadas e urbanizadas, nas quais atua com maior vigor a mudança social e cultural. Podemos ver então que os seus padrões são essencialmente os mesmos registrados por viajantes e estudiosos para a família *patriarcal*, variando naturalmente conforme o papel que desempenham no processo da produção, pois ele condiciona formas diferentes de participação cultural. Num e noutro caso, com efeito, a família desempenha função econômica importante; mas a organização do trabalho, a distribuição dos bens, o papel na vida política variam sensivelmente de um para outro.

* Este trabalho foi publicado na revista *Sociologia*, v. XVI, n. 4, pp. 341-367, 1954. Baseia-se também na pesquisa efetuada em Bofete, e servirá para o leitor alargar o conhecimento da vida social do caipira, que no corpo do livro foi apresentada principalmente sob o ângulo dos recursos de subsistência e ajuste ao meio.

Presa à técnica tradicional, menos ligada à influência dos centros urbanos, requerendo para sobreviver enquanto grupo o esforço físico de todos os seus membros, é compreensível que a família do pequeno proprietário e do trabalhador se encontre em condições de maior conservantismo. Mas as mudanças que se vão acentuando no plano econômico e técnico repercutem em todos os setores da cultura; por isso, também nela já se verifica um afastamento acentuado entre as formas antigas e as atuais.

Tudo somado, porém, podemos dizer que ainda se encontra mais próxima aos padrões *patriarcais* do que qualquer outra; mas de padrões *patriarcais* ajustados ao tipo de vida de grupos situados nos níveis inferiores da pirâmide social e, portanto, desprovidos do halo com que aparecem nos estudos consagrados à vida das classes dominantes.

Escolha do cônjuge

Devemos começar pela escolha do cônjuge, ponto inicial de uma família nuclear. Neste terreno o observador repara desde logo acentuada substituição dos critérios familiares pelos de ordem pessoal; persiste, todavia, o padrão segundo o qual casar é indispensável ao indivíduo, sendo proscrito o celibato masculino. Casar é na verdade necessário não apenas dentro das condições de trabalho, como das de vida sexual que prevalecem no meio rural. Sem companheira, o lavrador pobre não tem satisfação do sexo, nem auxílio na lavoura, nem alimentação regular. Em princípio, os dois últimos problemas não se colocam enquanto os pais vivem, pois a solidariedade familiar os remedeia e a mãe faz as vezes da mulher economicamente requerida. Mas considerando que os pais acabam antes dos filhos, é necessário a estes tomar estado e assumir iniciativa econômica.

Certos velhos, que subsistem principalmente graças ao esforço dos descendentes, tendem por vezes a encorajá-los ao celibato, receosos do desamparo em que poderão ficar com a diminuição das forças físicas. Um ancião do grupo estudado, empreiteiro de roçadas de que se desincumbiam três filhos moços, costumava gabar as vantagens de morar com os pais — que asseguram roupa lavada, comida pronta na hora, orientação no trabalho. No entanto, de um modo ou de outro os jovens casam (ou se amasiam), sendo o celibato masculino raridade notável, ligada geralmente a doença.

Os padrões ideais atribuíam ao pai a iniciativa de escolher os cônjuges para os filhos de ambos os sexos, e os mais velhos contam por vezes que conheceram a esposa ao pé do altar — mesmo quando isso não é verdade. Mas é fora de dúvida que rapazes e moças mantinham pouco contato, prevalecendo a união por ajuste entre os pais.

Preferiam-se os parentes, e algumas vezes não podia mesmo ser de outro modo, quando os moradores de um dado *bairro* eram ligados por consanguinidade ou afinidade próxima, não havendo fora deles grande margem de escolha. Nhô Roque, primo de sua mulher, Nhá Maria, beirava os treze anos quando esta nasceu; logo após os pais combinaram casá-los, o que se deu quando ela estava com uns dezoito e ele cerca de trinta.

Contou-me a quase centenária Nhá Justina que o pai e os dois irmãos eram muito bravos; por isso casou já *velha passada*, com vinte anos feitos. Foi o caso que veio morar perto do sítio deles uma gente do Turvo Acima,[1] e um dos rapazes, Antônio, cismou de casar com ela. As irmãs deste, que não conhecia, vieram sondar a sua mãe — e ela ficou espiando por uma fresta da parede. A mãe gostou da ideia, advogou a pretensão

1 Antigo *bairro* do atual município de São Miguel Arcanjo. A narradora morava no do Turvo Grande, na mesma região.

junto ao pai e este, tendo-se engraçado pelo rapaz, inespera-
damente deixou.

Surge aí um tema encontradiço em muitas histórias de casamento antigo: o buraco na parede (nas famílias abastadas é o buraco da fechadura), pelo qual as moças têm a primeira vista dos
futuros maridos, e que funciona na tradição como verdadeiro pa-
radigma da barreira entre os sexos, valendo ao mesmo tempo como índice de família organizada, isto é, que enquadrava o comportamento das jovens. Relatando o que ouviu da avó, conta
num dos seus opúsculos o poeta caipira Sebastião Roque:

> Quando um pai tinha uma filha de 15 ou 16 anos, ele ia à casa de
> um dos seus conhecidos que tivesse um filho de 18 ou 20 anos e
> lá combinavam o casamento dos dois, sem que os filhos soubes-
> sem. Eles só ficariam sabendo nas vésperas do casamento. Com
> minha própria avozinha aconteceu isto. [...] Neste tempo não ha-
> via namoro. Mas existia algum moço desambaraçado que, de vez
> em quando, ia à casa da noiva. Mas acontece que ele só namo-
> rava o sogro e a sogra. A noiva ficava olhando o noivo pelo buraco
> da parede, porque, como todos sabem, as casas do sítio eram de
> barro e quando iam ficando velhas começava a cair terrão e aí fi-
> cava o buraco.[2]

Atualmente a situação mudou bastante e a iniciativa matrimonial parte do interessado; mas a vontade do pai é decisiva,
sobretudo para as mulheres. Contra ele, as moças não ousa-
riam decidir-se, e nesses casos a única solução é, para as mais
afoitas, a fuga, seguida de casamento na polícia — o que às vezes se faz por esperteza, segundo dizem, para poupar o gasto
do ato civil...

2 *A moça que dançou com o diabo: Histórias e versos de Sebastião Roque Ortiz*,
Conchas, 1946, pp. 4 e 6.

A jovem Vicentina, por exemplo, quis muito casar com um rapaz que o pai rejeitou com veemência, alegando que era mulato. Isto, culminando certos maus-tratos anteriores, levou-a a abandonar a casa paterna e vir morar com a irmã casada no grupo que investiguei. No entanto, e apesar da afeição pelo ex-namorado, jamais lhe passou pela cabeça desobedecer ao pai — pois em tais casos a maldição deste pode desgraçar a pessoa. Continua a tratá-lo com a maior consideração, visita-o periodicamente e dedica-lhe todo o respeito e submissão.

Por este exemplo vemos que a cor pode ser requisito exigido no noivo, nessa área de brancos e caboclos onde não há quase pretos e são raros os mulatos. Nhô Bicudo, o *capelão* do *bairro*, recusou terminantemente à filha permissão para casar com um rapaz excelente, por ser *tisnado*, preferindo dá-la pouco depois a um caboclo, vítima de distúrbios nervosos que o deixam furioso e irresponsável sob a ação do álcool, tendo, no próprio dia do casamento, tentado matar o sogro e a mulher. No entanto, há exceções; por exemplo: a de uma filha da referida e alvíssima Nhá Justina, que desposou um preto; a de Nhô Alípio, mulato, casado com branca; a de seu irmão João, casado com cabocla. O problema é mais simples quando a moça é de cor, pois aí tudo depende da iniciativa do candidato.

O preconceito parece atuar apenas em circunstância de casamento. Interrogado por mim, disse Nhô Samuel que preto é o mesmo que branco, como ele pôde verificar, ainda "na era do cativeiro", ao ver um negro esfaqueado: o sangue que corria era igual ao nosso. Do seu lado, Nhô Artur contou que naquele tempo os brancos não casavam com os pretos porque estes eram cativos; mas depois que ficaram livres começaram a *entreverar* bastante com o povo.[3]

3 "Entreverá(r), v. i. — alternar, entremear, misturar...". Amadeu Amaral, *O dialeto caipira*, São Paulo, 1920.

Via de regra, a condição principal do pai é que o pretendente seja trabalhador, capaz de tocar a vida por si. Mas a tradição registra uma série de condições bem mais completas e severas, hoje postas de lado. No mencionado opúsculo, diz Sebastião Roque:

> Durante o contrato, era comum o pai da moça especular sobre o principal serviço que o noivo sabia fazer. O serviço principal, naquele tempo, era fazer cesto, balaio, peneira. Além disso o noivo, para poder casar, tinha que saber cortar com o machado — cortar dos dois lados — tinha que conhecer todas as qualidades de armadilha para pesca e caça.[4]

Neste sentido, verifica-se que a vida passada vai sendo incorporada rapidamente ao domínio da lenda. Desaparecido ou transformado, um traço de cultura passa a sofrer um trabalho de reelaboração, graças ao qual persiste na memória do grupo envolto em valores simbólicos, servindo como ponto de referência para julgar a situação presente — que é de mudança e perda dos padrões tradicionais. Não é difícil ao pesquisador verificar desde logo que a tradição relativa às condições impostas ao noivo no tempo antigo corresponde menos à realidade do que a certos motivos folclóricos universais: as provas e provações a que se deve submeter o candidato para tornar-se digno da mão de sua desejada e que, segundo um autor recente, se ligariam a vestígios de regulamentações exogâmicas.[5]

---

4 Sebastião Roque, op. cit., p. 5.   **5** Gabriel Germain, *Génèse de l'Odyssée, le fantastique et le sacré*, cap. I, Presses Universitaires de France, 1945, pp. 11-54, onde se estuda de maneira sugestiva a prova do arco na obtenção da esposa. Cf. Stith Thompson, *The Folktale*, The Dryden, 1946, notadamente pp. 105 ss. e 329 ss. O motivo das provas de casamento se manifesta sob várias formas, classificadas nas quotas H300-H499 no *Motif Index of Folk Literature*, do mesmo autor.

No grupo pesquisado, moços e velhos são capazes de apontar certos testes sem os quais, dizem, nenhum pai dava filha em casamento. Contam, por exemplo, que antigamente os padres eram muito bons, ao contrário de agora; quando um rapaz ia casar, queriam primeiro saber se era parente da noiva — porque se fosse não os casariam por dinheiro nenhum (quem conta isto é um velho casado com a prima-irmã...). Em seguida, passavam-lhe um exame em regra, para verem se era prático da vida, fazendo perguntas como esta: "Quando quebrar um cabo de enxada onde é que você arranja outro?". Se o rapaz respondesse: "Vou no mato cortar", o padre dizia: "Onde já se viu perder um dia de trabalho por causa de um cabo de enxada? Você deve ter prontos em casa uns três ou quatro para o dia que precisar". Perguntava ainda: "Quantas penas tem a galinha?". A resposta devia ser: "As mesmas do homem: fome, sede e morte". E mais: "Quantos botões tem o casaco de Jesus?", a que se deveria responder: "Três: Fé, Esperança e Caridade". Assim, o padre via se o moço era ou não capaz de conduzir-se bem na vida e, portanto, se merecia a moça; conforme a conclusão, casava-os ou não.

Estas provas se enquadram nos motivos de adivinhação, frequentes no folclore de todos os povos para as situações matrimoniais.

Muito sugestivas são duas outras, diretamente exigidas pelo pai: a primeira consistia em saber cortar embiruçu no mato;[6] a segunda, em saber jogar pau. O futuro sogro certificava--se desta última habilidade pelo seguinte modo, segundo os

6 Trata-se, creio, de *Bombax gracilipes* Schum., de preferência a *Bombax pubescens* Mart. & Zucc., ambas da Fam. *Bombaceae*. Dela se extrai embira branca de boa qualidade e, sendo flexuosa, pode requerer destreza para ser convenientemente cortada a machado. Cf. Alberto Löfgren, "Ensaio para uma sinonímia das plantas indígenas do estado de São Paulo", *Boletim da Comissão Geográfica e Geológica de São Paulo*, n. 10, p. 57, 1895.

informantes: amarrava um porrete em posição vertical ao meio de uma corda bem distendida, desferindo a seguir na sua extremidade superior um forte golpe, que lhe imprimia movimento rápido no enrolar e desenrolar da corda. O candidato devia manter-se bem ao alcance, sem arredar, executando os movimentos necessários para não ser atingido. Saindo-se bem, o sogro via que era capaz de defender-se, que era esperto, e dava-lhe a filha.

A análise desta última prova alegada completa o que foi sugerido acima. Trata-se, no conjunto, da convergência de pelo menos três traços reais e independentes, por um processo de elaboração que os combina em contexto fictício. Primeiro traço é a antiga rigidez e intolerância dos pais, quando regulavam o casamento dos filhos. Entre as suas exigências estava naturalmente implicada certa informação sobre as capacidades do noivo, que no texto de Sebastião Roque são conhecimentos técnicos necessários à vida daquele tempo, na dependência estreita do meio natural imediato.

Segundo traço é o padrão ideal de homem na cultura tradicional. Os requisitos das provas citadas permitem arrolar o que se esperava dele: conhecimento da sabedoria grupal; eficiência na indústria doméstica, na caça e na pesca; domínio dos instrumentos de trabalho; destreza, valentia e capacidade de defesa pessoal.

Terceiro traço é o tradicional jogo português do cacete que até cerca de trinta anos ainda ocorria na área pesquisada, conforme testemunho de pessoas da roça e da vila, e que antigamente constituía técnica principal de ataque e defesa do caipira; a fim de exercitar-se nele é que os jovens praticavam pela maneira descrita.

Ora, decaída a autoridade absoluta do pai, a tradição passa a atribuir-lhe, no passado, vulto maior do que tinha; do mesmo modo, os traços constitutivos do ideal de homem passam a ser considerados requisitos do homem comum de outrora; finalmente, desaparecidas ou atrofiadas, as técnicas tradicionais se prestam facilmente à integração num contexto lendário. Isto posto, a situação matrimonial surge como catalisador, pois sob ela repontam, latentes, os temas imemoriais do folclore, proporcionando o critério da combinação. E assim vemos a severidade na permissão do matrimônio deslizar rápida e insensivelmente para o seio da fantasia. Tais provas, na verdade, nunca ou apenas excepcionalmente existiram. O que existe é, de um lado, a crise de valores levando a idealizar o passado; de outro, a ação sempre viva do inconsciente coletivo — que se não for um conceito válido é pelo menos uma imagem cômoda. E, como diz um autor citado há pouco, a noite dos tempos cai depressa nos povos sem escrita.[7]

Corte e casamento

Esta crise vai se manifestando também na corte amorosa, antes inexistente nas zonas rurais. Antigamente, os costumes exigiam que os pais nem sequer admitissem a hipótese do namoro, que é hoje tolerado pela família, dentro de certo recato. Começa geralmente — segundo a fórmula corrente — "de z'ôio", isto é, pela eloquência universal do olhar, e muitas vezes passa daí para o noivado e casamento. Quando se dão encontros ocasionais, os jovens conversam, para escândalo dos conservadores. Nas festas, porém, permanecem separados, mesmo porque elas podem constar de cantos e danças exclusivamente masculinos. O *baile* (nome genérico para as danças modernas de par enlaçado) entra cada vez mais nas zonas isoladas, mas muitos pais não permitem que suas filhas tomem parte nele; quando obtêm esta permissão, elas não devem conversar com o companheiro.

7 Gabriel Germain, op. cit., p. 51.

Frequentar a casa da namorada é assunto sério. Observei um rapaz que o fazia todos os domingos: passava as tardes jogando malha com os irmãos da moça, que nunca ousava levantar os olhos para ele; e assim ficaram durante um ano, até o casamento. É interessante a este propósito verificar o peso da tradição nas situações decisivas. Sucede, com efeito, que os pares mais livres e *modernos* no namoro (os que se falam com desembaraço e não temem a censura pública pela assiduidade dos encontros) tornam-se singularmente intimidados depois de noivos, fase em que as pessoas não se tocam, mal se olham e quase não trocam palavra. Os rapazes preferem moça "sossegada", isto é, que não tenham tido namorados anteriormente, mas isto vai ficando raro hoje em dia. Mesmo porque, no dizer duma jovem esposa, os moços de agora namoram para engambelar as moças, quando a boa norma seria namorar para casar.

Segundo os preceitos, o noivado dura um ano, mas os pais mais severos costumam encurtar este prazo para quatro ou cinco meses, porque não lhes agrada ver em casa um homem solteiro estranho. Não espanta que os caipiras costumem censurar os italianos por noivarem longamente, às vezes quatro a cinco anos.

Estas barreiras e precauções não são infundadas, pois a situação de isolamento em que as pessoas se encontram a cada passo na vida da roça facilita relações ocultas por matagais e grotas. Os pais não gostam que as mulheres apareçam a estranhos, e os vizinhos devem provar a sua boa intenção respeitando as barreiras de segregação traçadas pelo costume.

Em 1948 observei o caso pouco frequente, e muito moderno, de um noivo, já próximo ao casamento, morar em casa do sogro. O resultado foi acabar antecipando os direitos conjugais, devendo-se por isso antecipar igualmente a cerimônia. O caso é tanto mais significativo do novo estado de coisas quando se tratava de um pai teoricamente muito apegado aos padrões antigos.

A idade mais comum de casar é dos quinze aos dezesseis anos para as mulheres, sendo os limites extremos treze e vinte. Os homens casam em média entre dezoito e 22 anos; depois de trinta, é mais difícil arranjar casamento.

Na oportunidade deste, realiza-se a festa via de regra mais importante na vida do caipira. Os pais fazem o possível para abrilhantar o casamento de suas filhas, havendo alguns que ficam famosos durante anos em toda a redondeza. A cavalo e a pé, rumam para a vila noivos, parentes e convidados. Para ir ao cartório e em seguida à igreja, formam cortejo, com os noivos à frente de braço dado, e a isto se chama *noivado* na área estudada. É um momento ao mesmo tempo de provação e alegria, juntando-se à festa para dar ao indivíduo e à família o sentimento de sua posição. O consumo de álcool é grande, e não raro o noivo já casa sob o seu efeito, chegando a cair de bêbado ao fim da festa nupcial, o que levou certa informante a me dizer que o sofrimento da mulher começa durante esta.

Há naturalmente, como vimos, fugas, defloramentos, matrimônios na delegacia. É difícil averiguar até que ponto os casais são normalmente constituídos segundo a perspectiva do homem da cidade — isto é, providos de certidão civil e bênção religiosa —, mas parece certo que nas relações correntes não se estabelecem diferenças de status entre as modalidades de união, inclusive as de todo livres. Em muitos casos, a despesa acarretada pelo processo normal do casamento — que inclui o preço da certidão e da cerimônia religiosa, bem como os gastos da festa — leva à junção pura e simples. Esta é mais frequente, todavia, nos casos de cônjuges separados e de viúvos, visto como as famílias querem que as suas filhas solteiras tenham situação regular.

Geralmente, viúvos e viúvas contraem novas alianças, a menos que sejam de idade avançada. A viúva de um jovem parceiro do grupo estudado casou de novo daí a oito meses, mudando-se para um bairro vizinho. Tempos depois desaveio-se seriamente com o segundo marido, que a espancava, e amasiou-se com um terceiro — ao que parece causa da desavença —, partindo em sua companhia para o Paraná. Outra viúva, no mesmo grupo, amasiou-se meses depois da morte do marido com o irmão deste, mudando-se para outra parte. Nhô Bicudo, o *capelão* do bairro, sexagenário, está na quarta esposa (1954).

Os cônjuges que se separam contraem, em geral, união livre, e isto em nada prejudica o seu conceito, a menos que intervenham circunstâncias de escândalo ou mau procedimento.

A elasticidade das avaliações morais é ilustrada pelos casos de bigamia de fato, tacitamente aceitos pelo grupo e pelas interessadas — como o de um Joaquim Marcelino, morador do *bairro* que estudei, recém-falecido por ocasião da minha primeira estadia, e que de um lado da estrada tinha a mulher e filhos legítimos; em frente, como amante, uma irmã desta e os filhos ilegítimos. As duas viviam bem, os respectivos filhos se criavam como irmãos e o dono das casas transitava livremente de uma para outra, sem qualquer aborrecimento nem reprovação coletiva — salvo alusões jocosas feitas às suas costas. Os filhos naturais eram considerados iguais aos outros e, como eles, casaram-se normalmente em famílias que não sei se opuseram qualquer restrição. Pode-se concluir, portanto, que a união dos sexos é sancionada pelo grupo, independente da modalidade sob a qual foi contraída; mas em geral se exige, para as moças solteiras, sanção legal ou religiosa (esta obtida hoje mais dificilmente sem aquela). À medida que ascendemos na escala social, surge maior rigor, devido à censura de grupos mais estruturados, mais sujeitos à opinião pública e ligados a sistemas institucionais providos de maior poder coercitivo (Igreja, associações urbanas).

Vida conjugal e posição dos sexos

Os resultados da pesquisa não permitem qualquer inferência quanto à intimidade das uniões sexuais: frequência, técnica, satisfação recíproca etc. Aparentemente, pode-se supor que elas constituem ajustamento satisfatório, sobretudo se levarmos em conta fatores psíquicos e sociais. Tanto para o homem quanto para a mulher, representam situação imposta pelas condições econômicas e os valores grupais. Para a mulher, sobretudo, é condição de estabilidade e segurança, visto como, falecidos os pais, a solteira fica praticamente sem posição definida. Os padrões correntes acentuam a vida de pena e sacrifício da esposa — o que todavia não parece constituir qualquer empecilho ao desejo de arranjar marido e casa. Nota-se, mesmo, que as moças *passadas* assumem certa iniciativa amorosa, procurando captar um companheiro. Durante a minha segunda estadia, a filha já *velha* de um sitiante (teria seus 25 anos) casou com um rapaz mais moço, que, no testemunho da irmã, fora mais ou menos conduzido ao casamento pela sua insistência. Deixou-se enlear num namoro vago, foi ficando sem jeito de recuar e cedeu. Tanto assim que, na vila, embriagou-se antes da cerimônia e, quando o vieram chamar, trancou-se numa latrina, bradando que não iria no *noivado* (cortejo nupcial) e não queria saber da noiva que o forçara àquela situação.

Outra moça levou um homem casado a abandonar a mulher e vir para sua companhia; quando os conheci, viviam cercados da consideração dispensada comumente às uniões legítimas. Já vimos também que viúvas e separadas procuram rapidamente contrair novas uniões, legais ou não. Parece, pois, que, a despeito de avaliações negativas e das dificuldades reais da situação, a mulher deseja o casamento, que lhe define a posição no grupo; e neste sentido chega a violar as normas do recato, bastante acentuadas na sociedade caipira.

No casamento, a sua vida não é de absoluta sujeição, como poderia parecer pelas maneiras que adota em relação ao marido, sobretudo na presença de estranhos, e pelo tom imperioso, embora cortês, que o vemos assumir na mesma circunstância, pois a secura faz parte do seu padrão ideal. Todavia é de muito mais sacrifício que a dele, pois não apenas lhe compete todo o trabalho de casa — que na roça compreende fazer roupas, pilar cereais, fazer farinha, além das atribuições culinárias e de arranjo doméstico — mas, ainda, labutar a seu lado. Embora eximida das tarefas mais rudes, a sua posição sob este aspecto é de paridade, e poucos anos depois de casadas as moças apresentam de modo geral sinais dolorosos das provações físicas a que são submetidas, além das sucessivas maternidades. À luz desses estigmas da sobrecarga, o casamento aparece plenamente como ato de interesse, tanto econômico quanto sexual, que na verdade é.

Talvez esta circunstância contribua para dar à mulher certa equivalência ao marido; mas outros traços revelam inferioridade que independe da vontade dos indivíduos e mergulha as raízes no passado. Nas festas, por exemplo, ela se conserva à parte. No *empalisado* construído à frente da residência para as danças e cantos, só penetra para servir café, pão ou quentão, permanecendo a maior parte do tempo no interior, portas e janelas da casa, que nestes casos lhe é atribuída por menagem, e onde lhe cabe preparar alimentos e atender aos pedidos dos convidados. Nas danças caipiras lídimas, como o cururu e, sobretudo, o fandango, ela não toma parte, salvo exceções. Nas viagens e idas à vila, havendo um cavalo apenas, o marido vai montado, e ela, atrás, carrega o filho menor.

Não observei, todavia, brutalidade generalizada, apontando-se os casos de homem tiranizar a esposa; mas como as bebedeiras são correntes, toca-lhe aguentar as consequências, por vezes fatais. Toca-lhe ainda resignar-se a não acompanhar o marido às festas a que este se dirige, sobretudo quando distantes.

Para o homem, o casamento só traz vantagens — já assinaladas. Note-se ainda que os padrões lhe permitem conservar, dentro dele, apreciável liberdade de movimentos, inclusive eventuais transgressões de caráter sexual. Estas não parecem todavia frequentes no caipira de nível modesto, preso a tarefas pesadas e constantes. Além disso, a união dos sexos tem aspecto econômico essencial, sendo em grande parte uma primeira forma de auxílio mútuo na lavoura; de modo que, havendo em ambos saúde e disposição para o trabalho, no geral a aliança funciona bem. Lembremos ainda que a relativa facilidade de formar uniões novas e livres, mas socialmente admitidas, pode contribuir para a correção de desequilíbrios.

Nascimento e nome

Destes casais, regulares e irregulares, nascem os filhos. A fecundidade das mulheres é grande, embora, na zona estudada, menor que a das de origem italiana ou portuguesa. A mortalidade infantil também é grande, mas mesmo assim abundam famílias numerosas, pois a restrição à natalidade praticamente não existe e a lida agrícola requer braços; quanto maior uma família, melhor poderá equilibrar-se a despeito do ônus representado pela infância.

Durante os sete primeiros dias o recém-nascido é objeto de várias interdições, entre as quais se destaca a de não ver a luz do sol, chão molhado, lama, as cores verde e amarela, a fim de não contrair o "mal de sete dias" — que se manifesta por grande canseira, endurecimento do corpo e desarranjo intestinal (icterícia). Se é menina, furam-lhe imediatamente as orelhinhas, nas quais se deverão, quando possível, passar dois brincos de ouro — usados por todas as mulheres.

Os nomes dados são geralmente tradicionais; na zona rural desta área, quase não vemos os de importação ou formação

(6). Roque Antonio da Rocha

Data em que veiu pra cá:
Idade atual: 62 ou 68 anos
Qualidade como trabalhador: Muito bom
Nº de braços: a mulher o ajuda no aperto nas
roça detrás do morro. É caprichoso e por isto mesmo
de serviço curto.

Planton 1 alq. ½ de milho
    "   m/m ½ quarta de arroz
    "   ¼ de milho separado de outro
Vai plantar feijão da sêca
Está formando o pomar para a fazenda.

Nhô Roque, 68 anos, batizado como Roque Antônio da Rocha,
usava correntemente o nome de Roque Lameu.

recente. Como se sabe, além dos clássicos Antônio, João, José, cada lugar tem o seu nome preferido, geralmente devido ao padroeiro ou a alguma devoção local. Aqui, abundam os Roques, encontradiços em quase cada família. A padroeira de Bofete é Nossa Senhora da Conceição; a cidade atual se originou em torno à capela erguida em sua honra e se denominou anteriormente Freguesia, depois Vila de Nossa Senhora da Conceição do Rio Bonito, e atualmente o santo principal na sede é São Sebastião. A devoção mais antiga, porém, é a de São Roque, cuja capelinha foi a primeira a ser levantada em território do atual município, há mais de cem anos, e que, transferida em seguida para outro bairro, ainda hoje é o principal centro de promessas e devoções. Daí as fundas raízes do nome frequentemente dado aos meninos.

Verifica-se tendência para usar, em vez do sobrenome, ou além dele, o nome do pai ou de um antepassado, prolongando o uso arcaico da patronímia. Como sabemos, no Portugal medieval não havia sobrenomes. Eles se formaram aos poucos, sobretudo nas classes dominantes, a partir de alcunhas, topônimos ou designações de senhorios, passando ao resto da população por dependência, imitação, degradação ou bastardia. Só se generalizaram, todavia, nos tempos modernos. O que sempre houve foi o patronímico, a junção, ao nome próprio, do nome do pai, quase sempre modificado pela desinência *es*, com função genitiva, equivalente a "filho de", como o *Mac* dos escoceses e irlandeses, o *O'* destes últimos, as desinências *sohn*, *son*, *sen* dos alemães, ingleses e escandinavos, ou o *itch* dos eslavos. Mais tarde, os patronímicos com desinência se transformaram em sobrenomes propriamente ditos, e nós nem sempre lembramos que Enes é "filho de João", Antunes, "filho de Antônio", Pires, "filho de Pedro" etc.

Nas zonas rurais, muito conservadoras, a introdução do sobrenome não prejudicou a importância da patronímia, que na linguagem corrente predomina, marcando a importância tradicional do genitor. Numa sociedade, como a caipira, em que frequentemente a família nuclear se via ilhada na vastidão do território, separada dos outros núcleos do sistema familiar, esta prática indica ou pelo menos simboliza a dependência dos membros em relação ao chefe. Quando a família da mãe era mais importante, ou o marido se integrava nela por qualquer circunstância, o nome do avô materno preponderava neste sentido, pois ele era o chefe.

Desta forma, os indivíduos costumam ter dois sobrenomes usados independentemente: o que indica, no sentido amplo, a família a que pertence, e o que delimita o seu ramo próprio, a partir do pai, avô ou bisavô, e que se pode chamar de *sobrenome alternativo*. O primeiro é o *nome de papel* — na frase expressiva de um meu informante macróbio — usado nas ocasiões públicas, em que se requer atitude de tipo legal: casamento, contrato, imposto, censo demográfico. O segundo é o de uso corrente, ativo e passivo, sendo frequentemente o único que a maioria conhece. Vejamos alguns exemplos.

Nhô Quim se chama Joaquim Batista de Quevedo, mas interrogado se identificará como Joaquim Baltasar (*Bartesá*). Os seus filhos são todos Fulanos e Sicranos Baltasar; seu pai era Nhô João Baltasar — na verdade, João Batista de Quevedo; seu avô foi Nhô Baltasar de Quevedo, vulgo *Bartesazinho* — e nele se originou o nome corrente da família, já fixado há quatro gerações.

Nhô Roque, para todos e para ele próprio, é Roque Lameu; sua mulher e prima é Nhá Maria Lameu; sua filha, Benedita Lameu. No entanto, o *nome de papel* é Roque Antônio da Rocha. O pai e o avô, eram respectivamente Frederico Antônio da Rocha e Francisco Antônio da Rocha; mas correntemente se chamavam Frederico Lameu e Chico Lameu. Seu tio e sogro, José Antônio da Rocha, é Zé Lameu. Encontramos a origem do

Diz Nhô Quim que macaco vem na roça de milho, arranca duas espigas, levanta duas palhas, amarra uma na outra, põe sobre o ombro e vai embora. Diz que macaco é o causador dos maiores estragos no milho, mas êle não tem coragem de matar, tão parecido com a gente é a sua feição, a sua mãozinha. Dói muito dó

Parceiro da fazenda Bela Aliança, Nhô Quim (à dir.), registrado Joaquim Batista de Quevedo, costumava se identificar como Joaquim Baltasar.

nome no bisavô, que se chamava, com efeito, Bartolomeu da Rocha, ou seja, em linguajar caipira, Berto Lameu; a segunda parte, desmembrada na certeza de tratar-se dum nome duplo, passou a patronímico dos descendentes.

Como exemplo de matronímia, vejamos o do velho Nhô Ramiro e seus filhos Juca e Alcides, que são conhecidos e se apresentam pelo sobrenome Machado, mas oficialmente se chamam Rodrigues Ramos. Aquele nome provém do avô materno de Nhô Ramiro, sitiante abastado, a cuja sombra se abrigaram os genros e, deste modo, ficou sendo para os descendentes o antepassado líder. Da mesma forma, o pai do velhíssimo Nhô Samuel Antônio de Camargo (cujos filhos são Benedito Samuel, Francisco Samuel etc.) se chamava Mota; ele tomou o sobrenome do avô materno e a sua descendência transformou o seu próprio em patronímico.

Deve-se notar que a fixação e transmissão do patronímico pelas gerações dá-se com maior facilidade quando os nomes não são banais, como os citados Baltasar, Bartolomeu ou Samuel; conheço outros casos em que funcionam do mesmo modo Bento, Cândido, Pio, Vicente, Isaulino, Inácio, Batista, Claudiano, Afonso, Lourenço, mas também os banalíssimos Pedro e Antônio. O nome mais raro tende a prevalecer quando associado ao nome banal, mesmo se este é repetido por batismo ou registro através de gerações, e ele é conservado apenas pelo uso. É o que se vê num dos exemplos citados, onde todos os membros da família de Nhô Roque têm Antônio como segundo prenome, mas continuam designados pelo Lameu do antepassado distante; do mesmo modo, o Batista que há três gerações vem sendo usado nas mesmas condições pela de Nhô Quim continua eclipsado pelo do seu avô Baltasar.

Tratando-se de nome muito vulgar, o patronímico pode formar-se, em sentido já um pouco diferente, pela partícula genitiva, mas neste caso é usado em relação à pessoa, e não por ela própria: Vicente do Antônio, Manuel do Juca etc. — um pouco ao modo da Itália, onde abundam os di Piero, di Lorenzo, di Giacomo. Não raro, se a pessoa perde em pequena o pai, ou vive num bairro onde predominam parentes da mãe, pode formar-se um matronímico a partir do nome pessoal desta: Chico da Cota, Pedro da Joana, Zé de Nhá Maria.

Finalmente, o sobrenome alternativo de significado patronímico pode formar-se com base na alcunha de um antepassado, que se incorpora às vezes ao sobrenome legal. Na área estudada, é o caso duma velha família de sitiantes e meeiros, os Guaçu, que em verdade se chamam Oliveira. Mas ouviremos sempre falar em Juvenal Guaçu, Neném Guaçu, pai e tio de uma das minhas jovens informantes de 1948 — Zaíra Guaçu. É alcunha tão antiga, indicando o tempo da língua geral, que já se incorporou ao sobrenome, tornado legalmente Oliveira Guaçu, ou Guaçu de Oliveira. Assim o li na lista de contribuintes, e assim aparece em 1898 nos distúrbios que então ensanguentaram Avaré.[8]

Batizado e compadresco

Na escolha do nome não parece haver atualmente interferência do padrinho, que se torna logo após o nascimento personagem importante na vida da criança — hoje mais teórica do que praticamente.

Passado o sétimo dia, o recém-nascido é levado à luz do sol e logo se cuida de batizá-lo, com quinze ou vinte dias. O batizado é de fato o seu reconhecimento social e por assim dizer a sua aquisição de personalidade, dando lugar ao estabelecimento de

8 Ver João Batista do Amaral Pires (Jango), *Um pouco da história de Avaré*, Avaré, 1946, p. 78.

um dos vínculos tradicionalmente mais importantes da sociedade caipira, que é o compadresco, e subsequente compadrio.[9]

Escolhem-se geralmente os avós, em seguida os tios, para batizarem os primeiros filhos, sem que isto seja realmente uma norma. Os padrinhos são em número de três: as duas testemunhas e a *madrinha de apresentar*, ou *apresentadeira*, que carrega o menino antes e depois da cerimônia, e que noutras partes é chamada madrinha de *apresentação*, de *representação* ou de *bandeja*. Os três são chamados padrinhos e são igualmente compadres dos pais. Num batizado efetuado durante a minha segunda estadia, foram testemunhas um casal de vizinhos, e apresentadeira a avó paterna.[10]

O convite se faz procurando a pessoa escolhida e pedindo-lhe para *levar* o filho ao batismo. O escolhido agradece, aceita e dirá aos outros que tal dia vai *levar* o filho de fulano. Dirá mais tarde que o *levou* — o verbo "levar" significando, neste contexto, *ser padrinho*.

As obrigações deste são atualmente as seguintes:

1. Dar a roupa do batizado;
2. Pagar a taxa;
3. Conduzir o batizando à vila, ida e volta;
4. Oferecer pinga ou cerveja ao pai, que nem sempre comparece.

Estando a mãe sempre ausente por força do *resguardo* (quarenta dias), a ausência eventual do pai assinala a confiança, a verdadeira partilha de paternidade implicada no compadresco e manifestada desde logo sob a forma desta entrega total. As mais das vezes, com efeito, vemos partirem para a vila, a pé ou a cavalo, apenas os três padrinhos e o recém-nascido.

9 Ver adiante a distinção. **10** Noutras áreas, há indiferentemente padrinhos e madrinhas de apresentação, geralmente acompanhando o sexo da criança, como na crisma. Na área estudada, pude observar apenas madrinhas.

A partir do batizado prevalece o tratamento de *compadre* e *comadre* sobre outro qualquer, salvo os de pai e mãe, avô e avó, filho e filha. E esta é hoje, possivelmente, a manifestação mais tangível e a principal consequência do compadresco. Dois rapazes da mesma idade, vizinhos e companheiros de todo o momento, tornando-se compadres, passaram imediatamente a chamar-se de "Compadre Vicente, o senhor", "Compadre Ezequiel, o senhor". Uma meninota, Benedita, que *levou* a sobrinha como *madrinha de apresentar*, a partir deste momento trata a irmã de "Comadre Vicentina, a senhora". Referindo-se ao tio e sogro, Nhô Roque só falará em "Compadre Zezinho".

Proponhamos aqui uma distinção, útil para a análise, entre a afinidade espiritual dos compadres (compadresco) e as suas relações efetivas (compadrio). O primeiro constitui um tipo de parentesco, isto é, um conjunto de relações potenciais delimitadas por direitos e deveres prescritos, inerentes à respectiva posição, antigamente definidos e sancionados pelo Direito Canônico, acarretando consequências na esfera da vida civil. Assim, por exemplo, erigindo-se em barreira de incesto, prejudicava o casamento.

Este vínculo se traduzia na vida social pelo compadrio, a relação efetiva entre os compadres, nele virtualmente contida, pois criava possibilidade ou disposição para intercâmbio mais intenso: convivência, prestação de serviços, assistência mútua etc. Antigamente, quem falava num implicava o outro, pois não se concebia o estabelecimento do parentesco espiritual sem o estabelecimento consequente dum tratamento preferencial na vida cotidiana, inclusive e sobretudo a disposição cooperativa.

Hoje, embora despojado de qualquer aparato jurídico, o compadresco permanece mais ou menos intacto, por força do próprio sacramento do batismo, e assim é socialmente, como se pôde verificar pelo uso do seu designativo como tratamento preferencial. O que decaiu foi o compadrio, o sistema dantes bem travado de obrigações recíprocas, e agora muito menos eficiente e impositivo, embora ainda constitua ponderável traço de união entre os indivíduos. Parece, todavia, que a relação entre compadres permanece, na vida caipira, um vínculo mais sólido que a relação padrinho-afilhado. Talvez porque a seleção do compadre obedeça a afinidades anteriores, ou, pondo adultos em presença, encontre base mais sólida para o intercâmbio.

A este propósito, talvez convenha distinguir, no complexo de relações estabelecidas pelo batizado, as que vinculam os compadres das que ligam padrinho e afilhado, e que constituem formação à parte. Ainda aí, se for necessário para clareza da análise, pode-se distinguir o parentesco espiritual das relações efetivas. Aquele se constitui também pela força do sacramento e se manifesta pelo designativo, de "padrinho", usado invariavelmente pelo afilhado em relação ao seu paraninfo, quer dirigindo-se a ele, quer a ele se referindo. Estas consistem em atitudes, sentimentos e obrigações que se estabelecem de fato entre eles.

Ainda hoje o Direito Canônico estabelece liames espirituais definidos entre ambos, no tocante sobretudo à vida religiosa, em que o padrinho deve exercer uma espécie de vigilância paternal.[11] Em teoria, o objetivo da escolha de um compadre é a sua função de padrinho, isto é, suplente do pai;

11 Cân. 769. — É dever dos padrinhos, uma vez aceito o encargo, manter perpetuamente junto de si o filho espiritual que lhes foi confiado, e conservá-lo em tudo o que vista à educação de uma vida cristã, além de ocupar-se diligentemente em que ele (o filho espiritual) se apresente por toda vida tal como eles (padrinhos) prometeram que ele haveria de ser. *Codex Iuris Canonici*, Pii X Pontificis Maximi Iussu Digestus, Benedicti Papae XV Auctoritate Promulgatus etc., Typis Polyglottis Vaticanis, 1939.

na prática, observa-se que o afilhado funciona quase sempre como simples ocasião para o estabelecimento do compadresco, realmente visado. Mas em princípio é tão clara e importante a função paterna do padrinho que frequentemente os netos chamam deste modo aos avós, independentemente de serem ou não seus afilhados, mostrando esse caráter de quase paternidade atribuído ao designativo.

Ao afilhado cabe respeitar o padrinho de modo especial e pedir-lhe a bênção sempre que o encontra, como ao pai. Teoricamente, deve ainda comunicar-lhe que está noivo — como se pedisse confirmação da autorização paterna, e pedir-lhe que o *leve* ao casamento, isto é, lhe sirva de testemunha. Na prática, esta obrigação quase não existe, e na verdade, comparado ao que foram, o compadrio e a relação padrinho-afilhado são bem menos fortes, embora apresentem maior vitalidade na sociedade caipira do que nas cidades.

Quando os velhos comparam o seu tempo com o de agora, lamentando a derrocada das instituições, um dos primeiros tópicos abordados é justamente a decadência do respeito pelos padrinhos, podendo-se ver que antigamente havia um acordo tácito de deveres e obrigações recíprocas, devendo os benefícios do padrinho ser compensados por retribuições do afilhado. Sabemos, por exemplo, que um dos modos pelos quais se criavam e ainda hoje se criam em certas áreas menos urbanizadas do país os vínculos de apaniguado e senhor repousavam no compadrio em boa parte. Numerosos capangas e cabos eleitorais de chefes locais são seus compadres ou afilhados, recebendo em troca porções de terra, assistência de vária espécie e defesa. Escolher um compadre graúdo significa ligar-lhe o destino do filho, para o qual se procurava um apoio — e ninguém ignora o papel desempenhado neste sentido pelo padre Cícero em nossa história moderna.

Mesmo entre a gente humilde, porém, funcionava o sistema de obrigações recíprocas. O nonagenário Nhô Samuel lembrava com saudade o dia em que o pai, sitiante perto de Tatuí, lhe disse que era tempo de irem buscar a novilha dada pelo padrinho: foram e trouxeram uma vaca *erada*, com crias, dado o tempo decorrido desde o batizado. Lembra que ao casar foi pedir licença ao padrinho, que lhe serviu de testemunha e deu o *parêio* (terno de roupa) para a circunstância. Diz que era costume, se o pai morria, o padrinho ajudar a comadre até "arranjar a vida". "Hoje", diz Nhô Roque, "a gente paga o batizado e, quando o afilhado cresce, nem vem *dar louvado*" (pedir a bênção).[12]

Pais e filhos. Educação

Aliás, a modificação atingiu também as relações entre pais e filhos, para grande escândalo dos velhos. Dizem eles que antigamente o filho se dirigia ao pai de olhos baixos e lhe obedecia a vida toda. Devia observar em relação a ele uma série de normas de etiqueta, entre as quais sobressai, na referência constante dos testemunhos, não cruzar o seu caminho nem passar pela sua frente, estando ele parado. Segundo João Chagas não havia brutalidade porque não era preciso: os pais governavam os filhos com o olhar até ficarem homens. Mas se saíam do trilho os castigos eram severos, menos por ocasião da Quaresma, quando havia anistia geral. Nesse período, conta Nhá Maria, os pais cortavam varas, deixando-as bem à vista dos filhos depois de preparadas, isto é, sapecadas e untadas. Quando eles *reinavam*, apontavam para elas e diziam para esperarem até o Sábado da Aleluia — dia do ajuste de contas...

12 Note-se, neste exemplo, o conceito de que os deveres do padrinho (pagamento do batizado, no caso) são considerados prestação que exige recompensa, configurando não uma simples dádiva, mas o estabelecimento duma obrigação bilateral, que abre caminho às formas de troca.

Depois de casados os filhos continuavam frequentemente morando nas casas dos pais (àquele tempo eram mais frequentes os caipiras proprietários ou posseiros), e isto prolongava a sujeição. Hoje, esta ainda é acentuada, mas os homens já não se submetem tanto em questões de casamento e iniciativa econômica nem ficam a vida toda ao sabor dos pais.

Desconhecem-se os tratamentos de *papai* e *mamãe*, usando-se *pai* e *mãe*. Os mais antiquados dão ainda o tratamento de *mecê* (vossa mercê), mas *o senhor* e *a senhora* (em muitos casos *nhor* e *nhora*) vão prevalecendo.

Antes não se dizia: *a bênção*: juntavam-se as mãos em prece, dizendo — "Louvado" — a que o pai respondia juntando igualmente as suas e respondendo pela mesma maneira. No primeiro caso, a palavra queria dizer: "Louvado seja Nosso Senhor Jesus Cristo"; no segundo: "Para sempre seja louvado". Embora na maioria das áreas esta forma esteja desaparecida, aqui persiste misturada com a mais recente. Assim é que os filhos, em muitos casos, juntam as mãos e dizem — "Louvado"; noutros, porém, juntam as mãos e dizem — "A bênção!" — respondendo o pai — "Deus abençoe"; mas em qualquer caso continua-se a designar o ato como "dar louvado". Devia-se *dar louvado* também aos avós e tios, e em geral aos parentes mais velhos; os meninos deviam ainda fazê-lo em relação a qualquer adulto, marcando-se deste modo a separação de direitos e deveres das diferentes categorias de idade. Em áreas mais isoladas esta última prática subsiste, como pude verificar no arraial do Coxipó do Ouro, estado de Mato Grosso.

Em 1827, Hércules Florence registrava:

Dar louvado é pôr as mãos juntas e pronunciar as seguintes palavras: "Seja louvado Nosso Senhor Jesus Cristo", ao que responde o senhor: "Para sempre seja louvado" ou simplesmente

"Para sempre". É o *bons dias* do escravo para o amo, do filho para o pai, do afilhado para o padrinho, do aprendiz para o mestre...[13]

Em São Paulo e Cuiabá dá-se *louvado*; no Rio de Janeiro pede-se a bênção por este modo: "a bênção?".

Não sei se as informações sobre a desnecessidade de castigar, noutros tempos, exprimem a realidade ou não passam de projeção, sobre o passado, da nostalgia que a respeito dele manifestam as pessoas de idade, mormente nos momentos de crise de valores, como é este, no grupo estudado. O certo é que atualmente castigam-se os filhos com severidade. Enquanto são menores a tarefa cabe às mães; depois, aos pais, usando-se geralmente relhos, varas ou correias. Segundo uma jovem informante, casada, as moças costumam apanhar até o matrimônio (isto é, até quinze ou dezesseis anos), enquanto os rapazes são poupados mais cedo, desde que comecem a trabalhar na lavoura.

Do ângulo das crianças a família é praticamente o mundo, delimitando as fronteiras dentro das quais se dá a educação e se forma o conhecimento das coisas. Esta absorção do imaturo pelo horizonte limitado dos pais é, nas sociedades rústicas, um dos fatores de persistência dos padrões, cuja vitalidade é assegurada através de gerações com pouca experiência contínua de outros agrupamentos. A imagem tradicional do menino caipira mostra-o escondendo-se nas saias da mãe ao primeiro sinal de gente estranha; nos bairros mais isolados, mulheres, moças e meninos fecham janelas e portas neste caso, não atendendo muitas vezes ao chamado regulamentar de — "ô de casa!"—, que deve pôr em andamento o mecanismo da hospitalidade.

13 Hércules Florence, *Viagem fluvial do Tietê ao Amazonas de 1825 a 1829*. 2. ed. Trad. de Afonso d'Escragnolle Taunay. São Paulo: Melhoramentos, 1948, p. 193.

Desde pequenos os filhos acompanham os pais, familiarizando-se de maneira informal com a experiência destes: técnicas agrícolas e artesanais, trato dos animais, conhecimentos empíricos de vária espécie, tradições, contos, código moral. No grupo estudado, eram quase todos analfabetos, homens e mulheres. Apenas um morador enviou o filho durante dois anos à escola rural, situada a cerca de meia légua; mas retirou-o, em seguida, por achar que, sabendo mais ou menos ler e escrever, já não havia razão para deixar de auxiliá-lo no trabalho. Ainda agora, portanto, a família é para todos a única instituição educativa, e certos pais veem com desconfiança a alfabetização que os separa muito dos filhos, transformando-os em *letrados*. Segundo um morador, a filha que aprende rudimentos de leitura e escrita com a senhora de um fazendeiro já estava muito adiante dele, porque "sabia ver as letras". E ela própria alegava não ter necessidade de mais instrução, pois já sabia escrever o seu nome e o dos pais.

A educação sexual é igualmente espontânea. Como Dáfnis e Cloe, no romance pastoral de Longus, meninos e meninas aprendem o essencial com os animais. Além disso, a casa caipira não permite qualquer intimidade e recato. Constando em geral de quatro peças divididas por duas meias-paredes cruzadas, pais e filhos nela se comprimem lado a lado, desvendando-se desde logo aos imaturos a intimidade das relações conjugais. E é interessante notar que o recato dominante nas relações públicas de moços e moças (acentuando a convenção de ignorância e inocência que os padrões tradicionais requerem nesta) tem como contrapeso um sereno naturalismo de fato.

Vimos há pouco que o começo da lida na roça marca geralmente o fim dos castigos corporais. Com efeito, para o caipira o trabalho é o critério principal para determinar a passagem à idade adulta. Os meninos desde cedo ajudam os pais na faina da lavoura, mas apenas quando apresentam certo vigor físico, aos treze ou catorze anos, recebem o peso total do serviço do eito. Neste momento, estão "homens formados", podendo já embriagar-se, ir sós à vila, fazer compras por conta própria e, daí a pouco, considerar a perspectiva de casamento — solução inevitável do ponto de vista sexual.

Com efeito, na roça as possibilidades de satisfação do sexo, fora dele, são praticamente nulas pelas vias normais. Não há prostituição e a virgindade feminina é norma cuja ruptura, embora frequente, leva quase sempre ao casamento com o transgressor. Quem deflora, casa: esta é a regra que repõe nos eixos a ordem um momento ameaçada.

Não tenho dados positivos que permitam avaliar o papel da masturbação, mas sou levado a crer que é, se não rara, por certo incomparavelmente menos usada que nas cidades, mesmo porque o jovem caipira tem menos estímulos eróticos e despende constantemente uma soma de energia física pouco propícia ao que os antigos denominavam os trabalhos de Vênus. No entanto, quando premido pelo desejo, resta uma via, geralmente percorrida por todos: o coito com animais.

Parece que a bestialidade radica em vínculos profundos entre homem e animal, originados nas fases em que este foi domesticado e passou a viver junto ao dono, numa proximidade física e afetiva que hoje mal podemos avaliar. O homem se atribuía não raro natureza idêntica à do animal — circunstância que deve estar ligada às manifestações totêmicas e à gênese dos mitos zoomórficos. Na mitologia de muitos povos ocorre com insistência, mais do que isto, a tradição fabulosa de relações entre homem e animal: camaradagem, vínculo filial, coito. Lembremos a epopeia babilônica do herói civilizador Gilgamesh, cujo leonino companheiro de armas,

Enkidu, representa um estado transitório entre animalidade e humanidade, como os centauros e os faunos ou a lenda eponímica de Rômulo e Remo amamentados pela loba; ou os amores de Leda e o cisne, Europa, Pasifae e o touro, a metamorfose de Io etc.

Indício interessante desta afetividade se encontra nos gêneros pastoris, onde não apenas vemos os jovens aprenderem a amar com os animais — como no romance de Longus —, mas os pastores exaltarem as suas belas ovelhas ou as suas novilhas prediletas com um ardor que faz pensar em erotismo zoofílico. Sem perceber, o poeta pode estar dando voz a impulsos cujo significado profundo não alcança, e cujas raízes vão perder-se numa familiaridade remota.[14]

Entre pastores, com efeito, devem ocorrer tais relações, explicáveis pela identificação afetiva desenvolvida no isolamento e no contato prolongado. Recentemente, a opinião literária na França se interessou pelos escritos inéditos dum jovem pastor meridional, escritor espontâneo, que narra com singular candura os seus amores com as ovelhas, mostrando até que ponto a sexualidade pode ser estimulada pelo animal, em relação ao qual se desenvolvem inclusive (como é o caso citado) tendências sádicas e certas formas de depravação geralmente referidas a seres humanos.[15]

14 Note-se que no criador do gênero bucólico erudito, Teócrito, é franca não apenas a celebração dos amores dos animais, como a alusão clara ao erotismo zoofílico dos pastores. Ver *Idílios* I, IV e XXVII e *Epigrama* VI. De Moschos há um admirável poema, *Europa*, onde atinge ao mesmo tempo o máximo de poesia e de realidade a relação erótica com animal. Já nos cultores mais recentes, quando o gênero se havia desprendido das raízes próximas à vida pastoril, adquirindo sentido meramente metafórico e convencional, desaparece esta nota, que não encontramos em Virgílio, nem nos renascentistas, culteranos e neoclássicos, senão como eco amortecido. 15 Jean-Pierre Baylac, "Journal du berger (fragments)", *Les Temps Modernes*, ano VII, n. 71, pp. 495-503, set. 1951.

No Brasil, o erotismo zoofílico é comum nas zonas rurais, tendo sido Gilberto Freyre o primeiro a chamar sobre ele a atenção dos estudiosos, tratando da formação sexual do menino de engenho.[16] De um ponto de vista psicossociológico, não se pode reputá-lo anormalidade. Nas fazendas e sítios, a iniciação à vida do sexo dá-se muitas vezes com animais, sendo que as novilhas, eguinhas e carneiras fixam de preferência o erotismo infantil e juvenil. A expressão eufêmica "encostar no barranco", referente ao ato sexual em geral, deriva de tais práticas e revela a sua generalidade.

Na área estudada elas são correntes, e como nem todos possuem gado de porte, os meninos e os jovens utilizam também as cabras, porcas e galinhas, mais acessíveis pela criação doméstica. Pode-se dizer que isto equivale à "masturbação compensadora" (Forel), corrente nas cidades, sendo, como ela, etapa transitória de iniciação, superada sem dificuldade aos primeiros contatos com mulher, que se estabelecem cedo devido ao casamento precoce. Num e noutro caso, apenas a incorporação definitiva aos hábitos sexuais do adulto poderia ser considerada desvio; e tudo bem pesado, a prática rural talvez seja menos nociva que a urbana, pois repousa menos na imaginação. Proporcionando ao adolescente um certo contato direto com a realidade, ela diminui o perigo de inibições e desvios, que podem desenvolver-se em relação ao ato normal do sexo.

Instabilidade da estrutura familiar

A família caipira, no passado e no presente, não pode ser concebida como estrutura estática, apesar dos fenômenos de

16 Gilberto Freyre (*Casa-grande & senzala*. 5. ed. Rio de Janeiro: José Olympio, 1946) assinala que o menino sertanejo "cedo se entrega ao abuso de animais" (v. II, p. 618).

continuidade e sobrevivência nela observados. A análise do testemunho de escritores e velhos informantes, bem como a observação do que atualmente se verifica — mormente graças à comparação no espaço dos vários estádios da mudança causada pela urbanização —, faz ver que ela sempre consistiu numa forma de ajuste das relações sociais, variando segundo o modo de articulação com os grupos mais amplos e as condições de ocupação do solo.

De fato, quando encontramos a cultura caipira nas suas manifestações mais típicas (dependentes em geral da integração dos grupos familiais em agrupamentos amplos de vizinhança — os *bairros*), observamos a estabilização dos costumes e o funcionamento normal das instituições domésticas, como as sugerimos através de reconstituição. Mas sabemos que a vida rural de São Paulo e de outras partes do Brasil estava ligada a certa tendência para a mobilidade — seja pela tradição seminômade das Bandeiras, seja pela precariedade dos títulos de posse, seja pela agricultura itinerante. Esta mobilidade foi e continua sendo fator de instabilidade das relações familiais no sentido amplo, e de preservação da sua integridade no sentido restrito. Com efeito, para resistir à desagregação e subsequente anomia, as famílias devem manter-se o mais possível fechadas sobre si mesmas, pois no povoamento disperso elas constituem o único ponto de apoio da personalidade.

Modernamente, o êxodo rural separa com mais frequência o indivíduo da família, criando novo fator de instabilidade e ameaçando a sua estrutura. E a circulação constante de famílias em busca de melhores condições de trabalho continua — como antes a agricultura itinerante — a dificultar a integração regular dos grupos familiais em estruturas mais amplas. É uma nova forma de instabilidade que obriga a família a concentrar-se como unidade social. Agora, todavia, não se concentra mais em face do isolamento geográfico e cultural, mas em contato com as forças atuantes da urbanização. Por isso, embora persista coesa como grupo, altera-se cada vez mais como estrutura tradicional, ao aceitar os padrões transmitidos pela influência urbana que a vai desligando da placenta original da sua cultura rústica.

Por isso, ainda vemos nela uma integração satisfatória das relações entre marido e mulher (ou amigados), entre pais e filhos, entre irmãos enquanto jovens. Mas já se vai obliterando o sentimento de parentela, pois, jogados de um para outro lado pelas vicissitudes do trabalho, o caipira sem terras se desliga dos irmãos, tios, parentes em geral. Ao mesmo tempo os laços do compadresco se afrouxam, pois na sua mobilidade os indivíduos se afastam um dos outros com prejuízo das relações. Resumindo esta parte, podemos dizer que a mobilidade, sob as suas formas antigas e atuais, age no sentido de desintegrar a parentela e o compadresco, e no sentido de fechar sobre si mesma a família nuclear.

No panorama atual da sociedade caipira, observamos dois casos principais a este respeito. O primeiro (cada vez mais raro) é o da família que se mantém organicamente presa a sistemas mais amplos de relações tradicionais. No segundo caso, ela se apresenta como unidade mais ou menos solta, em face dum novo complexo de relações orientadas pela urbanização. Tanto num caso quanto noutro, verificamos nela o desenvolvimento de padrões devidos ao isolamento relativo, que a subtraiu à influência permanente dos centros em que se encontravam, mais vivos, os padrões jurídicos e religiosos. É o caso do conceito alcançado pelas uniões livres, e consequente ausência de restrições à bastardia; é também a quase normalidade com que se reajustam as uniões por meio de mancebias sucessivas; é ainda o caso da naturalidade com que se processa o erotismo zoofílico.

Devemos considerar todos esses casos tipos especiais de acomodação, pois a análise da família caipira revela a existência dum sistema coerente de padrões morais, como vimos no presente trabalho. Basta observar fatos como a diferença nitidamente traçada entre união livre de donzela (reprovada e podendo levar a desforços pessoais) e união livre de mulher viúva ou separada (aceita sem maior dificuldade, sendo que os cônjuges enganados raramente se dispõem a quebrar lanças). Tais padrões são normais dentro da organização tradicional da sociedade caipira, em seus níveis inferiores, embora pareçam aberrantes em relação à nossa, que é mais enquadrada pela tradição legal. Outros fatos, porém, são nítidas manifestações de desorganização, podendo talvez ser atribuídos a certos extremos de isolamento, que suprimem os controles individuais e acabam por suprimir os controles grupais. É por exemplo o caso do incesto, observado e referido com alguma frequência. Nas grandes cidades, as suas ocorrências — largamente noticiadas pela imprensa escandalosa — têm as mais das vezes como protagonistas indivíduos chegados de zonas rurais. Nestas, certas pessoas são apontadas como *lobisomens* — entendendo-se, quase sempre, que têm relação incestuosa com as filhas. Mesmo que a maior parte de tais casos seja — como deve ser — devida a suspeita e maledicência, penso que o simples fato de serem tão frequentemente alegados denota a existência da prática monstruosa, que aliás é comprovada em muitas ocasiões. Ela constitui o índice mais doloroso e dramático da anomia, que não raro dissolve os padrões de famílias formadas no isolamento ou na miséria — circunstâncias pouco favoráveis ao comportamento organizado.

Finalizando, resta assinalar que se o êxodo rural pode desorganizar violentamente as famílias de caipiras pobres (entre as quais recrutam-se a maior parte das prostitutas das cidades), a urbanização do caipira que permanece na terra encontra na família um elemento de adaptação que permite aos indivíduos transitarem de um a outro sistema de padrões e manter a coesão necessária ao trabalho produtivo e à manutenção dum código moral.

Os mais velhos — Nhô Samuel, Nhá Justina, Nhô Roque — falam com vocabulário ~~mais arcaico~~ e expressões mais arcaicos e a velha prosódia cabocla de influência tupi-guarani: $x = tch$; $ch = tch$; g brando e $j = dj$.

Apêndices

Bicudo jr./— louro, casado c. branca morena, um filho
　　　lourissimo e outro moreno claro;

Nhô Quim — caboclo puxado a índio, c.c. com caborla
　　　puxada a branco, filhos acabocladas;

Dito Samuel — lourissimo, arruivado, c.c. caborla,
　　　filhos mto. louros

Nhô Roque — caboclo aquilino, c.c. caborla puxada a
　　　índia filhas caborlas; genro arruivado, sardento:

Nhô Samuel — branco, filho louro.

Zé Preto — preto c.c. preta, filha preta

~~Torrinhelino~~ Maximino Gazio — alourado, sardo, c.c. caborla puxada
　　　a índia

Nhá Justina — branca, filhos brancos alourados

Lico — caboclo escuro (gota negra?), avô caborla puxada
　　　a índia.

Joaquim oliveira — alourado, c.c. filha de italiano
　　　morena filhos louros.

Apresentam-se abaixo alguns dados, entre os muitos que serviram para estabelecer conclusões no texto, a fim de que o leitor possa avaliar a maneira por que foram fundamentadas e elaboradas.

1. As raízes históricas da população tradicional de Bofete

Seguem elementos colhidos nos autores, que permitem justificar certas afirmações feitas na segunda parte sobre o passado do caipira estudado, no que se refere aos meios de vida e à fisionomia econômica da sua área de origem. Os liames atuais com Itapetininga são pouquíssimos, para não dizer nulos. No entanto, as informações sobre o seu passado ajudam a esclarecer as origens das populações dos municípios a ela historicamente vinculados. Não nos esqueçamos que dela se desprendeu Tatuí, foco de influências duradouras sobre Bofete, nos últimos cem anos.

As informações de Saint-Hilaire sobre o distrito da vila de Itapetininga se caracterizam pelo pessimismo: gente rude, pouco inteligente, vivendo miseravelmente em casebres. Produção dominante eram os gêneros alimentícios, que seriam, "de ordinário, muito abundantes", mas escasseavam até a penúria naquele ano (1820). A população era, na maioria absoluta, de agricultores, que "cultivavam milho, arroz, feijão, e enviavam este produto a Sorocaba". Cultivava-se também o algodão, "com o qual eram fabricados tecidos grosseiros". Criava-se gado, e fazia-se um pouco de açúcar.[1]

Estas referências, abrangendo partes mais chegadas ao caminho do Sul e à vila, caracterizam fazendeiros e sitiantes que produziam em parte para vender. O grosso da população rural estaria mais próximo às condições de carência econômica

[1] Saint-Hilaire, *Viagem à província de São Paulo e resumo das viagens ao Brasil, província Cisplatina e Missões do Paraguai*, [1940], p. 274.

O pai e a filha, caipiras muito claros, vestidos para o dia de folga.

O filho mais velho de nhã Artur, Olímpio, é louro;
assim tambem o último.
Os três do meio que aqui estão, são morenos ~~tão~~ forte,
com traços nítidos de indio.
A mulher é tb morena.

registradas por ele entre os habitantes pobres que encontrava
à beira da estrada, e produziriam para o parco sustento. Daí,
talvez, não aparecerem os cereais, de produção reputada vul-
tosa, visto como se destinavam em maioria ao consumo dos
que os plantavam nas suas capuavas.

O *Ensaio* de Daniel Pedro Müller, referente a 1837, dá para
Itapetininga (abrangendo então toda a área para além de Tatuí e
Botucatu), número limitado de fazendas (10 engenhos de açúcar, 15 fazendas de criar, 1 de café), e grande cópia de "sítios
de cultura", em número de 450 — o que lhe dava posição destacada na província, nesta categoria. Apreciável, comparativamente, era a população, que a colocava na segunda linha
dos distritos mais povoados logo após a capital e Curitiba. No
entanto, a renda total dos seus produtos estava muito aquém
das dos distritos de população equivalente, como se vê pelo
quadro a seguir:

Distrito	População	Renda
Taubaté	11 833	38:007$020
Bragança	11 618	155:054$400
Itapetininga	11 510	28:195$000
Porto Feliz	11 283	85:890$000
Itu	11 146	207:391$000
Sorocaba	11 133	46:978$000
Franca do Imperador	10 664	111:882$920
Moji das Cruzes	10 472	79:787$680
Constituição	10 291	53:298$200
Atibaia	10 211	9:627$060

Dos dez distritos com população superior a 10 mil habitantes, Itapetininga ocupa o *terceiro lugar* quanto à população, e o *último* quanto à renda dos produtos.

Vejamos agora como se distribuíam, nos referidos distritos, a produção dos mantimentos de base:

Distrito	Arroz alq.	Feijão alq.	Milho alq.	Farinha de mandioca alq.
Taubaté	1390	900	6637	465
Bragança	3848	8100	200 000	—
Itapetininga	480	1280	400	—
Porto Feliz	468	1027	20 180	40
Itu	3319	9987	49 768	60
Sorocaba	3342	5565	170 972	—
Franca	2111	—	138 632	3893
Moji das Cruzes	1159	13 795	—	82
Constituição	6422	13 180	331 498	—
Atibaia	1899	10 467	126 029	—

Itapetininga ocupa o nono lugar na produção do arroz; o oitavo na do feijão; o décimo na do milho. Mesmo levando em conta os recursos precários de que dispôs o benemérito Daniel Pedro Müller, podemos concluir que os dados têm um valor uniformemente incompleto, isto é, são deficientes, mas comparáveis.[2]

Como coadunar-se essa míngua espantosa com a fama, registrada por Saint-Hilaire, de abundância dos gêneros alimentícios, e com os 450 "sítios de cultura"? A resposta só pode ser uma: a população rural, relativamente avultada, do distrito

2 Daniel Pedro Müller, *Ensaio dum quadro estatístico da província de São Paulo*. Foram feitas por mim a elaboração dos quadros e a distribuição dos dados, de acordo com as informações de diferentes passos da obra.

de Itapetininga, vivia na absoluta maioria em plena economia fechada, de subsistência, não aparecendo no mercado a sua produção, destinada quase toda ao consumo imediato; nem havendo, por isso mesmo, modos de tornar acessível às estatísticas a sua avaliação real. Daí a pouca renda e a pequena quantidade, registradas no *Quadro* do marechal Müller.

Mais um dado sugestivo, neste sentido, é a comparação do número de comerciantes existentes em cada um dos distritos referidos:

Distrito	Número de comerciantes
Sorocaba	158
Taubaté	121
Itu	102
Constituição	93
Moji das Cruzes	55
Porto Feliz	45
Atibaia	42
Bragança	21
Itapetininga	6
Franca	(não registrado)

Circulação mínima de bens, muito pouca compra e venda, é o que sugerem estes dados.

Em 1886 ou 1887, Teodoro Sampaio notava:

Nesse tempo, o café quase não se via por estas paragens.

Achavam frias as terras os agricultores da rubiácea preciosa; estimavam mais o algodão, que não havia muito lhes dera lucros compensadores, pela Guerra da Secessão. A lavoura de mantimentos, o milho, o feijão, a criação do gado bovino e suíno, dominando o quadro da produção regional, davam o índice da riqueza destas terras, situadas a 600 e 700 metros de altitude, em clima delicioso, como bem o demonstra o tipo sadio, robusto e bem-apessoado do habitante de Itapetininga.[3]

Finalmente, um autor moderno, porventura o mais profundo conhecedor da história do sul de São Paulo, nota, já para o século XX, que a ausência do café deu lugar a pouca riqueza em relação a outras zonas, e consequentemente, a menor distância social entre as camadas da população. E informa que "afora o bairro do Capão Alto e um ou outro de grandes culturas, a maioria dos sitiantes moram distantes das cidades e entre si, apenas reunindo-se para as festas nas capelinhas numerosas, e para a Semana Santa e festas do Divino e Rosário".[4]

As raízes da atual população de Bofete mergulham, pois, num tipo de economia e vida social como a que foi sugerida.

2. Os parceiros do Morro e da Baixada e sua origem

(As expressões *branco*, *caboclo* não têm maior rigor do que a impressão, baseada na aparência. Um filho de caboclo e branca será dado como branco se parecer tal, e caboclo se parecer caboclo. Lembro que caboclo é aqui tomado no sentido tradicional, isto é, de mestiço de índio, em qualquer grau que revele a ancestralidade no aspecto.)

I. Alcides, filho de Nhô Ramiro, caboclo; casado com Zaíra, branca, pais de quatro filhas. De ambos os lados, até os bisavós, de que se pode ter notícia, gente de Bofete. Mudaram-se para o Paraná.

II. Nhô Bicudo, branco, viúvo, com uma filha e um filho, referido abaixo. Avós e pais do bairro do Morro Grande; nasceu

---

3 "Um inédito de Teodoro Sampaio: Conferência que deveria ser proferida na Escola Normal Peixoto Gomide, em Itapetininga", *Revista do Arquivo Municipal*, v. LVIII, p. 69, 1939. 4 Aluísio de Almeida, "Nossa Senhora dos Prazeres de Itapetininga", *Revista do Arquivo Municipal*, v. LIX, pp. 118-119, 1939.

em Itatinga mas foi criado no bairro de São Roque Novo, onde viveu a maior parte da vida.

III. Vico, seu filho, branco, casado com branca, pais de alguns filhos menores.

IV. Nhô Quim, caboclo, casado com Nhá Elisa, branca, ambos da Torre de Pedra, Porangaba. De lá eram seus pais e avós. O bisavô materno, Nhô Augusto, era índio, pegado a laço quando menino nos campos do Guareí. Trabalhou no município de Guareí para um tio fazendeiro, muitos anos. Dois filhos casados; um solteiro, o caçula; três filhas solteiras.

V. Zico, seu filho, caboclo, falecido; era casado com cabocla e tinha um filho pequeno.

VI. Ezequiel, outro filho, casado com Maria, cabocla; dois filhos pequenos.

VII. Lico, caboclo, seu sobrinho, morando com a avó, Nhá Albina, madrasta e tia de Nhô Quim, neta do índio Nhô Augusto. Todos da Torre de Pedra.

VIII. Nhô Samuel, branco, natural de perto de Porangaba, tendo vivido no município de Piracicaba muitos anos. Viúvo, morando com uma filha.

IX. Benedito, seu filho, branco, casado com branca; cinco filhos menores.

X. Nhô Roque, caboclo, natural de Bom Sucesso (atual município de Paranapanema), de onde vieram seus pais e avós para Bofete, terra de sua mãe e antepassados maternos. Casado com sua prima-irmã, Nhá Maria, natural de Bofete. Moraram nos bairros de São Roque Novo e Água Fria antes de virem para cá, mas nunca fora do município. Uma filha solteira em casa, e uma casada com o seguinte.

XI. Vicente, caboclo (?), de gente de Bofete. Três filhos.

XII. Joaquim, branco, natural de Bofete; antepassados mineiros; casado com filha de italiano e brasileira, quatro filhos menores em 1948.

XIII. Nhô Zé, preto, de Piracicaba, casado com preta. Uma enteada. Mora na vila atualmente mas tem terra aforada na Baixada.

XIV. Maximiano, branco, do município de Itapetininga, sendo os antepassados dos dois lados do "sertão de Iguape", no atual município de São Miguel Arcanjo. Viveu muito tempo em Guareí, onde casou e de onde é a mulher, cabocla. Mudaram para o município de Botucatu. Filhos criados.

XV. Joveliano, branco, seu irmão; morava com a mãe de ambos, Nhá Justina.

XVI. Hélio, neto de italianos; casado com branca brasileira, sobrinha de Joaquim; naturais de Bofete. Vários filhos menores.

XVII. José (Juca), neto de portugueses, casado com brasileira, branca; uma filha. Naturais de Bofete.

XVIII. João, mulato, natural daqui, casado com cabocla. Quatro filhos menores.

XIX. Alípio, seu irmão, mulato, casado com branca. Vários filhos.

XX. Nhô Alfredo, branco, natural de Guareí, de onde veio para cá, com a mãe e duas irmãs. Casado com branca, de Guareí; filhos menores.

XXI. João Serafim, branco, viúvo com um filho rapaz. Natural de (?).

XXII. Pedro Matias, caboclo, casado com mulata, filha de Alípio. O avô paterno veio aos dois anos de Amparo, com o bisavô. A mãe é de gente daqui. Veio do bairro da Barra Mansa.

XXIII. Antônio, branco, natural de (?), casado com branca. Vários filhos.

XXIV. Nhô Artur, branco, natural da Torre de Pedra, bem como os pais. O avô paterno seria gaúcho, e o materno de origem alemã.[5] Casado com cabocla. Duas filhas casadas e

5 Houve no século XIX, em Guareí, imigração de alemães, de que fala Aluísio de Almeida: "Guareí e a Iª imigração oficial alemã: 1827", *Revista do Arquivo Municipal*, v. LVI, pp. 203-210, 1939a.

cinco filhos, dos quais um casado. Morou no seu município natal, depois veio para este, voltando para lá em seguida, e finalmente, de novo, para Bofete.

XXV. Olímpio, seu filho, branco, casado com cabocla, ambos de Porangaba. Três filhos menores. Acompanhou o pai.

3. Propriedade anterior

Discriminam-se os parceiros cujos pais ou avós possuíram terras, ou que as possuíram eles próprios — vale dizer, *todos* os que foram interrogados neste sentido.

1. Nhô Ramiro (sexagenário):

O avô tinha fazenda grande em Bofete, com engenho de cana e carros de boi. Quando morreu, deixou-a parece que a três herdeiros, entre os quais sua mãe; mas tudo se perdeu em seguida. Não sabe como, porque era muito pequeno nesse tempo.

2. Maximiano (quinquagenário):

O avô paterno tinha sítio no "sertão de Iguape", onde trabalhou o pai até que aquele o vendeu. O avô materno tinha um no bairro do Turvo (município de São Miguel Arcanjo), mas vendeu-o e foi morar abaixo de Itapetininga.

Sua mulher diz que o pai tinha sítio grande em Guareí, com monjolo d'água, engenho de cana, carros de boi. Tinha cinco filhos da primeira mulher, entre os quais ela; mas casou segunda vez, tendo ainda muitos mais. Esta terra fora herdada do sogro, avô da informante, e não podia ser vendida, porque ele deixara escrito que era para "as famia, geração e neto". Mas não sabe que jeito deu a madrasta, que aforou as terras para os filhos dela e acabou vendendo-as por dois contos.

3. Nhô Samuel (nonagenário):

O avô paterno, que chegou a conhecer, tinha sítio de terras ruins adiante de Tatuí num lugar chamado Congonhal. O avô materno tinha um, muito melhor, na região de Porangaba (então, Rio Feio), com cultura de café, que passou aos herdeiros, inclusive seu pai, de quem herdou parte, tendo-a porém vendido (ainda no século XIX) para comprar outro em Piracicaba. Mas o dono deste acabou não querendo vender, ele gastou o dinheiro e ficou sem nada desde então.

4. Nhô Quim (sexagenário):

O avô tinha umas *capuavinhas* para o lado de Guareí, e o pai também tinha sítio, mas comprado. Tinha monjolo d'água para farinha de milho e pôs ao lado uma roda para fazer polvilho e vender em Angatuba. Mas logo depois vendeu tudo e voltou para a Torre de Pedra, sua terra.

5. Nhô Roque (sexagenário):

O avô possuía no Morro Vermelho, Bofete, um sítio de 60 alqueires, de que o pai herdou parte. Não sabe se o pai vendeu, mas ouviu dizer que há lá um pedaço de terra que não se pode vender, e portanto deve ser dele e dos irmãos.

Parece até que o fazendeiro, atual dono das terras, diz que naquele pedaço não quer plantar café, porque pode ser reivindicado um dia. Mas não sabe direito como são as coisas.

Também o sogro, que é seu tio, possuiu parte das ditas terras.

6. Nhô Artur (setuagenário):

O avô paterno tinha sítio grande, com dois cativos para trabalhar; e também o avô materno, ambos na Torre de Pedra. Seu pai herdou parte de ambos, mas foi vendendo; ele e os irmãos ficaram sem nada.

7. João e Alípio (quinquagenários):

O pai teve sítio, onde plantava café. Ambos foram também sitiantes no bairro da Roseira, Bofete, mas venderam as terras.

8. Nhô Bicudo (sexagenário):

Os avós paterno e materno, bem como o pai, tiveram sítio no bairro do Morro Grande, Bofete, de que ele não guardou nada. Comprou um no bairro de São Roque Novo, tendo-o vendido mais tarde.

9. Joaquim (entre 30 e 40 anos):

Ver apêndice 4.

10. Hélio (entre 20 e 30 anos):

Os avós paterno e materno, italianos, compraram uma fazenda de sociedade. O pai e a mãe herdaram cerca de 18 alqueires que ainda possuem, parte dos quais não delimitados.

11. Pedro (entre 20 e 30 anos):

Os avós paternos tinham terras no bairro da Barra Mansa, e os maternos no da Lagoa, tendo seu pai sido ainda proprietário.

12. José (entre 20 e 30 anos):

O avô e os tios-avós, colonos portugueses, possuíam em Bofete sítios; o pai e os tios são ainda sitiantes.

Outros chefes de casa são parentes ou descendentes de alguns dos mencionados, valendo para eles os dados acima. Poder-se-iam acrescentar dados referentes a muitos outros, com quem tive contato. Preferi todavia limitar o rol aos moradores do agrupamento estudado.

4. Como as propriedades mudam de dono

1. Fala Joaquim Oliveira:

Meu avô Oliveira e meu outro avô Manuel Ramos vieram de Minas. Meu avô Manuel Ramos tinha mais ou menos 150 alq. em Bofete, 150 nas Anhumas, 130 em Anhembi. Eu nasci em Bofete mas fui pequeno para as Anhumas, onde meu pai Manuel de Oliveira e meu tio João Graciano foram mandados pelo sogro tomar conta das terras que tinha lá. Meu pai derrubou mato e plantou roça, deixando um claro para fazer a casa. A terra era forte, e plantada pela primeira vez; cada litro de feijão deu alqueire e meio.

Depois meu pai morreu, ficando eu, meu irmão e duas irmãs com a minha mãe. Eu plantava com meu irmão, e com o dinheiro apurado comprava roupa, dando o resto para minha mãe, porque nós trabalhávamos para ela, que era a dona da terra, herdada do meu avô. Aí a terra já rendia menos; mas ainda era muito, e eu cheguei a colher um alqueire e quase uma quarta por litro.

O meu avô tinha vendido parte das terras. Do que sobrou, a de Anhembi ficou para duas filhas; a de Bofete, para uma destas e mais duas; a das Anhumas, que eram 75 alq., para três filhas, entre as quais a minha mãe. Quando ele morreu, cada herdeiro ficou com uns 5 ou 6 alqueires; aí eu peguei e vendi a minha parte aos meus dois cunhados. Já os meus primos, filhos do meu tio João Graciano, não repartiram tudo. Deixaram as pastagens para todos e cada um separou o seu pedaço de café, de modo que trabalham juntos e vão indo bem. Eu fui ser domador de cavalo, e cobrava cem mil-réis por cavalo domado; depois larguei e aforei terra.

2. Fala Nhô Paulino, carpinteiro, morador numa das Casas do Santo, ao lado da capela de São Roque Novo:

Meu pai e eu somos crioulos (nascidos) do bairro dos Marianos, adiante de São Roque (já no município de Porangaba), e o meu avô veio do Avaré. Mas a minha família é toda daqui, é a Maria-nada do bairro dos Marianos, que hoje ainda é todo deles.

Meu pai tinha um sítio que era uma beleza, bem onde é hoje a capela (de São Roque). Eu morava com ele, mas depois comprei um para mim, também muito bom. Meu pai vendeu o dele e eu aí vendi o meu. Tinha comprado por 50 mil-réis o alqueire e vendi a oitocentos. Hoje nem é bom pensar; vale mais de dez contos.

Depois que vendi o sítio fui morar uma eitada (lapso de tempo) para a Água Fria (bairro limítrofe), porque sou casado na família Strambeck que é de lá. Quando a minha sogra morreu, os partidistas (herdeiros) pegaram a disputar. Era muita gente e pouca terra. Aí eu vendi a minha parte e voltei para São Roque. Sou carpinteiro, e o meu serviço principal é fazer mangueiras.

5. Movimento dos moradores nas casas do Morro

(A numeração abaixo, abrangendo casas destruídas e o movimento de moradores durante alguns anos, não coincide com a que designa as efetivamente habitadas em 1948 e 1954, referidas no capítulo 17.)

Casa I — Em 1948, Alcides, que no mês de outubro mudou-se para o Paraná.

De 1948 a 1950, Nhô Marcos, vindo do bairro do Morro Grande; na última data mudou-se para a casa III; a I foi derrubada, fazendo-se no seu lugar outra menor, para a qual veio Vico Bicudo, morando nela de 1951 a 1953, quando se transferiu para o alto da Serra.

Casa II — De 1942 a 1951, Vico.

Em 1951 veio a viúva de Zezinho, morador da casa XI, meio-irmão de Nhô Quim e filho de Nhá Bina; amigou-se em seguida com um cunhado, outro filho desta, e saíram logo para o alto da Serra.

Em 1952 veio Olímpio, filho de Nhô Artur, de uma fazenda do bairro do Óleo, transferindo-se daí a meses para a casa V.

Em 1953 veio Lazinha, viúva de um antigo morador, também filho de Nhá Bina e meio-irmão de Nhô Quim, Salvador, assassinado pelo sobrinho Lico no alto da Serra. Com ela veio a sogra, e ainda lá estão.

Casa III — De 193(?) a 1950, sendo de pau a pique barreado, lá morou Nhô Ermelino Bicudo, comprando-a do antigo morador. Tendo-se casado pela terceira vez, foi para a casa XII. A III, que era de pau a pique barreado, foi desmanchada, fazendo-se em seu lugar uma de tábuas, que ainda existe, e onde morou, de 1950 a 1952, o referido Nhô Marcos.

Em 1952, Ezequiel, filho de Nhô Quim, que ainda a ocupa.

Casa IV — Desde 1939, Nhô Quim, vindo de Torre de Pedra, Porangaba.

Casa V — De 1945 a 1950 seu filho mais velho, Zico, falecido nesta data. A viúva casou nove meses após e lá continuou com o novo marido por mais uns quatro ou cinco, quando foram para o Morro Grande formar algodão numa fazenda.

Em 1952 foi ocupada algum tempo por Nhô Roque, vindo da casa X.

Desde 1953, Olímpio, transferido da II.

Casa VI — De 1947 a 1948 morou Benedito, filho de Nhô Samuel; nesta data mudou-se para Porangaba e de lá para perto de São Paulo.

De 1948 a 1949, outro Benedito.

De 1950 a 1951, o genro de Nhô Bicudo.

Em 1952, Ezequiel, transferido em seguida para a III.

No mesmo ano, por pouco tempo, um casal de pretos.

Desde 1953, Vicente, genro de Nhô Roque.

Casa VII — Em 1947, comprou-a Nhô Quim a fim de instalar a madrasta, Nhá Bina, e o sobrinho Lico, que saíram no ano seguinte para o alto da Serra, tendo Nhá Bina voltado com a viúva do filho Salvador para a casa II.

Em 1950 veio da casa XI a viúva de outro meio-irmão de Nhô Quim, Zezinho, já referida como moradora da casa II. Em seguida à sua mudança, a casa ficou abandonada e acabou caindo.

Casa VIII — Morou lá em 1949 Abel, filho de Maximiano, mudando-se pai e filho pouco depois para o lado da Serra. A casa ficou abandonada e arruinou.

Casa IX — De 193(?) a 1950, sendo de pau a pique barreado, lá morou Nhô Samuel com a filha, em cuja companhia, tendo ela casado, foi-se nesta data para o pé da Serra. A casa foi derrubada, construindo-se a atual, onde moraram.

De 1950 a 1952, Nhô Marcos, que foi nesta data para uma fazenda do alto da Serra como colono de café.

Desde 1952, Nhô Artur.

Casa X — De 1947 a 1952, Nhô Roque, a quem pertencia. Era de pau a pique, e, abandonada, arruinou.

Casa XI — De 194(?) a 1948, Joaquim Oliveira, mudado no mesmo ano para outra parte do município.

De 1948 a 1950, José Claudino, que foi nesta data para a casa XII.

Em 1950, o referido Zezinho, irmão de Nhô Quim, logo falecido, transferindo-se a viúva para a casa VII.

De 1950 a 1952, Nhô Bicudo, procedente da casa XII. Daí saiu para trabalhar numa retificação da E. F. Sorocabana, indo em seguida para uma fazenda do alto da Serra.

Em 1952, ocupou-a Nhô Roque, vindo da casa V, e lá está.

Casa XII — De 194(?) a 1950, o preto Nhô José.

De 1950 a 1951, José Claudino numa das suas partes (era uma construção de pedra, mais ampla, que servia de sede à administração nos tempos do café e da prosperidade, antes de 1918). Apenas no primeiro ano, por alguns meses, Nhô Bicudo, na outra. Em 1951, a casa, já abalada, foi posta abaixo.

Casa XIII — De 193(?) a 1950, Maximiano, que nesta data saiu com o filho, morador de VIII, para uma fazenda perto de Botucatu. Desabitada, virou tapera.

Casa XIV — De 193(?) a 1944, Nhô Antônio Gázio, pai de Maximiano; daí até 1950 o filho, Joveliano, e a viúva, Nhá Justina, que, adoecendo, foi para a casa de um genro, na Água Fria, e lá morreu. Atualmente, tapera.

6. Males da dependência e necessidade de cooperação

Segundo Nhô Artur, ser meeiro é ruim, porque o patrão interfere na vida da gente e muitas vezes atrapalha tudo; ser *aforante* é melhor, porque a gente é mais livre. Eis o exemplo que deu:

Já fui meeiro na fazenda de Fulano, adiante de Porangaba. Uma vez eu tinha um arrozal que era uma beleza: alto que nem eu, e encontrado em cima. Aí, juntei gente para malhar, doze pessoas por tudo, e combinei para uma quinta-feira. Fiz uma tolda de cada lado do arrozal, para a turma poder se repartir e ficar mais fácil. Vai daí falei com o patrão e ele disse que não podia ser, porque tinha precisão das carroças naquele dia. Pelejei com ele, mas não valeu nada. Ele só dizia: "O que custa esperar mais uns dias?". Aí peguei e desmarquei a reunião, sem saber quando ia poder reunir de novo, porque aquela quinta-feira fazia conta para todos.

Quinta-feira foi um dia que era uma beleza; azul, azul, de solão brilhante que era coisa louca. Sexta também amanheceu muito bonito; mas a certa altura foi formando uma nuvenzinha preta lá longe. A nuvem foi crescendo e armou temporal. Aí vieram vindo umas mulheres e pediram para entrar em casa, esconder da chuva, e uma velha então disse: "Ih! Nhô Artur! Mecê não colheu o arroz ontem, esta chuva de hoje vai acabar com o vosso arrozal!". A puta da velha tinha razão. Deu um chuvão de pedra: depois, água à vontade, que acabou com o arrozal de não ficar nada de tudo!

Se eu fosse aforante, não acontecia isso. Podia malhar no dia que quisesse, porque dando porcentagem ao patrão o resto é com a gente, e a gente manda e decide.

7. A capela do Socorro

Resumido da informação pormenorizada de João Vieira, parceiro na Baixada:

Há muito tempo havia uma igrejinha na beira do caminho da Serra. Certa vez um homem que passava viu-a em chamas, e avistou no meio do fogo a imagem da santa, que não queimava. Apeou, pegou-a e entregou-a a um sitiante próximo, Antônio de Tal, que fez para ela uma capelinha de tábuas em suas terras, e assim se originou o culto, atualmente reinante aqui, de Nossa Senhora do Socorro.

Há uma irmandade do Socorro, muito numerosa, composta de gente dos bairros ao pé da Serra. Todos os irmãos estão sujeitos ao sorteio para a festa anual, sendo a anuidade, em 1953, um cruzeiro para os homens e cinquenta centavos para as mulheres. É dirigida por um tesoureiro e um escrivão, ambos sitiantes na subida da Serra. O sorteio indica o festeiro, capitão do mastro e alferes da bandeira, sendo a festa do primeiro domingo de cada mês feita por promessa. Os que querem promovê-la se inscrevem com o escrivão; são sempre muito numerosos, havendo na capela uma lista de três folhas com os nomes dos candidatos, a quem é atribuído um domingo na ordem da inscrição. Há leilão de prendas depois da reza, sobrando sempre alguma renda para a Santa, que é realmente muito milagrosa. No tempo de Antônio de Tal, construtor da capela, a festa era esplêndida, chegando a haver matança de gado.

Há anos atrás resolveu-se fazer uma capela nova, à frente da antiga, em terreno doado por Vicente de Tal. Ela está agora quase pronta, e quando se cogitou de transferir a Santa, o dono do terreno em que estava a antiga recusou-se a entregar a imagem velha, salva do fogo, que já está estragada, dizendo que só daria duas novas, compradas posteriormente. Alega que não a deixará sair do seu terreno para ir ao de outro; mas isto não tem razão de ser, pois este foi doado, havendo a respectiva escritura, e hoje pertence à Santa. Mas ele recalcitra e diz que fará uma nova capela para ela em sua terra. Isto está errado, porque a capela nova foi feita com dinheiro da Santa, e não é certo privá-la do que lhe pertence.

Tudo vem da rivalidade pessoal dos dois sitiantes, que bebem muito e ficam esquentados todos os sábados e domingos, e agora estão azedados de uma vez com a pendenga. Esta está atrapalhando até o acerto de contas. A Santa tinha nove contos de patrimônio, mas a capela vai ficar em doze, e seria preciso pôr tudo em pratos limpos. O projeto era transferir a imagem milagrosa no dia 7 de fevereiro de 1954, com uma procissão, mas tudo ficou na mesma. Os efeitos da pirraça já estão se fazendo sentir por meio de castigos. Tanto assim que o café e os mantimentos do recalcitrante já estão dando para trás; mas ele ainda persiste, apesar do conselho dos amigos, inclusive o do informante, que é seu compadre.

8. Farinhas, amendoim, frutas

Falam Nhô Roque e Nhá Maria:

Dantes o povo comia muita farinha de mandioca, que é de mais saúde que a de milho. Depois os farinheiros foram sumindo e hoje só come quem vai a Botucatu, porque mesmo na vila pouco aparece. O povo antigo comia muita mandioca e usava a farinha para fazer sopa. Hoje não plantam mais porque a porcada não deixa; come tudo.

Tem cinco qualidades de mandioca:

1. mandioca vassourinha;
2. mandioca branca;
3. mandioca de bugre;
4. mandioca do sertão;
5. mandioca pernambucana.

Todas servem para fazer farinha e polvilho, mas esta última é venenosa e carece mais cuidado e aparelhos.

Para fazer farinha da mandioca venenosa, tinha nos sítios roda de mão ou d'água, para tirar a raspa, e depois a *imprensa* (prensa). Eu trabalhei nisto no bairro da Água Fria e é assim:

Primeiro raspa a mandioca na roda; pega na raspa e põe no tapichi, que é feito só de palmiteiro verde. Depois a gente põe os tapichis na imprensa com peso em cima, e vai aumentando o peso cada dia; no terceiro, pode tirar. A água venenosa foi caindo toda num cocho que fica embaixo, e no fundo dele foi juntando o polvilho. No tapichi fica a massa imprensada; a gente pega e manda ela para as torradeiras que já estão esperando. Elas torram ela e sai pronta a farinha.

A imprensa é assim: um cocho no chão; em cada ponta uma estaca; em cima delas encaixa uma tábua furada; numa ponta desta fica presa outra tábua sem furos que levanta e abaixa. A gente põe o tapichi em cima da tábua furada, desce a outra e põe pesos em cima; o peso espreme a massa e a água venenosa vai caindo pelos furos.

A gente hoje não pode fazer farinha de mandioca para vender, porque é um serviço medonho.

Antigamente quase todo sitiante fazia farinha de milho, mas não havia muito monjolo, que foi aparecendo pouco a pouco por esta zona. Meu pai tinha um e fazia farinha para vender na vila, até eu ter uns quinze ou dezesseis anos (cerca de 1900); mas tinha mais da de mandioca, para vender.

Com farinha de milho faziam cuscuz. A gente apanhava o milho bem pardo, passava uma faca na espiga para cair só o mais solto, pilava e punha numa fôrma toda furadinha. Punha esta dentro de outra, cheia d'água. Punha no fogo e formava um barro na fôrma. Dentro da massa podia pôr pedaços de carne, peixe ou o que quisesse. Este era o cuscuz, que se comia muito antes e era muito apreciado. Hoje ninguém mais faz.

Farinha de trigo não havia no tempo antigo, e quase ninguém falava nela. Faz uns cinquenta anos que entrou por aqui. Antes ninguém comia pão. Começaram a fazer ele na caçarola e depois é que passaram para a fornalha. Aí o povo começou a usar muita farinha de trigo, e faziam muitos bolos. Agora está muito caro e não se usa nem se compra.

Amendoim era coisa que os antigos sempre plantavam. Faziam óleo para a Quaresma, bolo, paçoca, que era muito usada quando iam trabalhar longe, e comiam com banana.

Fruta comia-se muito mais antigamente, porque antes havia as que Deus deixou plantadas e hoje só tem as que nós plantamos.

9. Técnicas de medir milho

Como se sabe, a unidade segundo a qual se mede a colheita e a venda do milho é o carro, tradicional medida portuguesa. O carro se divide em cargueiros, o cargueiro em mãos, que são compostas de espigas. Na área estudada, 1 carro = 12 cargueiros; 1 cargueiro = 8 mãos ou 2 cestos; 1 mão = número variável de espigas, conforme o tamanho.

Vejamos as diversas maneiras de medir-se um carro de milho na área estudada.

1. Em Bofete, usa-se da seguinte técnica tradicional: no monte de milho à venda, escolhem-se à vontade 60 das melhores espigas, que passam a constituir o *milho de conta* e vão servir para determinar a medida do resto. O comprador enche então com elas um cesto de cargueiro, marcando o nível que atingirem com um pedaço de palha passada no trançado. Daí por diante, vai enchendo com o resto, sem contar nem escolher as espigas, pautando-se sempre pelo referido nível, determinado segundo as 60 mais graúdas, escolhidas inicialmente. Hoje, um cargueiro de *milho de conta* varia entre 75 e 80 litros, equivalentes a 60 ou 62 kg. Dizem os velhos que 1 cargueiro de milho de terra virgem chegava a dar 100 litros por cargueiro — isto é, um carro de 12 cargueiros dava até 1200 litros. Hoje, 1 carro varia de 950 a 1 mil litros.

2. Em Porangaba e Tatuí prevalece a seguinte, também muito antiga: em vez de pegar no monte o *milho de conta*, o comprador toma um cesto de tamanho qualquer, enche-o de milho não escolhido, descasca-o e em seguida o debulha. Isto feito, mede-o em litros, vendo quanto resulta. Fica então sabendo que o cesto equivale a x litros debulhados; basta então enchê-lo nas vezes subsequentes, para saber que está comprando, em espigas com palha, o equivalente a esta quantia. Com ela avaliam-se 10 cargueiros de 100 litros, que também constituem 1 carro.

Em municípios limítrofes, usam-se outras medidas mais comerciais, que ainda não foram introduzidas em Bofete, ou nele ocorrem esporadicamente. A título comparativo, vejamos:

1. No alto da Serra, município de Botucatu, usa-se a seguinte: enchem-se 40 sacas, de 100 litros cada uma, até à boca, de milho com palha, considerando-se o total como equivalente a 1 carro. Ao se encher, pode-se bater no chão com a saca tantas vezes quantas forem combinadas, a fim de fazer assentar o conteúdo e ampliar a capacidade. Combinam-se não apenas o número de

batidas (1, 2, 3 ou 4), mas ainda, o momento em que devem ser dadas: quando a soca estiver cheia pela quarta parte, pela metade, pelos dois terços etc. Esta técnica liberta o comprador do arbítrio do *milho de conta*, que faz variar o conteúdo dos cestos conforme as espigas sejam maiores ou menores, permitindo medida mais exata e equivalente à realidade.

2. É comum em Tietê a seguinte, já adotada no vizinho município de Conchas: tomam-se as espigas com palha e enche-se com elas um cesto. Pesa-se. Despeja-se. Debulha-se. Pesa-se o milho debulhado e estabelece-se a relação: x quilogramas de milho com palha = x quilogramas de milho debulhado (geralmente, cerca de metade). Daí por diante, basta ir enchendo o cesto, ou cestos iguais, com o milho do monte, para saber a quanto equivale de milho debulhado.

É o processo mais comercial e vantajoso para o comprador, dando-lhe com segurança o peso certo.

10. "Casos" narrados por Nhô Roque

1. Criação do macaco[6]

A gente não deve de comer macaco porque é nosso parente. Foi feito deste jeito: uma vez Jesus andava no mundo com São Pedro; chegaram à oficina dum ferreiro e perguntaram se sabia ferrar. Ele disse que sim e começou a se gabar, dizendo que era mestre, e coisa e tal. Jesus então mandou São Pedro tocar a forja, bateu uma ferradura e, quando ela estava vermelha, pegou na mão e pôs na pata de um cavalo. O ferrador ficou pensando que aquilo era força do inferno.

Outro dia, Jesus e São Pedro voltaram à mesma oficina e mandaram chamar um casal de velhinhos que moravam perto.

6 É variante de um "caso" de Pedro Malasarte em que aparece o mesmo elemento do evangelho popular.

Quando eles chegaram, Jesus pegou no velho, pôs ele na forja, esquentou até ficar vermelho, pôs na bigorna e malhou até o velho ficar novinho em folha, moço e forte. Isso, foi só sair dali e as moças pegaram a mexer e dar em cima dele, cobiçando porque tinha ficado um moço e tanto. Jesus quis fazer a mesma coisa com a velha, mas ela ficou com medo e não quis arriscar. Mas depois que eles foram embora, o ferrador quis mostrar que também era capaz de fazer aquilo. Pegou na velha, pôs ela na forja, esquentou até ficar vermelha, pôs na bigorna, malhou, malhou com toda a força. Aí saiu pulando em vez de gente um macaco, ganindo com barulho igual ao assobio da forja: úúúúú... Foi castigo de Deus porque a velha não teve confiança em Jesus e o ferreiro quis ser igual a ele. Desde aí existem os macacos, que são raça de gente, e por isso a gente não deve de comer.

2. Criação da formiga

Saúva é bicho da Tentação. Foi feito por Deus, que já tinha feito também a Tentação, que tem a mesma força que ele. A Tentação vive pelejando para entrar em tudo. Lá uma vez um casal tem um encontro de palavra; é ela que está entrando. Quando ela domina, vai, o marido mata a mulher e suicida. Mas mesmo quando não faz tanto estrago, está sempre fazendo das suas. Assim é que manda as formigas estragarem a plantação e dar um trabalhão para a gente matar. Antes a gente punha palha no formigueiro e acendia fogo. Hoje tem formicida.

A formiga taçuíra morde doído, mas uma vez só. Quando foi criada ela pediu a Deus o poder de matar quem mordesse; mas Deus pensou e achou que era demais, porque desse jeito morria toda gente. Aí resolveu conceder só uma parte do pedido e deixou a dor forte.

3. O milagre do diabo[7]

Está chegando o tempo que os velhos falavam, que tudo vai demudar, a terra perder a força, o povo da roça mudar para a cidade. Era assim que já falava o pai do meu avô. Depois há de vir o tempo do Anticristo, que há de fazer milagres, porque ele é o diabo. O diabo foi feito por Deus, tem uma parte de Deus e vive querendo fazer coisas para mostrar a sua força. Por isso é que também faz milagres. Aí vai o caso de um deles.

Era uma vez um homem que em toda capela de estrada punha um tostão para o santo e outro para o diabo. Sempre assim: um tostão para o santo, outro para o diabo; um tostão para o santo, outro para o diabo. Um dia brigou e matou outro homem. Foi processado e condenado a morar numa ilha, que ficava num rio, num braço de mar (*sic*). A ilha era toda plantada de mandioca, e a sua pena era trabalhar para um patrão que dava tarefas tão pesadas, tão pesadas, que mesmo trabalhando o dia todo até quase morrer de cansado, inda sobrava uma parte para o outro dia. E assim ia vivendo, e sentindo que ia morrer logo, antes de acabar a limpa do mandiocal. Um dia não aguentou, pegou no sono e dormiu na sombra dum pé de mandioca. Acordou com uma voz que chamava ele pelo nome. Era um desconhecido que perguntou o que fazia ali. Ele contou a sua pena e o seu apuro, e o homem disse para continuar a dormir que ele ia dar um jeito. Aí o condenado dormiu e o outro pegou na enxada, limpou o campo e ainda por cima arrancou todas as mandiocas e deixou elas de raiz para o ar. Quando o condenado acordou e viu aquilo, pegou a lamentar, dizendo que o patrão ia castigar ele; mas o outro disse que não ia acontecer nada disso e informou que a sua morte estava perto, perguntando se queria morrer ali ou em casa. O condenado respondeu

---

7 São raríssimos os "casos" onde o diabo aparece como benfazejo. Em nosso folclore, tenho notícia de três ou quatro, e isto dá interesse ao narrado pelo velho Nhô Roque.

que queria morrer em casa para poder ver os filhinhos. Aí o outro disse: "A vossa vontade há de ser feita como recompensa dos favores que eu devo para mecê, porque mecê sempre me ofereceu um tostão nas capelas". O homem era o diabo. Mandou ele fechar os olhos e agarrar no que sentisse com as mãos. O condenado fez o mandado e sentiu um cavalo de jeito. Montou nele e ele saiu na desfilada. Daí a pouco o cavalo parou, ele estendeu a mão e sentiu uma coisa. Aí abraçou a coisa, abriu os olhos e viu que estava abraçado num cruzeiro de madeira que tinha em frente da sua casa.

Este é um milagre do diabo, que anda sempre querendo mostrar a sua força, e por isso faz até o bem.

(17)

à tardinha Nhô Quim mandou no convidor para tomar garapa. Lá chegando, vimos a engenhoca em funcionamento, êle empurrando a parte alta da almanjarra, a mulher e a madrasta a parte baixa, uma das pequenas atrelada na frente, o sobrinho passando a cana. Desta ôs as mulheres todas apareceram em desempenho de sua função.

A única engenhoca da fazenda é a de Nhô Quim, que a comprou de um que se mudou por 1:600$. Faz açúcar para o gasto, apurando a garapa em fornos de zinco. O ano passado vendeu dois sacos para servir. Faz açúcar de a-meia: os outros trazem a cana e êle dá o açúcar pronto, ficando com (50%?) [o termo "a meia" (meia) não significa aqui apenas o sistema de parceria agrícola assim denominado: mas se estende a toda forma de aforamento].

353

Posse de terras

♂ = ♀
♂ = ♀
♂
♂ = ♀
♂ = ♀
♂ = ♀
♂ – ♀
♂
♂ = ♀
♂ = ♀
♂ = ♀
♀ – ♂
♂ = ♀

Vão marcados com
vermelho as pessoas
cujos pais ou avós
tiveram terras pró-
prias ; em branco os
de que não tenho
informação a res-
peito

● = 14 sobre 24
○ = 10 sobre 24

Não sei positiva-
mente, portanto,
de nenhum chefe
de casa ou côn-
juge ou mãe ou
avó que não tenha
tido terras próprias
na família

Bibliografia

ALINCOURT, Luís d'. "Memória sobre a viagem do porto de Santos à cidade de Cuiabá". *Anais do Museu Paulista*, São Paulo, Imprensa Oficial do Estado de São Paulo, v. 14, pp. 253-381, 1950.

ALMEIDA, Aluísio de. "Guareí, uma fazenda dos jesuítas". *Revista do Arquivo Municipal*, v. LIII, pp. 113-118, 1938-1939.

_____. "Guareí e a 1ª imigração oficial alemã: 1827". *Revista do Arquivo Municipal*, v. LVI, pp. 203-210, 1939a.

_____. "Nossa Senhora dos Prazeres de Itapetininga". *Revista do Arquivo Municipal*, v. LIX, pp. 117-130, 1939b.

_____. *História de Sorocaba: 1589-1822*. v. I. Sorocaba: Guarani, 1951.

ALMEIDA OLIVEIRA, Sebastião. *Expressões do populário sertanejo: Vocabulário e superstições*. São Paulo; Rio de Janeiro: Civilização Brasileira, 1940.

ALMEIDA PRADO, J. F. de. *Pernambuco e as capitanias do Norte do Brasil*. v. III. São Paulo: Companhia Editora Nacional, 1942.

AMARAL, Amadeu. *O dialeto caipira*. São Paulo: O Livro, 1920.

ANÔNIMO. "Diário da jornada, que fes o Exmo. senhor dom Pedro desde o Rio de Janeiro athé a cidade de São Paulo e desta athé as Minas anno 1717". *Revista do Serviço do Patrimônio Histórico e Artístico Nacional*, n. 3, 1939.

ANTONIL, André João. *Cultura e opulência do Brasil por suas drogas e minas*. São Paulo: Melhoramentos, 1923.

AYROSA, Plínio. "Muchirão". *Revista do Arquivo Municipal*, v. II, pp. 49-55, 1934.

AZAMBUJA, (conde de). "Relação da viagem que em 1757 fes o Exmo. conde de Azambuja, sahindo da cidade de S. Paulo para a villa de Cuyabá". In: VILHENA, Luís dos Santos. *Recopilação de notícias da capitania de São Paulo*. Bahia: Imprensa Oficial do Estado, 1935, pp. 45-90.

AZEVEDO MARQUES, M. E. de. *Apontamentos históricos, geográficos, biográfico, estatísticos e noticiosos da província de São Paulo, seguidos da cronologia dos acontecimentos mais notáveis desde a fundação da capitania de São Vicente até o ano de 1872*. 2 v. Rio de Janeiro: [s.n.], 1879.

BALDUS, Herbert. "Introdução". In: BOGGIANI, Guido. *Os caduveo*. Trad. de Amadeu Amaral Jr. São Paulo: Martins, 1945.

BARNSLEY PESSOA, Samuel. *Problemas brasileiros de higiene rural*. São Paulo: Faculdade de Medicina da Universidade de São Paulo, 1949.

BIBLIA Sacra Latina ex Biblia Sacra Vulgatae Editionis Sisti V. et Clementis VIII. Londres: Samuel Bagster and Sons, [s.d.].

BIRD, Junius B. "The Alacaluf". In: *Handbook of the South American Indians*. v. I. Washington: Smithsonian Institution, Bureau of American Ethnology, 1946.

BORBA DE MORAES, Rubens. "Contribuição para a história do povoamento de São Paulo até fins do século XVIII". *Geografia*, ano I, n. I, pp. 69-87, 1935.

BORGES SCHMIDT, Carlos. *O meio rural: Investigações e estudos das suas condições sociais e econômicas*. 2. ed. São Paulo: [s.n.], 1946.

CAIRO, Nilo. *Guia prático do pequeno lavrador, destinado à pequena propriedade no Brasil*. 7. ed. São Paulo: Teixeira, 1950.

CAMARGO, José Francisco de. "Crescimento da população no estado de São Paulo e seus aspectos demográficos: Ensaio sobre as relações entre a demografia e a economia". *Boletim: Economia Política e História das Doutrinas Econômicas*, São Paulo, Universidade de São Paulo, Faculdade de Filosofia, Ciências e Letras, 3 v., n. 153, 1952.

CARVALHO BARBOSA, J. de. "Glossário do trabalho agrícola e profissões afins". *Boletim de Agricultura*, Secretaria da Agricultura, Indústria e Comércio do Estado de São Paulo, 1943.

_____. *Breves noções de economia rural*. São Paulo: Secretaria da Agricultura, Indústria e Comércio do Estado de São Paulo, 1945.

CASTRO, Josué de. *Alimentação e raça*. v. I: *Alimentação racional do povo*. v. II: *Aspectos biossociais da alimentação*. Rio de Janeiro: Civilização Brasileira, 1936.

_____. *O problema da alimentação no Brasil: Seu estudo fisiológico*. São Paulo: Companhia Editora Nacional, 1939.

_____. *Fisiologia dos tabus*. 2. ed. Rio de Janeiro: Companhia Nestlé, 1941.

_____. *Geografia da fome: A fome no Brasil*. Rio de Janeiro: O Cruzeiro, 1946.

CASTRO CALDAS, Eugénio de. *Formas de exploração da propriedade rústica*. Lisboa: Sá da Costa, 1947.

CÉPÈDE, Michel; LENGELLÉ, Maurice. *Économie alimentaire du globe: Essai d'interprétation*. Paris: Médicis; M.-Th. Génin, 1953.

CODEX Iuris Canonici, Pii X Pontificis Maximi Iussu Digestus, Benedicti Papae XV Auctoritate Promulgatus, Typis Polyglottis Vaticanis, 1939.

CÓDIGO Civil Brasileiro. Atual. notas remissivas e índice de Manuel Augusto Vieira Neto. São Paulo: Saraiva, 1951.

COUTINHO, Rui. *O valor social da alimentação*. 2. ed. Rio de Janeiro: Agir, 1947.

CUNHA, Euclides da. *Os sertões: Campanha de Canudos*. 11. ed. Rio de Janeiro: Francisco Alves, 1929.

DARYLL FORDE, C. *Habitat, Economy and Society: A Geographical Introduction to Ethnology.* Londres: Methuen, 1934.

DOCUMENTOS interessantes para servir à história e costumes de São Paulo, v. XV, 1904.

DONATO, Hernâni. *Achegas para a história de Botucatu.* 2. ed. [S.l.]: Edição do autor, 1954.

EDWALL, Gustavo. "Ensaio para uma sinonímia das plantas indígenas do estado de São Paulo". *Boletim da Comissão Geográfica e Geológica de São Paulo*, n. 16, 1906.

ELLIOT-SMITH, G. "The Beginning of Civilization". In: *In the Beginning.* Nova ed. rev. e ampl. Londres: Watts, 1934.

ELLIS JR., Alfredo. *Raça de gigantes: A civilização no Planalto Paulista.* São Paulo: Hélios, 1926.

FAUCHER, Daniel. *Géographie agraire: Types de cultures.* Paris: Médicis; M.-Th. Génin, 1949.

FEI, Hsiao-Tung; CHANG, Chih-I. *Earthbound China: A Study of Rural Economy Yunnan.* Chicago: University of Chicago Press, 1948.

FERNANDES BRANDÃO, Ambrósio. *Diálogos das grandezas do Brasil.* Rio de Janeiro: Dois Mundos, 1943.

FIRTH, Raymond. *Elements of Social Organization.* Londres: Watts, 1951.

FLORENCE, Hércules. *Viagem fluvial do Tietê ao Amazonas de 1825 a 1829.* 2. ed. Trad. de Afonso d'Escragnolle Taunay. São Paulo: Melhoramentos, 1948.

FONSECA, Manuel da (padre). *Vida do venerável padre Belchior de Pontes, da Companhia de Jesus da província do Brasil.* Reed. São Paulo: Melhoramentos, [s.d.].

FOSTER, George M. "What is Folk Culture?". *American Anthropologist*, v. 55, n. 2, parte I, pp. 159-173, abr.-jun. 1953.

FREISE, Frederico W. "Plantas medicinais brasileiras". *Boletim de Agricultura*, Secretaria da Agricultura, Indústria e Comércio do Estado de São Paulo, 1934.

FREITAS MARCONDES, J. V. de. "Mutirão or Mutual-Aid". *Rural Sociology*, v. XIII, n. 4, pp. 374-384, 1948.

GODÓI, Joaquim Floriano de. *A província de São Paulo* (trabalho estatístico, histórico e noticioso destinado à Exposição Industrial de Filadélfia etc.). Rio de Janeiro: Diário do Rio de Janeiro, 1875.

GOODFELLOW, D. M. *Principles of Economic Sociology: The Economics of Primitive Life as Illustrated from the Bantu Peoples of South and East Africa.* Londres: Routledge, 1939.

GOUROU, Pierre. *Les Pays tropicaux: Principes d'une géographie humaine et économique.* Paris: Presses Universitaires de France, 1947.

HENRY, Jules. "The Economics of Pilagá Food Distribution". *American Anthropologist*, v. 53, n. 2, pp. 187-219, abr.-jun. 1951.

HOEHNE, F. C. *Botânica e agricultura no Brasil: século XVI.* São Paulo: Companhia Editora Nacional, 1937.

HOLANDA, Sérgio Buarque de. *Monções.* Rio de Janeiro: Casa do Estudante do Brasil, 1945.

_____. "Índios e mamelucos na expansão paulista". *Anais do Museu Paulista,* t. 13, pp. 176-290, 1949.

_____. *Cobra de vidro.* São Paulo: Martins, [1944].

HOLMBERG, Allan R. *Nomads of the Long Bow: The Siriono of Eastern Bolívia.* Washington: Smithsonian Institution, Institute of Social Anthropology, 1950. (Publicação n. 10).

IHERING, Rodolpho von. *Dicionário dos animais do Brasil.* São Paulo: Secretaria da Agricultura, Indústria e Comércio, 1940.

LACERDA E ALMEIDA, Francisco José de. *Diários de viagens.* Nota-pref. de Sérgio Buarque de Holanda. Rio de Janeiro: Imprensa Nacional, 1944.

LALANNE, Raymond. *L'Alimentation humaine.* Paris: Presses Universitaires de France, 1947.

LEME, Pedro Taques de Almeida Pais. *Informação sobre as minas de São Paulo: A expulsão dos jesuítas do Colégio de São Paulo.* Com um estudo sobre a obra de Pedro Taques por Afonso d'Escragnolle Taunay. São Paulo: Melhoramentos, [1950].

LÉVI-STRAUSS, Claude. "La Vie familiale et sociale des indiens nambikwara". *Journal de la Société des Américanistes,* nova série, t. 37, pp. 1-132 1948.

_____. *Les Structures élémentaires de la parenté.* Paris: Presses Universitaires de France, 1949.

LEWIS, Oscar. *On the Edge of the Black Waxy: A Cultural Survey of Bell County,* Texas. Saint Louis: Washington University Studies, 1948.

_____. *Life in a Mexican Village: Tepoztlán Restudied.* Urbana: The University of Illinois Press, 1951.

LIFSCHITZ, Myriam. "O sal na capitania de São Paulo no século XVIII". *Revista de História,* ano I, n. 4, pp. 517-526, 1950.

LINTON, Ralph (Org.). *The Science of Man in the World Crisis.* Nova York: Columbia University Press, 1945.

LÖFGREN, Alberto. "Ensaio para uma sinonímia das plantas indígenas do estado de São Paulo". *Boletim da Comissão Geográfica e Geológica de São Paulo,* n. 10, 1895.

LOT-FALCK, Eveline. *Les Rites de chasse chez les peuples sibériens.* Paris: Gallimard, 1953.

LYNN SMITH, T. *Brazil: People and Institutions.* Baton Rouge: Louisiana State University Press, 1946.

MACHADO D'OLIVEIRA, J. J. *Quadro histórico da província de São Paulo até o ano de 1822.* 2. ed. São Paulo: Carlos Gerke, 1897.

MADRE DE DEUS, Gaspar da (frei). *Memórias para a história da capitania de São Vicente hoje chamada de São Paulo e notícias dos anos em que se descobriu o Brasil*. 3. ed. Com um estudo biográfico do autor e notas de Afonso d'Escragnolle Taunay. São Paulo; Rio de Janeiro: Weiszflog Irmãos, 1920.

MALINOWSKI, Bronislaw. *A Scientific Theory of Culture and Other Essays*. Chapel Hill: The University of Carolina Press, 1944.

MARROU, Henri-Irénée. *Histoire de l'éducation dans l'Antiquité*. Paris: Seuil, 1948.

MARX, Karl. *Idéologie allemande*. Trad. de Molitor. Paris: Alfred Costes Éditeur, 1937-1947. (Œuvres Philosophiques, v. VI-IX).

MAWE, John. *Viagens ao interior do Brasil, principalmente aos distritos do ouro e dos diamantes*. Trad. de Selena Benevides. Rio de Janeiro: Zélio Valverde, 1944.

MCKENZIE, R. D. "Human Ecology". In: *Encyclopedia of the Social Sciences*. Nova York: Seligman, Edwin R. A., 1942.

MELO LEITÃO, C. de. *Zoogeografia do Brasil*. São Paulo: Companhia Editora Nacional, 1937.

MENESES, A. Inácio de. *Flora da Bahia: Descrição sucinta das espécies nativas e aclimatadas, conhecidas pelos seus nomes vulgares na Bahia e em todo o Brasil, com as identificações científicas, suas características e utilidades*. São Paulo: Companhia Editora Nacional, 1944.

MILHAU, Jules. *Traité d'économie rurale*. 2 v. Paris: Presses Universitaires de France, 1954.

MINER, Horace. *Culture and Agriculture: An Anthropological Study of a Corn Belt County*. Ann Harbor: University of Michigan Press, 1949.

MONBEIG, Pierre. *Pionniers et planteurs de São Paulo*. Paris: Armand Colin, 1952.

MOTA, Otoniel. *Do rancho ao palácio: Evolução da civilização paulista*. São Paulo: Companhia Editora Nacional, 1941.

MOURA, Américo Brasiliense Antunes de. "Governo do morgado de Mateus, no vice-reinado do conde da Cunha: São Paulo restaurado". *Revista do Arquivo Municipal*, v. LII, pp. 5-155, 1938.

MÜLLER, Daniel Pedro. *Ensaio dum quadro estatístico da província de São Paulo*. Reed. literal. São Paulo: O Estado de S. Paulo, 1923. (Seção de Obras).

MÜLLER, Nice Lecoq. "Sítios e sitiantes do estado de São Paulo". *Geografia*, Universidade de São Paulo, Faculdade de Filosofia, Ciências e Letras, n. 7, Boletim n. 132, 1951.

NARDY FILHO, F. "O nosso Jeca Tatu e o mês de maio". *O Estado de S. Paulo*, 5 nov. 1953.

OLIVEIRA VIANA, F. J. *Populações meridionais do Brasil*. 3. ed. São Paulo: Companhia Editora Nacional, 1933. (Brasiliana, v. 8).

ORDENS RÉGIAS. *Revista do Arquivo Municipal*, v. XIX , 1936; v. LI, 1938.

PEREIRA, Huascar. *As madeiras do estado de São Paulo*. São Paulo: Júlio Costa, 1919.

PERROUX, François. *La Technique du capitalisme*. Paris: Jean Lesfauries, 1939.

PIERSON, Donald. "Hábitos alimentares em São Paulo". *Revista do Arquivo Municipal*, v. XCVIII, pp. 45-79, 1944.

PIRES, Cornélio. *Conversas ao pé do fogo: Estudinhos, costumes, contos, anedotas, cenas da escravidão*. São Paulo: Tipografia Piratininga, 1921.

_____. *As estrambóticas aventuras do Joaquim Bentinho, o Queima Campo*. São Paulo: Imprensa Metodista, 1924a.

_____. *Continuação das estrambóticas aventuras do Joaquim Bentinho, o Queima Campo*. São Paulo: Imprensa Metodista, 1924b.

PRADO JR., Caio. "Distribuição da propriedade fundiária rural no estado de São Paulo". *Geografia*, ano I, n. I, pp. 69-87, 1935.

_____. "Problemas de povoamento e a divisão da propriedade rural". In: *Evolução política do Brasil e outros estudos*. São Paulo: Brasiliense, 1953.

REDFIELD, Robert. *The Folk-Culture of Yucatan*. Chicago: The University of Chicago Press, 1941.

_____. "The Folk Society". *American Journal of Sociology*, v. LII, pp. 293-308, jan. 1947.

_____. *The Primitive World and Its Transformations*. Nova York: Cornell University Press, 1953.

RIBEIRO DE LESSA, Clado. *Vocabulário de caça*. São Paulo: Companhia Editora Nacional, 1944.

RICHARDS, Audrey I. *Hunger and Work in a Savage Tribe: A Functional Study of Nutrition Among the Southern Bantu*. Londres: George Routledge, 1932.

_____. *Land, Labour and Diet in Northern Rhodesia: An Economic Study of the Bemba Tribe*. Londres: Oxford University Press, 1951.

ROMERO, Sílvio. "Que é um caipira". In: *Provocações e debates: Contribuições para o estudo do Brasil social*. Porto: Lelo & Irmão, 1910, pp. 205-216.

ROVAI, Alberto. "O poema da raça caipira". *Letras da Província*, Limeira, ano VI, n. 59, nov. 1953.

SAINT-HILAIRE, Auguste de. *Segunda viagem do Rio de Janeiro a Minas Gerais e a São Paulo* [1822]. Trad. de Afonso d'Escragnolle Taunay. São Paulo: Companhia Editora Nacional, 1932.

_____. *Viagem às nascentes do rio São Francisco e pela província de Goiás*. 2 v. Trad. de Clado Ribeiro de Lessa. São Paulo: Companhia Editora Nacional, 1937.

_____. *Viagem pelas províncias do Rio de Janeiro e Minas Gerais*. 2 v. Trad. de Clado Ribeiro de Lessa. São Paulo: Companhia Editora Nacional, 1938.

_____. *Viagem à província de São Paulo e resumo das viagens ao Brasil, pro-*

víncia *Cisplatina e Missões do Paraguai*. Trad. de Rubens Borba de Moraes. São Paulo: Martins, [1940].

SAMPAIO, A. J. de. *A alimentação sertaneja e do interior da Amazônia: Ono-
mástica da alimentação rural*. São Paulo: Companhia Editora Nacional,
1944.

SAMPAIO, Teodoro. "Um inédito de Teodoro Sampaio: Conferência que deveria ser proferida na Escola Normal Peixoto Gomide, em Itapetininga".
Revista do Arquivo Municipal, v. LVIII, pp. 63-90, 1939.

SCHULTZ, Harald. *Vinte e três índios resistem à civilização*. Pref. de Herbert
Baldus. São Paulo: Melhoramentos, [1953].

SETZER, José. *Os solos do estado de São Paulo: Relatório técnico com considerações práticas*. Rio de Janeiro: Instituto Brasileiro de Geografia e Estatística,
Conselho Nacional de Geografia, 1949.

SINOPSE estatística do município de Bofete. Rio de Janeiro: Instituto Brasileiro de Geografia e Estatística, 1948.

SINOPSE estatística do município de Botucatu. Rio de Janeiro: Instituto Brasileiro de Geografia e Estatística, 1948.

SOARES DE SOUSA, Gabriel. *Notícia do Brasil*. 2 v. Introd., comentário e
notas do professor Pirajá da Silva. São Paulo: Martins, [1945].

SORRE, Max. "Les Fondements biologiques: Essai d'une écologie de l'homme".
In: *Les Fondements de la géographie humaine*. v. I. 2 ed. rev. e ampl. Paris:
Armand Colin, 1947.

SOUSA, Bernardino José de. *Dicionário da terra e gente do Brasil*. In: *Ono-
mástica geral da geografia brasileira*. 4. ed. São Paulo: Companhia Editora Nacional, 1939.

SPIX, J. B. von; MARTIUS, C. F. P. von. *Viagem pelo Brasil*. 4 v. Trad. de Lúcia
Furquim Lahmeyer. Rio de Janeiro: Imprensa Nacional, 1938.

STEWART, Julian H. "The Marginal Tribes". In: *Handbook of South American
Indians*. v. I. Washington: Smithsonian Institution, Bureau of American
Ethnology, 1946. (Boletim n. 143).

TAUNAY, Afonso d'Escragnolle. "História da vila de São Paulo no século XVII".
Anais do Museu Paulista, t. 5, pp. 1-288, 1931.

_____. "História da cidade de São Paulo no século XVIII". *Anais do Museu
Paulista*, t. 5, pp. 289-620, 1931.

TEIXEIRA MENDES, Carlos. "Calendário agrícola". *Notas Agrícolas*, São Paulo,
separata, v. VII, pp. 1-48, 1949.

UNIDADES agrárias não decimais em uso no Brasil. Rio de Janeiro: Serviço
Gráfico do Instituto Brasileiro de Geografia e Estatística, Ministério da
Agricultura, 1948.

UNZER DE ALMEIDA, Vicente; TEIXEIRA MENDES SOBRINHO, Otávio. *Migração rural-urbana: Aspectos da convergência de população do interior e
outras localidades para a capital do estado de São Paulo*. Com um estudo

sobre as zonas de colonização no estado de São Paulo. São Paulo: Secretaria da Agricultura do Estado, 1951.

VARAGNAC, André. *Civilisation traditionnelle et genres de vie*. Paris: Albin Michel, 1948.

VIEIRA BUENO, Francisco de Assis. "A cidade de São Paulo". *Revista do Centro de Ciências, Letras e Artes de Campinas*, ano II, n. I, 1903.

WHITAKER, Ian. "Anthropology and the Study of Folk Cultures". *Man*, v. LIII, n. 152, pp. 106-107, jul. 1953.

WILLEMS, Emílio. *Cunha: Tradição e transição em uma cultura rural do Brasil*. São Paulo: Secretaria da Agricultura, 1947.

Cartas geográficas

Carta da parte conhecida da província de São Paulo. Aumentada de dados estatísticos e outras correções resultantes de estudos e melhoramentos recentes por Robert Hirnschrot, engenheiro civil, 1875. Escala: 1: 950 000 (gravada em Winterthur).

Carta geológica do estado de São Paulo. Instituto Geográfico e Geológico, 1947. Escala: 1: 1 000 000.

Carta geral do estado de São Paulo. Instituto Geográfico e Geológico, 1950. Escala: 1: 750 000.

Carta ilustrada da província de São Paulo. Levantada sob os estudos do engenheiro R. Habersham, dedicada a S.M. o Imperador o sr. dom Pedro II, por Jules Martin, gravador litógrafo, São Paulo, 1875.

Carta postal da província de São Paulo. Organizada pelo 1º oficial João Batista d'Alambari Palhares, oferecida ao Ilmo. sr. administrador do Correio da mesma província José Francisco Soares, São Paulo, jul. 1880, Imp. Lit. a vapor de Jules Martin.

Coletânea de mapas da cartografia paulista antiga, abrangendo nove cartas, de 1612 a 1837. Reproduzidas da coleção do Museu Paulista e acompanhadas de breves comentários por Afonso d'Escragnolle Taunay, v. I. São Paulo: Melhoramentos, 1922.

Estado de São Paulo. Mapa organizado pelo Instituto Geográfico e Geológico etc. Município de Bofete, 1945. Escala: 1 100 000.

Mapa parcial dos estados de São Paulo e Minas Gerais, com a indicação de todas as estradas de ferro etc. Organizado por Artur H. O'Leary, engenheiro da Comissão Geográfica e Geológica do Estado de São Paulo, 1893. Escala: 1: 600 000.

Índice de nomes

Créditos das imagens

As fotografias desta edição foram tiradas pelo autor em 1948
e 1954, durante o trabalho de campo no município de Bofete.
As duas em que aparece foram tiradas por Edgard Carone.
Os manuscritos são trechos dos nove cadernos de
campo, livremente utilizados pelo projeto gráfico.

Edgard Carone / Arquivo do IEB-USP, Fundo Antonio Candido, código de referência: AC-F230-001

Antonio Candido de Mello e Souza nasceu no Rio de Janeiro, em 1918. Crítico literário, sociólogo, professor, mas sobretudo um intérprete do Brasil, foi um dos mais importantes intelectuais brasileiros. Candido partilhava com Gilberto Freyre, Caio Prado Jr., Celso Furtado e Sérgio Buarque de Holanda uma largueza de escopo que o pensamento social do país jamais voltaria a igualar, aliando anseio por justiça social, densidade teórica e qualidade estética. Com eles também tinha em comum o gosto pela forma do ensaio, incorporando o legado modernista numa escrita a um só tempo refinada e cristalina. É autor de clássicos como *Formação da literatura brasileira* (1959), *Literatura e sociedade* (1965) e *O discurso e a cidade* (1993), entre diversos outros livros. Morreu em 2017, em São Paulo.

Grafia atualizada segundo o Acordo Ortográfico da Língua
Portuguesa de 1990, que entrou em vigor no Brasil em 2009.

Este volume tomou como base a 12ª edição de *Os parceiros do Rio Bonito:
Estudo sobre o caipira paulista e a transformação dos seus meios de vida*
(Rio de Janeiro: Ouro sobre Azul, 2017), elaborada a partir da última versão revista
por Antonio Candido. Em casos específicos, e a pedido dos representantes do
autor, a Todavia também seguiu os critérios de estilo da referida edição.

capa
Oga Mendonça
tratamento de imagens
Carlos Mesquita
composição
Maria Lúcia Braga e Fernando Braga,
sob a supervisão da Ouro sobre Azul
índice de nomes
Luciano Marchiori
preparação e revisão
Huendel Viana
Jane Pessoa

Dados Internacionais de Catalogação na Publicação (CIP)

Candido, Antonio (1918-2017)
   Os parceiros do Rio Bonito : Estudo sobre o caipira
paulista e a transformação dos seus meios de vida /
Antonio Candido. — 1. ed. — São Paulo : Todavia, 2023.

   Ano da primeira edição: 1964
   ISBN 978-65-5692-406-9

   1. Sociologia rural. 2. Sociolinguística. 3. Cultura —
São Paulo. 4. Etnologia — Paulistas. I. Título.

CDD 301.35

Índice para catálogo sistemático:
1. Sociologia rural 301.35

Bruna Heller — Bibliotecária — CRB 10/2348

todavia
Rua Luís Anhaia, 44
05433.020 São Paulo SP
T. 55 11. 3094 0500
www.todavialivros.com.br

Acesse e leia textos encomendados especialmente
para a Coleção Antonio Candido na Todavia.

www.todavialivros.com.br/antoniocandido

fonte Register*
papel Pólen natural 80 g/m²
impressão Geográfica